중국주식 선강퉁

제2의 Google을 찾아라

중국주식 선강퉁

제2의 Google을 찾아라

홍춘욱, 유동원, 강준혁 지음

스마트북스

중국주식 선강퉁
제2의 구글을 찾아라

초판 인쇄 2016년 11월 20일
초판 발행 2016년 11월 25일

지은이 홍춘욱 · 유동원 · 강준혁
펴낸이 유해룡
펴낸곳 (주)스마트북스
출판등록 2010년 3월 5일 | 제313-2011-44호
주소 서울시 마포구 성미산로 84 (성산동) 월드PGA빌딩 4층
편집전화 02)337-7800 | **영업전화** 02)337-7810 | **팩스** 02)337-7811 | **홈페이지** http://www.smartbooks21.com

ISBN 979-11-85541-46-4   13320

원고 투고 : smartbooks1@naver.com

copyright ⓒ 홍춘욱 · 유동원 · 강준혁, 2016
이 책은 저작권법에 따라 보호받는 저작물이므로 무단 전재와 무단 복제를 금합니다.
Published by SmartBooks, Inc. Printed in Korea

모든 것의 시작은 위험하다.
그러나 무엇이든,
시작하지 않으면 아무것도 시작되지 않는다.
- 니체, 『인간적인 너무나 인간적인』 -

추천 글

선강퉁, 제2의 구글을 찾아라

최근 금융시장은 온통 중국에 관심이 집중되어 있습니다. 한국에 오는 중국인 여행객, 이른바 요우커에 대한 정부 방침이 어떻게 바뀌느냐에 따라 시장의 색깔이 달라지는 일을 빈번하게 겪으니 말입니다. 이런 일이 일어나는 이유는 중국 경제가 가파른 고속 성장 속에 G2로서의 지위를 굳건히 다졌기 때문일 것입니다.

이 대목에서 잠깐 중국 경제의 성장 궤적을 살펴보면, 1978년 이후 중국은 실질 경제성장률 기준으로 연평균 9.7%가 성장해 당당히 세계 1위의 자리를 차지했습니다. 참고로 같은 기간에 한국 경제는 6.3% 성장해서, 중국에 비해서는 낮지만 역시 세계 최상위권 성장률을 기록했습니다. 급속한 경제성장에 힘입어 중국의 1인당 국민소득은 1978년 155달러에서 2015년 7,924달러로 무려 51배나 늘어났습니다. 이 상태로 가면, 2020년을 전후해 중국이 GDP 1위 국가로 올라설 가능성이 높다고 합니다.

중국 기업들도 어마어마한 성과를 기록했습니다. 우리에게 친숙한 알리바바와 텐센트, 화웨이의 경우 그 시작은 미미했지만, 이제 세계적인 대기업이 되었습니다.

따라서 선강퉁으로 중국 주식시장, 그 가운데서도 성장 잠재력이 큰 심천(선전)시장에 투자할 수 있는 길이 열린 것은 한국 투자자들에게도 큰 '기회'의 장이 열린 셈이라 하겠습니다.

그렇지만 국가의 경제성장률이 높다고 해서 기업들의 이익도 다 함께 늘어나는 것은 아닙니다. 자신이 투자한 기업이 불투명한 지배구조를 가지고 있거나 회계구조가 투명하지 못하다면, 투자의 실패를 경험할 수 있습니다. 주위를 돌아보면, "중국주식에 투자해서 외제차 몰고 다니자"라고 이야기하는 분들이 종종 있습니다. 중국 시장이 그렇게 돈 벌기 쉽다면, 중국 주가가 2008년 이후 제자리걸음을 하는 이유가 어디에 있을까요?

결국 중국 경제의 높은 잠재력을 잘 활용하기 위해서는 '업종'과 '종목'을 고르는 눈이 필요합니다. 그런 면에서 이번에 발간된 『중국주식 선강퉁, 제2의 구글을 찾아라』에는 이코노미스트와 투자전략가, 그리고 기업분석전문가들이 심혈을 기울여 선별한 종목들이 포함되어 있어서 투자자들에게 도움을 줄 수 있을 것으로 기대합니다. 부디, 많은 투자자들이 이 책을 통해 성공 투자의 길에 접어드시길 기원합니다.

키움증권 대표이사
권용원

 여는 글

중국 주식투자, 무엇이 가장 중요한가

중국 주식투자와 강남 아파트

2013년 말, 중국 베이징 리서치센터장으로서 3년을 보내고 한국으로 막 돌아왔을 때, 중국 주식에 대한 나의 시각은 '적극 매수'였다. 당시 상해종합지수는 2,000선에 거래되고 있었고, 언론과 각종 인터뷰에서 2014년 50% 이상 급등해서 3,000선을 돌파할 것이라는 전망이 나왔다.

실제로 2014년 상해종합지수는 5,000포인트를 넘어섰다. 지수는 1년 반 만에 바닥 대비 250% 이상 오르고, 3~10배 오른 종목들이 수두룩했다. 한국에서는 중국 투자 열풍이 불었고, 1천만원을 투자하면 수억원을 벌 수 있을 거라는 장밋빛 전망이 시장을 뒤덮었다.

수익이 나는 곳에 투자하는 것이 중요하다

하지만 그런 기쁨의 시간은 잠시였다. 상해종합지수는 2015년 2분기를 고점으로, 2016년 2월에 40% 이상 폭락했다. 1년도 채 안 되어서 큰 폭으로 하락한 것이다.

그나마 다행스러운 것은 현재 중국 증시는 큰 상승장이 일어나기 전인 2013년 말의 2,000포인트보다 50% 이상 상승한 채 안정을 찾고 있다는 것이다. 이런 경험을 하고 나면, 투자자들은 가장 근본적인 질문을 하게 된다.

우리는 왜 주식투자를 하는가? 주식투자를 하면서 어느 한 국가에만 투자하는 것이 맞나? 이에 대한 답은 "결국 주식투자는 높은 수익을 올리기 위해서 하는 것이기 때문에, 수익이 나는 곳에 투자를 하는 것이 가장 중요하다"이다.

결국 업종/종목 선택이 중요하다

주식투자는 고위험, 고수익 투자에 바탕하고 있다. 그렇다면 중국 투자에서 앞으로 가장 중요한 것이 무엇일까?

2014년에 중국 주식에 1천만원을 투자했으면, 지금쯤 강남에 집을 살 수 있었을까? 만약 10억짜리 집을 사려 했다면, 1천만원어치 주식이 100배 상승했어야 한다. 정말 그럴 기회가 중국 주식투자에 있었던 것인가?

이 질문에 대한 답은, 결국 '업종/종목' 선택에 있다.

만약 5년 전에 텐센트라는 인터넷 소셜 네트워크 회사에 투자했다면 지금 수익이 20배 이상 났을 것이다. 그때 화웨이라는 IT 회사에 투자할 수만 있었다면 지금 수십 배의 수익을 보았을 것이다.

중국 정부와 같은 방향으로 움직여라

특히 중국 증시에서 지수 상승은 이미 어느 정도 반영된 상황이기에 앞으로 높은 수익률을 올리려면, 중국 정부의 정책 방향을 알고, 성장산업이 무엇인지, 어떤 업종과 종목에 투자해야 하는지를 무엇보다 중요하게 고려해야 한다. 중국은 외국인에 대해 시장 개방을 계속해서 확대하고 있다. 그리고 그 시장에서 외국인 투자자들이 가장 중요하게 지켜보는 것은 '중국 경제 및 산업의 미래'에 초점을 맞춘 매력 있는 업종/종목이다.

우리는 이 책 『중국주식 선강퉁, 제2의 구글을 찾아라』를 집필하면서 그와 같은 노력을 경주하였고 그 성과를 담았다. 중국 정부의 정책이 어떻게 변하고 있는지 알아보고, 그와 관련해 선강퉁 시장에서 매력 있는 업종들을 뽑아보고, 향후 높은 수익을 올릴 수 있는 투자전략에 대해 고민하였다.

중국 주식투자에서 정말 중요한 것은, '중국 정부의 움직임과 동일한 방향의 투자'이다. 향후 중국 정부는 인프라 투자와 소비 확대에 집중하는 한편 물류비 감소를 위해 지속적으로 노력할 것이다. 이와 관련된 기업들이 심천시장이나 상해시장에 상장되어 있다면, 철저한 분석과 함께 투자를 늘리는 전략이 유효해 보인다.

선강퉁, 성장성이 높은 제2의 구글을 찾아라

심천거래소와 홍콩거래소의 교차거래 시스템인 '선강퉁'이 시행된다. 이번 선강퉁 시행을 통해 외국인 개인투자자는 상해와 심천거래소 상장사(A주) 중 약 50%, 시가총액의 약 80%에 투자할 수 있게 되었다. 그뿐만 아니라 금융당국은 외국인 투자 한도를 폐지함과 동시에 금융상품을 다양화하고 주식 외 금융시장의 개방 속도를 높이고 있다.

심천거래소의 상장사는 민영기업이 70%의 비중을 차지하고 있으며, IT, 헬스케어, 미디어 등의 성장산업이 주류를 이루고 있다. 또한 고수익, 고위험 투자를 선호하는 개인투자자의 비중이 50%를 웃도는 중국 증시의 특성으로 인해 심천거래소는 회전율이 높다.

심천거래소의 상장사는 상해와 홍콩 증시에 비해 성장세가 높은 동시에 밸류에이션도 높게 나타나고 있다. 또한 정부의 제조업 육성 정책으로 다양한 산업기금이 조성되고 있다. 이로 인해 신성장산업에서 신규 수요가 창출되어 중장기적으로 업종 내 선두기업의 양적, 질적 성장이 지속될 것으로 보인다.

향후 중국 주식투자는 1) 산업 내 선두기업(낮은 밸류에이션), 2) 주요 기관투자자의 매매 동향(기관투자자의 보유 업종/종목), 3) 고성장과 함께 높은 배당수익률이 예상되는 기업, 4) 중국의 산업 희소성을 반영한 업종 내 대표주에 관심을 가지는 전략이 필요하다.

앞으로 글로벌 경기는 '천천히' 점진적으로 상승할 것이다. 이런 상황에서 중국 같은 제조업 강대국에 대한 투자는 지속되어야 하고, 한국과 지리적으로 가까울 뿐 아니라 정치, 경제, 문화적으로 다방면에서 밀접한 관계를 맺고 있는 중국에 대한 투자는 반드시 해야 한다. 다만, 앞으로 중국 선강퉁 투자는 그 전략과 방법이 매우 중요하다는 것을 꼭 기억해야 한다.

중국 경제의 현 상황을 이해하고, 중국 증시 투자전략을 세워보고, 선강퉁에서 매력 있는 업종/종목을 들여다보고, 실제로 투자를 하는 데 이 책이 도움이 되기를 진심으로 바란다.

이 책의 저자들을 대표하여
유동원

이 책의 특징

중국 경제, 어떻게 왔고 어디로 가는가

국내 최고의 이코노미스트인 홍춘욱 박사가 1장에서 중국 경제가 어떻게 성장해 왔는지, 그리고 어디로 가고 있는지에 대해 살펴본다. 경제뿐만 아니라 역사, 인문에 대한 폭넓은 식견을 바탕으로, 중국의 현 상황과 미래를 파노라마처럼 시원하게 펼쳐 보여준다.

중국 투자, 어떻게 해야 할까

우리 옆의 G2인 중국, 10년 앞을 내다본 재테크는 중국을 주시해야 한다. 앞으로 중국 경제를 예측할 때 무엇을 봐야 할까, 또 중국 증시는 어떻게 될까? 국내 최고의 중국통 투자전략가가 경제와 증시를 해부하고, 무엇에 주목해서 투자해야 하는지, 성공적인 투자전략을 알려준다.

국내 최고 중국통의 유망업종 분석

중국 주식투자는 업종 및 종목 선택이 중요하다. 앞으로 떠오를 업종은 무엇일까, 그리고 당분간 조심해야 할 업종은 무엇일까? 중국 금융시장을 오랫동안 들여다보고 경험한 투자전략가가 큰 그림을 보여준다.

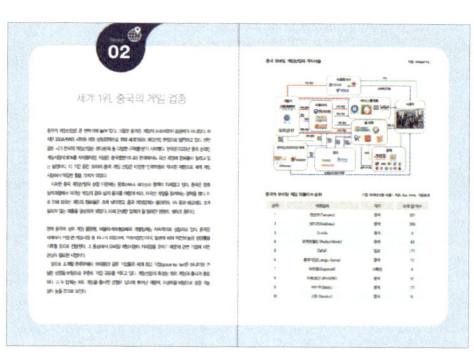

전문가들이 심혈을 기울여 선정한 핵심 수혜주

중국 주식투자, 특히 선강퉁 투자는 업종 및 종목 선택이 중요하다. IT, 게임, 자동차, 운송/여행, 미디어, 제약 등 핵심 유망업종의 산업현황 및 추천 이유를 설명하고, 각 업종별 핵심 수혜주를 소개한다.

해외투자, 왕초보도 한번에 할 수 있다

중국 주식에 투자하는 구체적인 방법을 단계별로 알아본다. 중국 투자를 위한 HTS 사용법부터 우량주 찾는 법까지, 실전 중국 주식투자법을 마스터해 보자. 코스피 주식을 사는 것처럼 중국 본토주에 쉽게 투자할 수 있을 것이다.

[특별부록]
중국주식, 실시간 시세 조회 무료 이용권(1개월)

[특별부록]에 들어 있는 쿠폰 번호를 입력하면, '중국 A주 실시간 시세 조회'를 1개월간 무료로 이용할 수 있다. 중국 주식투자, 이제 실시간 시세로 해보자.

차 례

추천 글 · 선강퉁, 제2의 구글을 찾아라 6
여는 글 · 중국 주식투자, 무엇이 가장 중요한가 8
이 책의 특징 12

CHAPTER 1 중국 경제, 어떻게 왔고 어디로 가는가

중국 경제에 대한 엇갈린 시선 22

01 중국은 어떻게 성공했는가 24
1978년 이후 연평균 9.7% 성장 | 빈곤의 악순환, 왜 벗어나기 힘들까? | 성공의 핵심 원인, 1978년의 집단농장 해체 | 대농장보다 소농의 생산성이 더 높은 이유 | 농업 생산성의 증가, 산업화의 기반을 닦다

02 강력한 제조업 육성 정책 38
1993년 전당대회, 적극적인 시장개방의 신호탄 | 1980년대 후반, 인플레 속에서 민주화 요구 부각 | 남순강화, 덩샤오핑다운 돌파구 | 구조조정 불황을 건설투자로 극복하다

03 중국이 직면한 4가지 도전 49
도시와 농촌의 불평등 | 임금 급등 | 위안화의 평가절하 가능성 | 부동산 버블 위험

04 중국 경제, 어려움은 있어도 위기는 없다! 62

중국 투자전략

01 중국 주식투자와 강남 아파트 70
2010년대 중국 증시의 흐름 | 중국 주식 후강퉁 투자와 강남 아파트

02 2013년 중국 투자전략 회고 74

03 중국에 대한 우려의 시선 점검하기 77
심각한 부정부패 | 인구 보너스 시대의 종말과 노령화 | 부채문제 점검하기 |
중국 은행주와 금융위기 분석 | 고정자산에 대한 투자 감소

04 중국 증시의 안정적 상승을 기대하는 이유 91
중국 정부의 경제정책 | 중국 경제와 증시는 어떻게 될까?

05 중국 증시별 상승 여력 살펴보기 - 잔여이익모델 96
[여기서 잠깐] 배당수익률로 본 중국 증시의 매력도 100

06 6센스 모델로 본 중국 증시의 매력 102
밸류에이션 | 이익 모멘텀 | 유동성 | 경기선행지표 | 주식 선호도 | 정책환경

07 중국 정부와 같은 방향으로 움직여라 - 소비 확대와 인프라 투자 113
강화되는 재정정책에 집중 | 민관협력사업(PPP) 가속화 | 물류산업에 주목하라

08 선강퉁 투자, 성장주 비중은 30% 이하가 적당하다 119
성장주에 주목해야 하는 이유 | 종목 선택이 가장 중요한 이유

중국 주식 실전투자 ① – 선강퉁 투자전략 및 종목 선택법

3 CHAPTER

01 선강퉁 투자 아이디어 124

선강퉁 시행에 즈음하여 | 업종별 차별화가 예상된다 | 성장산업의 투자 수요는 지속될 전망

02 선강퉁 시장의 특징 126

민영기업의 비중 크고, 성장 기대감 높다 | 신성장산업 중심의 시장 | 주가 변동성과 매매 회전율이 높다

03 선강퉁 시장의 환경 132

중국의 자본시장 확대 지속 | 위안화의 변동성은 리스크 요인 | 유동성에 민감한 신흥국 증시 | 중국 증시의 상승 속도와 강도는? | 정부의 핵심 육성 산업에 주목

04 선강퉁 시장의 투자전략 및 종목 선택법 136

기관투자자는 소재, 금융, IT, 유틸리티 비중 확대 | 소비 변화에 따른 성장주, 정부 지원 성장산업에 관심 | 성장산업 투자는 지속 | 저금리, 중국의 기업 성장률 둔화 속에서 찾는 배당주 | 중국 산업구조와 소비구조에 따른 희소가치 보유 업종 | 후강퉁, 희소업종 대표주의 상승세가 두드러진다

중국 주식 실전투자 ② - 유망업종 및 기업 분석

[Section 01] **세계 IT산업의 새로운 강자, 중국의 IT 업종** 166
- **01** 정부의 막대한 지원, 중국 IT산업 현황 168
- **02** IT산업의 주요 품목 170
- **03** 세계적인 디스플레이 생산업체 BOE 172
- **04** 액정 관련 신소재, 렌즈 테크놀로지 174
- **05** 통신장비업체 ZTE 176

[Section 02] **세계 1위, 중국의 게임 업종** 178
- **01** 세계 게임산업의 동향 180
- **02** 중국 게임산업의 현황 182
- **03** 주목해야 할 모바일 게임산업 184
- **04** 중국 게임산업의 핵심 지표 188
- **05** 종합 플랫폼 업체로 탈바꿈, 쿤룬완웨이 190
- **06** 모바일 게임의 강자 아워팜 192
- **07** 신흥 게임 퍼블리셔 킹넷 네트워크 194

[Section 03] **세계 최대 시장, 중국의 자동차 업종** 196
- **01** 1선 도시의 강력한 지원책, 중국 전기차 198
- **02** 로컬 업체 및 SUV의 판매 돌풍 200
- **03** 전기차 판매 세계 1위 BYD 202
- **04** 로컬 자동차 업계 1위 장안자동차 204

[Section 04] **성장 여력이 큰 운송/여행 업종** 206
- **01** 국제선 증가 여력이 큰 중국 항공업계 208
- **02** 종합 여행기업 등방국제 212
- **03** 원스톱 물류 서비스 이아통 214

[Section 05] **디지털 소비로 주목받는 미디어 업종** 216
01 콘텐츠 수요 증가 218
02 고속 성장하는 온라인 미디어 시장 224
03 미디어 산업의 규제 이슈 229
04 중국의 디즈니를 꿈꾸는 완다 시네마 라인 230
05 중국 최대 드라마 제작사 화책미디어 232

[Section 06] **중국 제약 업종의 과도기와 미래** 234
01 중국 정부의 의료개혁과 제약산업 236
02 중국 제약산업의 시장 전망 240
03 중국 1위 혈액제제 업체 상해 래시 242
04 모바일 의료 서비스 진출, 어약의료 244
05 임상시험 대행업체, 타이거 의약 컨설팅 246

5 CHAPTER 실전 선강퉁 투자

01 투자를 위한 중국 상식 250
02 중국 주식투자를 위한 준비단계 ① 계좌 개설하기 252
03 중국 주식투자를 위한 준비단계 ② 위안화로 환전하기 254
위안화로 환전하는 방법 | 원화와 위안화의 방향은 비슷하게 움직인다

04 중국 주식투자를 위한 준비단계 ③ 후강퉁, 선강퉁 완벽히 이해하기 258
상해 A주를 거래할 수 있는 후강퉁 | 심천 A주를 거래할 수 있는 선강퉁 | 중국 증시 휴장일을 챙길 때 주의할 점

05 중국 주식 투자전략 ① **우량주 장기 보유 전략** - 국유기업, A/H주 동시 상장 종목 264

중국 주식, 어떤 종목이 안정적인가? | 어떤 대안이 있는가? | 어떻게 안정적인 종목을 찾을 것인가 – 국유기업에 주목하자 | 중국 국유기업, A/H주 동시 상장 종목에 주목하자 | A/H 주가 괴리율을 이용한 매매는 가능한가?

06 중국 주식 투자전략 ② **역사적 PER을 이용한 중기 투자전략** 272

고PER 종목은 성장형 기업이어야 한다 | 저PER 종목 찾는 법

07 중국 주식 투자전략 ③ **단기매매를 하고 싶다면 반드시 알고 가자** 278

08 중국 주식 투자전략 ④ **지수에 편승한 단기매매 전략** 281

기술적 분석을 해야 한다면
[여기서 잠깐] 중국의 QFII와 RQFII 제도 286

09 중국 주식투자를 위한 HTS 활용 ① **중국어를 몰라도 중국인만큼 중국 기업 분석하기** 288

10 중국 주식투자를 위한 HTS 활용 ② **관심종목 세팅하기** 292

11 중국 주식투자를 위한 HTS 활용 ③ **최적의 HTS 구성하기** 296

닫는 글 · 여러분의 성공 투자를 기원하며   298
찾아보기   300

중국 경제, 어떻게 왔고 어디로 가는가

중국은 유례없는 성장세를 보여왔다. 어떻게 이처럼 성장했고, 더 나아가 앞으로 어떻게 될 것인지 살펴보자.

중국 경제에 대한 엇갈린 시선

지난 봄 세계적인 경제지 『이코노미스트』는 "다가오는 부채 폭발의 날"이라는 제목의 특집기사를 통해 격렬한 논쟁을 불러일으켰다.[1]

『이코노미스트』는 중국의 GDP 대비 총부채비율이 2008년 155%에서 2015년 260%로 폭증(총액 30조 달러 규모)했다고 지적했다. 특히 "이렇게 단기간에 부채가 폭증한 나라치고 금융위기를 피해 간 사례를 보지 못 했다"며, 결국 중국의 부채문제가 터질 수밖에 없다고 주장했다.

물론 이 의견에 대해 중국 본토의 이코노미스트 대부분은 강한 반대 의견을 내놓았다. 1997년 아시아 외환위기, 2008년 글로벌 금융위기 때 비관론자들은 중국 경제가 큰 위기에 봉착할 것이라고 주장했지만, 중국은 언제나 그 위기를 극복했다는 것이다. 특히 정부가 금융시장을 통제하고 있기에 국영은행들에 문제를 해결할 시간을 줄 수 있을 것이라고 한목소리로 외친다. 더 나아가 중국 경제는 대단히 빠른 속도로 성장해 왔기 때문에, 항상 좀 지나치다 싶게 투자를 하고 설비를 증설하는 것이 결과적으로 나은 선택이 되었다고 주장한다. 그 이야기를 들으며 예전 한

국이랑 어찌나 비슷한지 놀랐던 기억이 있다.

이렇듯 중국 경제에 대한 시각이 엇갈리는 이유는 명확하다. 해외의 이코노미스트들은 겉으로 드러난 거시경제 통계에 주목해서 중국의 특수성을 무시하려는 경향이 있고, 반면 중국의 이코노미스트들은 여러 차례에 걸쳐 위기를 극복한 정책당국의 리더십에 강한 신뢰를 가지고 겉으로 드러난 데이터를 외면하는 경향이 있기 때문이다.

이런 상황을 감안하여 1장에서는 중국의 경제발전 과정에서 어떤 문제가 발생했으며, 이를 어떻게 극복해 왔는지에 대해 자세히 살펴볼 것이다. 물론 세상일이 항상 그렇듯이, 어떤 문제의 극복은 항상 새로운 문제를 불러일으키게 된다. 중국은 집단농장으로 인한 성장의 정체 문제를 해소하고 나니 수요 증가에 따른 인플레이션 문제가 발생했으며, 비효율적인 국영기업을 개혁하고 나니 다음에는 생각지도 못했던 해외 수요의 감퇴 문제가 발생했다. 그리고 지금 중국은 요소 가격의 급등에 따른 경쟁력 약화, 즉 중진국 함정에 빠져 성장률이 급격히 둔화되고 있는 중이다. 이번에도 중국 정책당국이 이전처럼 이 문제를 잘 해결할지, 아니면 이제는 정말로 심각한 위기에 빠질지에 대해 자세히 살펴보자.

중국의 은행 및 채권, 그림자 금융의 부채규모(명목GDP 대비)
자료: 이코노미스트, 키움증권 리서치센터

주요국의 부채규모 추이
자료: 이코노미스트, 키움증권 리서치센터

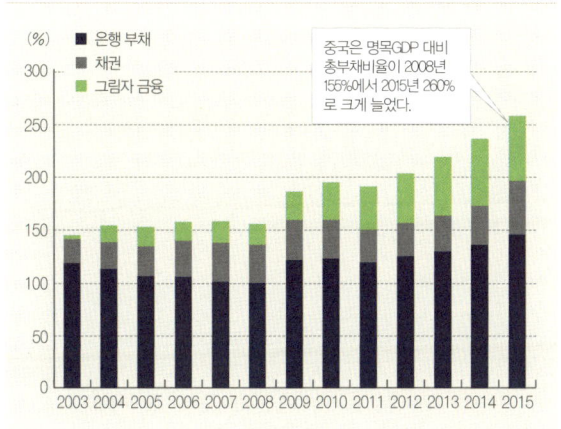
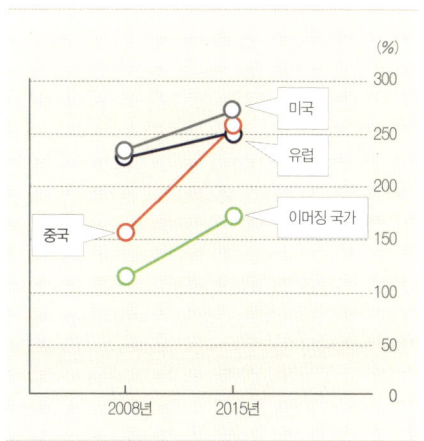

01 중국은 어떻게 성공했는가

1978년 이후 연평균 9.7% 성장

'중국은 어떻게 성공했는가'라는 제목에 불만을 느끼는 독자들이 있을 것으로 생각되나, 중국 경제는 '성공'이라는 말을 제외하고는 묘사하기가 어려울 정도의 성장률을 기록했다. 중국 경제가 1978년 이후 거둔 성과를 요약해 보면 다음과 같다.

중국은 1978년 이후 실질 경제성장률이 연평균 9.7% 성장했는데, 이는 세계은행의 데이터베이스에 있는 207개국 중에서 1위다. 참고로 2위 그룹의 실질 경제성장률은 7%대에 불과하며, 한국은 6.3%로 중국에 비해 3.4%p나 낮다. 이러한 놀라운 경제성장의 결과, 중국의 1인당 국민소득은 1978년 155달러에 불과했으나 2015

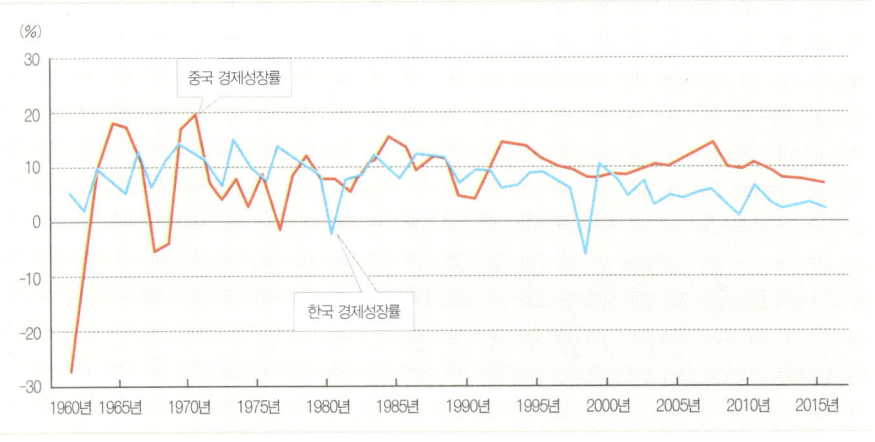

1960년 이후 중국과 한국의 경제성장률   자료: 세계은행, 키움증권 리서치센터

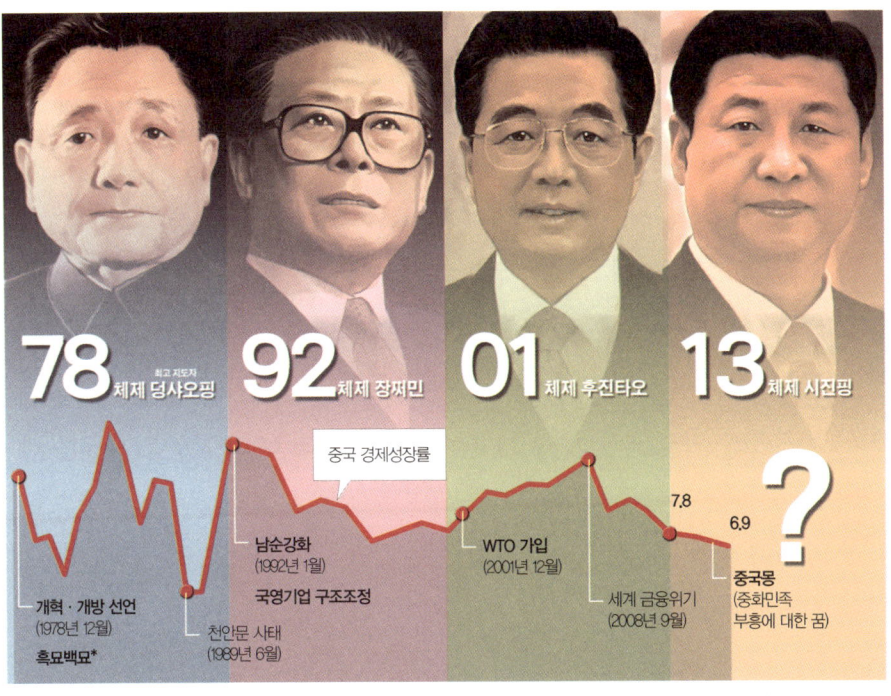

* 검은 고양이든 흰 고양이든, 자본주의든 공산주의든 중국 국민만 잘 살게 하면 된다는 말.   자료: 중앙일보(미주판), 2013년 11월 13일

년에는 7,924달러로 무려 51배나 늘어났다. 대체 중국은 어떻게 했기에 이처럼 놀라운 성과를 거둘 수 있었을까? 이제 그 비밀을 찾아보자.

1960년 이후 중국·한국·일본의 1인당 GDP(로그 그래프)   자료: 세계은행, 키움증권 리서치센터

1장 중국 경제, 어떻게 왔고 어디로 가는가 **25**

빈곤의 악순환, 왜 벗어나기 힘들까?

얼핏 생각하면, 1978년부터 시작된 중국의 경제성장이 당연히 나타나야 할 '역사의 필연'처럼 느껴질 수도 있다. 그러나 1945년 이후 식민지(혹은 반식민지) 상태에서 독립해 1인당 국민소득이 2만 달러의 벽을 돌파한 나라는 산유국을 제외하면 단 두 나라에 불과하다. 독자들이 모두 짐작하듯, 한국과 대만뿐이다.

빈국들은 왜 이렇게 선진국이 되기 어려운 것일까?

이에 대해 세계적인 석학인 제프리 삭스 컬럼비아대학 교수는 『빈곤의 종말』에서 다음과 같이 8가지의 경제성장 저해 요인을 지적한다.[2]

빈국들이 경제성장을 달성하지 못하는 가장 공통적인 이유는 무엇일까? 그 이유를 그들이 저지르고 있는 잘못에만 초점을 맞추어 설명하는 경우가 자주 있다. 즉 부패한 지도부와 현대적 발전을 가로막는 퇴행적 문화 때문에 빈곤하다는 것이다. 그러나 국가의 경제 시스템처럼 복잡한 구조로 이루어진 것들은 부품이 너무나 많기 마련이다. 그러므로 그 부품 중 단 한 개만의 고장으로 '빈곤'이 발생했다고 보기는 어렵다.

경제성장의 경우, 다음과 같은 8개 주요 범주의 문제가 경제를 정체시키거나 퇴화시킨다.

첫째, 최빈국들의 핵심적 문제는 빈곤 그 자체가 함정일 수 있다는 것이다. 매우 극단적으로 빈곤한 경우, 가난한 사람들은 곤경에서 스스로 벗어날 능력이 없다. 너무 가난해서 저축을 할 수 없고, 따라서 현재의 비참한 생활에서 벗어나게 할 수 있는 1인당 자본도 축적할 수 없는 것이다. (중략)

둘째, 자연지리의 문제도 무시할 수 없다. 예를 들어 미국인들은 온전히 자신들의 손만으로 부를 이루었다고 믿지만, 그들은 훌륭한 토양, 풍부한 강수량, 항해가 가능한 큰 강, 해양무역의 바탕이 되는 수천 개의 천연항구 등을 간과하고 있다. (중략)

셋째, 재정적 함정도 중요하다. 정부는 기초적 보건·도로·전력망·항구 등과 같은 공공재화와 서비스 투자에 결정적인 역할을 담당해야 한다. 그러나 국민이 빈곤해서 세수가 부족하고, 정부가 무능력해서 세금을 잘 걷지 못하고, 또는 이미 정부가 무거운 채무를 지고 있는 경우에는 이 문제가 성장의 큰 저해 요소로 작용한다.

넷째, 통치구조의 실패도 중요한 영향을 미친다. 경제발전은 발전 지향적인 정부를 필요로 한다. 정부는 우선순위가 높은 사회간접자본을 지원하고, 전 국민이 쓸 수 있도록 사회적 서비스를 제공해야 한다. 그러나 정부가 이런 과제를 제대로 수행하지 못할 경우 경제도 실패하게 되어 있다.

다섯째, 문화적 장벽도 중요하다. 정부가 경제를 성장시키려고 할 때 문화적 환경이 발전에 장애 요인이 될 수 있다. (중략)

여섯째, 지정학적 요인도 중요하다. (중략)

일곱째, 혁신의 결여도 성장을 지체시키는 요인으로 작용한다. 빈국의 발명가가 처한 곤란한 입장을 생각해 보라. 이 발명가가 경제적 필요를 충족시킬 과학적 접근법을 새로 개발했다고 하더라도, 나중에 시장에서 판매해서 연구개발에 투자한 비용을 회수할 가능성은 매우 낮다. 문제는 발명에 대한 재산권이 아니라 시장의 크기이다.

마지막으로 인구 함정이 성장에 결정적인 저해 요인으로 작용하게 된다. 최근 몇 십 년 동안 대부분의 나라에서 출산율이 상당히 하락했지만, 극단적 빈곤에 허덕이는 나라들은 5명 이상의 출산율을 기록해 세대마다 인구가 거의 2배씩 늘어나고 있다. 빈곤한 가계는 높은 유아 사망률 및 노후에 대한 보장(그밖의 문화적 요인도 작용) 등의 이유로 아이를 많이 낳지만, 자녀의 영양·건강·교육에 충분히 투자할 능력이 없다. 또한 급속한 인구 증가는 환경 및 식량자본의 고갈을 가져와 빈곤을 더욱 가속화하게 되는 것이다.

가난한 나라의 경제성장 저해 요인: 문화적 장벽, 지정학적 요인, 혁신의 결여, 인구 함정, 빈곤 자체의 함정, 자연지리 문제, 재정적 함정, 통치구조의 실패

1978년 개혁·개방 당시의 중국은?

1978년 개혁·개방 당시, 중국은 앞에서 소개한 8가지 경제성장 저해 요인 중에서 몇 가지를 해결하고 있었을까?

첫째, 빈곤 자체의 함정인 자본 부족 문제는 공산당의 철권통치로 해결할 수 있었다. 소비재에 대한 수입이 원천적으로 불가능한 데다가, 주요 소비재가 배급 형태로 분배되고 있었기 때문에 경제개발에 사용할 재원은 어떻게든 마련할 수 있었다.

둘째, 자연지리 문제도 10억 이상의 인구를 부양할 정도로 비옥한 토양과 풍부한 수자원을 가지고 있었다는 점에서 합격이다.

셋째, 재정적 함정 역시 자본 부족 문제와 마찬가지로 어떻게든 해결할 여지가 있었다.

넷째, 통치구조의 문제도 민주주의의 대의가 지켜지지 않는다는 문제는 있었을지언정, 강력한 중앙 집중 구조를 가지고 있었다는 점에서 '합격'점을 받을 수 있었을 것 같다.

그러나 다섯째부터는 불합격의 연속이었다.

다섯째, 창의적인 발전을 이끌어내기 위해서는 무엇보다 '다양성'에 대한 인정이 필요하다. 그런데 1976년 마오쩌둥이 사망하기 전까지 진행된 문화대혁명은 교조적인 공산당 교리 이외의 다양성을 완전히 부인하고, 심지어 박멸하려는 태도를 가지고 있었다.

여섯째, 지정학적 조건도 마찬가지다. 중국은 1950~1953년 한국전쟁 참전 이

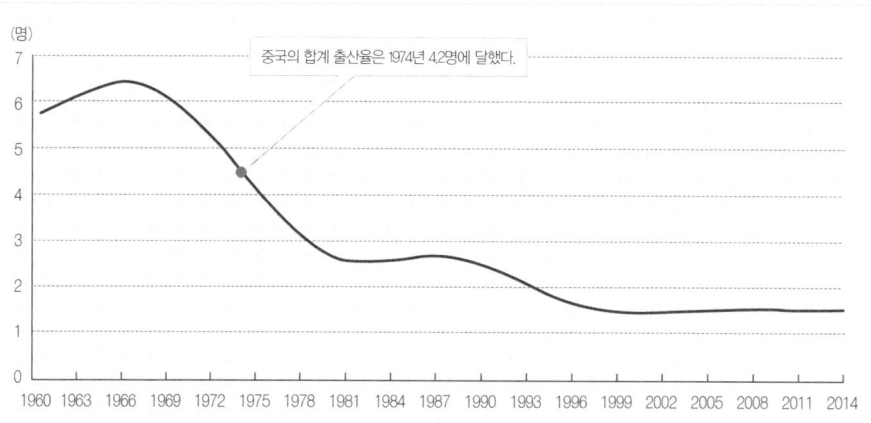

1960년 이후 중국 여성의 합계 출산율 자료: 세계은행, 키움증권 리서치센터

후에도 주변국과 끝없는 전쟁과 갈등을 일으켰다. 중소 국경 분쟁부터 시작해 인도 카슈미르 분쟁, 더 나아가 베트남과의 전쟁까지, 중국은 주변의 모든 나라와 전쟁 상태에 있었다고 할 수 있다. 주변국과 사이가 나쁘니, 과도한 군사력을 유지할 수밖에 없어 경제개발을 위한 재원을 마련할 방법이 없었다.

일곱째, 혁신의 결여에 대해서는 말할 필요도 없다. 마오쩌둥 선집을 외우는 것이 연구개발에 성공하는 것보다 출세에 더 도움이 되는 세상에서 제대로 된 혁신이 나타날 리 만무하니까.

마지막으로 출산율 역시 마찬가지다. 중국 정부는 1978년 대대적인 가족계획(1가구 1자녀 정책) 시행 이전까지 출산을 장려하는 정책을 폈으며, 그 결과 인구 폭발을 경험하고 있었다. 여성 한 명이 평생토록 낳은 아이의 숫자를 의미하는 합계 출산율이 1967년 6.3명, 1974년 4.2명에 이르렀다. 이러한 인구 폭발 상황에서 경제가 제대로 성장할 수 없는 것은 당연한 일이 아닐까?

성공의 핵심 원인, 1978년의 집단농장 해체

이상의 분석에서 확인했던 것처럼, 중국 경제는 경제성장에 필요한 8가지 요구 조건 중에 적어도 4가지가 없거나 매우 부족했다. 그러나 1976년 최고지도자 마오쩌둥의 사망 이후 대부분의 저해 요인이 거의 해결되었다. 특히 집단농장이 (사실상) 해체된 것은 무엇보다 큰 역할을 했다. 왜 집단농장이 문제였을까? 그 이유는 집단농장 체제 이후 중국 경제에서 극심한 악순환이 출현한 데 있다. 인구가 가파르게 증가하는데 비해 생산성이 더디게 향상되면서, 1981년 기아선상

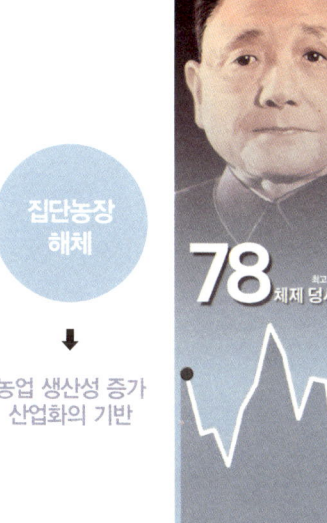

에서 헤매는 인구가 전체의 88%에 이르렀다.[3]

이 대목에서 아시아의 신흥공업국이 어떤 과정을 거쳐 산업화에 성공했는지를 해부한 명저 『아시아의 힘』의 한 대목을 인용해 보자.[4]

> 1956년에 마오쩌둥은 러시아와 북한의 사례를 따라 수백 가구의 토지와 도구, 그리고 노동력을 합쳐서 생산단위를 만드는 집산화를 이끌었다. 이런 변화는 산업화 운동과 더불어 '대약진(Great Leap)'이라는 말로 포장되었다.
>
> 그러나 실상은 1950년대 말에 농업 생산량이 급감하는 바람에 1959년에서 1961년 사이에 기아사태가 발생하여 (당시 인구의 10%에 약간 못 미치는) 약 3천만 명에서 4천만 명이 사망했다.

이 간략한 인용 문구에 엄청난 진실이 담겨 있다. 일반적으로 대량생산 시스템이 생산성이 훨씬 높은데, 왜 중국이나 북한의 집단농장은 오히려 심각한 식량난을 낳게 되었을까?

그 이유는 두 가지 때문이다.

가장 직접적인 이유는 집단농장에 편입될 때, 가축 소유권을 빼앗긴다는 것을 알아차린 농민들이 가축을 대부분 도축해 버렸던 것이다. 경운기 등 농기계가 제대로 보급되지 않은 상태에서 발생한 가축 도살로 농업 생산성이 급격히 떨어졌다.

그러나 이보다 더 큰 마이너스 요인이 있었으니, 바로 집단농장에 편입된 농가들의 근로의욕 상실 문제였다. 이 부분에서 중국의 도시화 과정을 다룬 박인성 교수의 명저 『중국의 도시화와 발전축』을 잠시 인용해 보자.[5]

> 1978년 추수를 끝낸 후 안후이성 펑양현 샤오강촌의 생산대(=집단농장)는 2개조, 4개조 등의 작업조를 나누고 '조별 도급제'를 시행했으나, 각 작업조 내부에서 작업량의 기록과 출근, 작업태도 등에 대한 평가를 둘러싸고 분규가 끊이지 않아, 결국 모두 "차라리 해산하고 말자"고 말하는 상황이 되어 버렸다. (중략)

생산대의 부대장 옌훙창이 마을의 어른인 관팅주의 집에 찾아가서 사태를 어떻게 해결할 수 있을지 조언을 구하자, 관팅주는 다음과 같이 대답했다.

"1962년 잠깐 시행했던 책임전이 매우 좋았다. 서로 다투지 않으려면 한 집씩 분리해야 한다. 겁나는 것은 정부가 허가를 안해 주는 것이다." (중략)

1978년 11월 24일 밤, 샤오강촌 생산대의 18호 농가 호주들은 1차 비밀회의를 열었다. 자유로운 토론을 거쳐 옌훙창이 '생사협약'이라고 한 협약서의 초고를 낭독했다.

주요 내용은 다음과 같다.

"우리는 각 호 단위로 농지를 나누고, 각 호의 호주가 서명하고 날인한다. 이후 가정마다 정부에 납부하는 공량 외에는 어떤 돈도 양식도 다시 요구하지 않는다. 상부와 외부에 비밀을 유지하고, 발설하는 자는 전 촌민의 적이다. 만일 실패하여 간부들이 감옥에 가게 되면, 남은 사람들은 그들의 아이를 18세가 될 때까지 양육할 것을 보장한다."

마지막 대목에서 당시의 긴박한 분위기를 느낄 수 있다. 그런데 이후 기적 같은 일이 샤오강촌에서 벌어졌다.

과거 샤오강촌의 농민들은 추수를 끝내고 나면 일손을 놓고 식량을 구하러 이곳저곳 구걸을 다니는 것이 일상사였지만, 이 협약 이후 비료용 쇠똥을 수집하기 위해 하루 종일 일했다. 1979년의 경우 양식 6만 6천 킬로그램을 생산했는데, 이는 1966~1970년, 즉 5년간의 생산량과 맞먹는 양이었다.

물론 샤오강촌의 비밀이 오랫동안 지켜질 수는 없었다. 그렇지만 당시 중국의 최고지도자 덩샤오핑은 샤오강촌의 행동을 지지했다.[6]

완리(안후이성 성장): 덩샤오핑 동지! 안후이성 대부분의 지구에서 8~9개월째 비가 안 왔습니다. 가뭄 피해를 입은 농지가 6천만 무(畝, 약 667제곱미터)에 이르며, 400만 명에 달하는 사람들이 물 부족으로 곤란을 겪고 있습니다.

덩샤오핑: 그렇다면 올 가을에는 거의 수확이 없겠군. (중략) 구체적인 구제대책이 있는가?

완리: 있습니다. 안후이성에는 방치된 황무지가 많습니다. 성 위원회는 이 토지를 임대해 보리를 경작하기로 했습니다. 인민공사가 경작할 수 없는 모든 토지를 사원들에게 임대해 주고, 국가는 양식 구매 등의 임무를 면제해 주기로 했습니다. (중략)
덩샤오핑: 얼마나 좋은가! 사원들에게 토지를 많이 임대해 주고, 보리를 많이 심도록 하게.
완리: 어려움이 한 가지 있습니다. 어떤 사람은 저 완리가 모양새만 바꾸어 자본주의(=개별 경작)를 한다고 욕하고 비난합니다.
덩샤오핑: 완리 동지, 다른 사람에게 모자를 씌우고 딱지를 붙일 줄밖에 모르는 사람들에게 이렇게 전하게. "덩샤오핑은 '인민을 굶겨 죽이는 것이 곧 범죄'라고 하더라고."

덩샤오핑의 집단농장 해체에 대한 지지의사는 역사적 전환점을 제공했다. 이후 중국의 농업생산은 폭발적으로 성장했으며, 이런 농업생산의 확대는 새로운 경제성장의 시대를 여는 발판이 되었다.

대농장보다 소농의 생산성이 더 높은 이유

이 대목에서 의문을 가지는 독자들이 적잖을 것으로 생각된다. 일반적으로 대량생산 기업일수록 생산성이 더 높고 경쟁력이 강하듯, 소농보다는 집단농장의 생산성이 더 높을 것으로 생각하기 쉽기 때문이다.

그러나 다음 그래프에 나타난 것처럼, 집단농장에서 '해방'된 중국의 농업 생산액은 1978~1995년 연평균 14.9%가 늘어났다. 중국의 농민들은 대체 어떤 마법을 부린 것일까?

『아시아의 힘』의 저자 조 스터드웰은 '토지개혁'이 경제성장으로 이어지는 이유를 다음과 같이 설명한다.[7]

(경제성장을 위한 핵심적인) 변화의 수단은 중국, 일본, 한국, 대만에서 집행된 일련의 토지개혁 프로그램이었다. (중략) 간단하게 말하자면 가용농지를 평등한 토대 위에서 농업 인구에게 나누어 주는 것이었다. (중략)

소농지의 소유자들이 노동력과 잉여자본을 생산량을 극대화하는 데 투자하도록 장려한 결과, 4개국 모두에서 소출이 크게 늘어났다. (중략) 5인, 6인 혹은 7인으로 구성된 가족들은 1헥타르 미만의 토지를 일구었다. 일반적인 경제이론에 따르면 이런 구조는 비효율적이어야 한다. (중략)

(미국형) 대농장은 투자자본에 대비하여 가장 높은 수익을 창출할 수 있다. 그러나 이는 개발도상국에 적합한 농업적 '효율'이 아니다. 노동력이 넘치는 개발 초기 단계의 빈국에서는 추가 노동력에 따른 수익이 제로가 될 때까지 작물 생산을 극대화하는 게 낫다.

예를 들어 집안에 어린아이와 몸이 불편한 노인이 있더라도, 텃밭을 비롯한 다양한 작물을 재배할 때 얼마든지 활용할 수 있다는 의미이다. 그리고 이런 식의 농업은 중국인들에게 아주 친숙한 것이었다.

세계적인 경제사학자인 중국인민대학의 황쫑즈 교수는 다음과 같이 중국 농촌 마을의 생활을 묘사한다.[8]

1952년 이후 중국의 농업 생산액 추이   자료: CEIC, 키움증권 리서치센터

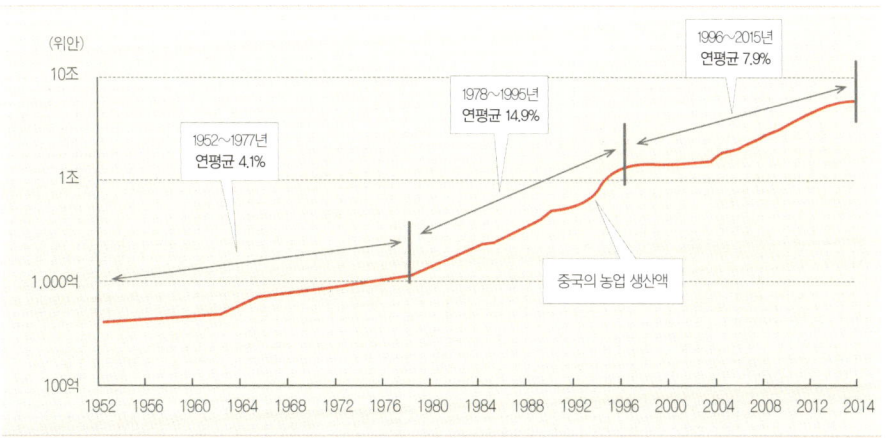

18세기 양쯔강 하류의 전형적인 농가는 단지 벼 재배, 혹은 벼와 밀 재배만으로는 생존을 유지할 수 없었다. 양쯔강 삼각주의 쌀농사는 토지 단위 면적당 생산량이 무(畝, 1무는 약 667제곱미터로, 15무가 1헥타르에 해당함)당 1.5석에서 3.0석 사이였다. 생산성이 높은 쑤저우 지역은 이미 11세기에 이 수준에 도달해 있었다.

만일 평균적인 생산성(2.25석)을 유지한다고 가정하면, 호당 평균 7.5무의 토지를 보유한 5인 가구는 쌀 16.9석을 수확할 수 있었던 셈이다. 1인당 연평균 식량 소비량이 적어도 2석이므로, 만약 이 가구가 벼만 재배한다고 가정하면 소작료를 납부한 후에는 굶주릴 수밖에 없다. 이것이 양쯔강 삼각주의 농민이 면화와 뽕나무 같은 노동집약도가 높은 작물로 방향을 전환하게 된 까닭이다.

흥미로운 이야기다. 인구가 포화 상태에 도달한, 그리고 화학비료와 같은 근대 혁신제품의 혜택을 받지 못한 중국 농민들은 오래전부터 넘쳐나는 노동력을 이용해 살길을 찾아왔던 셈이다. 전통적인 중국 농민의 생활상을 좀 더 살펴보자.[9]

면화 재배에 필요한 토지 단위 면적당 노동은 일반적으로 쌀농사의 2배였다. (중략) 양쯔강 하류지역에서는 농가가 면화 재배, 방적, 방직 모두에 직접 종사하는 것이 일반적이었다. (중략) 면화는 보통 무당 30근의 조면을 생산할 수 있는데, 여기에 약 160일 전후의 노동일(성인 한 명이 하루 일하는 것)이 필요했다.

조면을 써서 방적(91일), 방직(23일) 및 솜 틀기와 풀 먹이기(16일) 등을 거쳐 최종적으로 23필(1필은 3.63제곱야드)의 면포를 짰다. 만약 한 농가가 쌀농사를 면화 재배로 바꾸면 노동 투입이 18배 필요하게 되었던 것이다.

이는 무한정에 가까운 노동력 공급이 있는 곳에서 가능한 농업방식이라고 할 수 있다. 그리고 당시 중국은 이것이 충분히 가능했다. 1970년대 중반까지 합계 출산율이 4명을 넘어서는 인구 폭발이 진행 중이었기에 '사람을 물처럼 쓰는' 전통적인 농경방식이 효력을 발휘할 수밖에 없었던 셈이다.

샤오강촌처럼 무한에 가까운 노동력을 활용해서 가축의 똥을 수집해 퇴비를 만

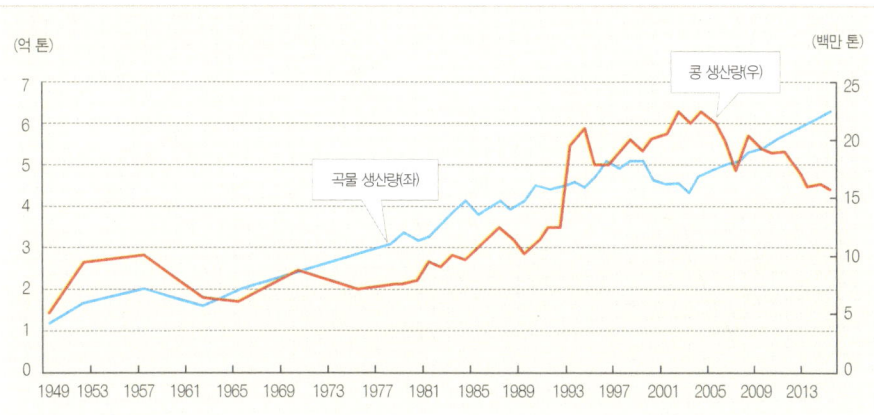

1949년 이후 중국의 곡물 및 콩 생산량   자료: CEIC, 키움증권 리서치센터

들고, 어린아이와 노인의 노동력을 이용해서 면화와 뽕나무 재배까지 손을 뻗치면 농업 생산성이 올라갈 여지가 충분히 생기는 것이다. 특히 돼지 등 각종 육류 소비가 증가하면서, 중국의 농가는 곡물보다는 콩을 비롯한 다양한 밭작물의 재배에 힘을 기울여 이들의 생산량이 크게 늘어나게 된다.

농업 생산성의 증가, 산업화의 기반을 닦다

농업 부문의 놀라운 생산성 개선, 다시 말해 농업혁명은 중국 경제에 어떤 영향을 미쳤을까?

전체 인구의 82.1%가 살고 있는 농촌지역의 소득 증가는 무엇보다 경제 전체의 성장으로 연결되었다.[10] 실제로 중국 경제는 1978년부터 1995년까지 연평균 10.09%의 놀라운 성장을 기록했는데, 이는 농업혁명의 뒷받침이 없었으면 불가능했을 것이다.

농업혁명의 기여는 여기에 그치지 않는다. 농업 생산성의 개선은 곧 물가를 안정시킬 뿐만 아니라 농촌의 소비가 대규모로 늘어난다는 뜻이기도 하다.

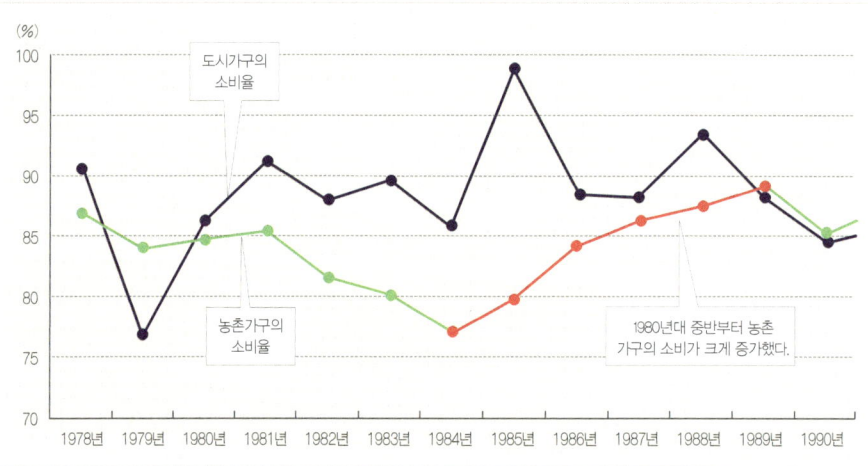

1978년 이후 중국 도시 및 농촌 가구의 소비율
자료: CEIC, 키움증권 리서치센터

위의 그래프에서 확인되듯, 농촌의 소비율은 1980년대 초반까지 하락하다가 이후 강하게 반등했다. 즉 생산성 혁신의 초기에는 '저축' 수요가 압도적으로 높았지만, 소득수준이 점점 높아지면서부터 소비가 본격적으로 늘어났던 셈이다.

특히 이와 같은 농업의 성장은 대외교역 면에서도 긍정적이었다. 식량 수입의 필요성이 낮아지면서 자연스럽게 무역수지가 개선되었고, 그 결과 산업화에 필요한 각종 자본재를 수입할 수 있었던 것이다. 더 나아가 잉여농산물이 생기고 농업 부문에 잉여인력이 발생하면 제조업이 발달할 수 있는 토대가 만들어지게 된다. 왜냐하면 도시에 만들어진 수많은 공장에서 일할 근로자들은 결국 어디에선가 충원되어야 할 것이기 때문이다.

농업혁명의 기여는 이것으로 끝나지 않는다. 중국의 농업혁명은 복지 측면에서도 매우 긍정적인 영향을 미쳤다. 『아시아의 힘』의 한 대목을 인용해 보자.[11]

> 가난한 나라는 실업수당이나 다른 복지 급여를 지급하지 않는다. 따라서 불경기 때 해고당한 이주 공장 노동자들이 가족농장으로 돌아갈 수 있는 기회는 엄청난 중요성을 지닌다.

중국에는 무려 2억 명의 농민공, 다시 말해 농촌지역의 호구(戶口)를 지닌 채 도시지역에서 일하는 근로자들이 존재한다는 사실을 감안하면, '가족농' 시스템이 얼마나 중요한 역할을 하는지 이해할 수 있을 것이다. 실제로 1997년이나 2008년 같은 경기불황에 농민공들은 대량해고를 당했지만, 고향으로 돌아가 다시 농민으로서의 삶을 살아갔기에 큰 사회적 혼란이나 위기 없이 넘어갈 수 있었다.

다음 절에서는 이상의 분석을 바탕으로 중국 정부가 어떻게 수출 중심의 경제성장 정책을 채택했으며, 이러한 정책이 어떤 문제를 낳았는지 살펴보자.

02 강력한 제조업 육성 정책

1993년 전당대회, 적극적인 시장개방의 신호탄

전체 국민의 80% 이상이 농업에 종사하는 못 사는 나라, 중국에서 발생한 농업혁명은 극적인 효과를 발휘했다. 그렇지만 농업혁명만으로는 경제가 지속적으로 성장할 수 없다. 왜냐하면 농사를 많이 지을수록 토지의 비옥도가 떨어지며 개간할 땅이 점점 고갈될 것이기 때문이다. 실제로 중국은 1990년대 초반에 이르면서 농업 부문의 생산성 향상 속도가 급격히 둔화되기 시작했다.

중국 정부가 제조업에 눈을 돌린 이유

먹고사는 문제를 막 해결한, 그러나 갈 길이 먼 나라는 어떤 식으로 경제발전을 해야 할까? 이에 대해 수많은 답이 존재하겠지만, 최근 개발경제학자들은 거의 한목소리로 제조업과 수출산업의 육성을 강조한다.[12]

제조업 육성이 중요한 첫 번째 이유는 기계 활용을 통해 '기술의 부족' 문제를 완화할 수 있기 때문이다.

제조업에서는 소수의 창업자와 기술자가 (수입한) 기계를 이용해 생산하는 과정에서 많은 미숙련 및 반숙련 근로자들을 고용한다. 한국의 1960년대 산업화 당시, 가발과 신발 공장에 초등학교밖에 졸업하지 못했던 많은 여성들이 대규모로 고용되었던 것이 이를 잘 뒷받침해 준다.

두 번째 이유는 서비스업보다 공산품이 훨씬 더 자유롭게 거래되기 때문이다.

대다수의 공산품은 용기에 담아서 대가를 지불할 의사가 있는 모든 사람들에게 배송할 수 있는 반면, 서비스 거래는 더 많은 현실적, 정치적 장애물에 직면한다. 결국 제조업은 교역에 유리하며, 교역은 빠른 경제개발에 필수적인 역할을 한다.

두 번째 부분에 대해서만 조금 더 부연 설명을 하면, 교역을 통해 부족한 것을 교환하는 것만으로도 경제 전체의 후생이 증

가하게 된다. 예를 들어 중국은 농업혁명을 통해 창출된 인력이 매우 풍부했으며, 이는 섬유나 의복·신발 등 다양한 경공업 생산에서 압도적인 경쟁력의 우위를 부여해 주었다.

반면 미국이나 유럽 등의 선진국은 상대적으로 자본이 풍부해 중화학공업에서 우위를 가지고 있었으며, 이는 중국이 도시화 및 산업화를 달성하는 데 필요한 기본적인 소재의 부족 현상을 해결해 줄 수 있었다. 즉 교역은 '윈–윈'의 구조를 형성할 수 있게 한다.

이처럼 제조업 위주의 수출 성장 전략은 엄청난 성장의 기회를 제공해 주는데도, 왜 중국 정부는 1990년대 초반까지 수출 위주의 경제성장 전략을 공격적으로 추진하지 않았을까?

결국 그 답은 '정치'에서 찾을 수밖에 없다. 중국 지도부의 무시할 수 없는 집단(이른바 보수파)이 1949년 이후 중국을 지배한 '자력갱생' 노선에 대한 집착을 완전히 버리지 못했던 데 있다.

그렇지만 1980년대 후반이 되면서 더 이상 미적거리기 어려운 여러 사건들이 발생하며, 중국 정책당국의 결단을 재촉하게 된다.

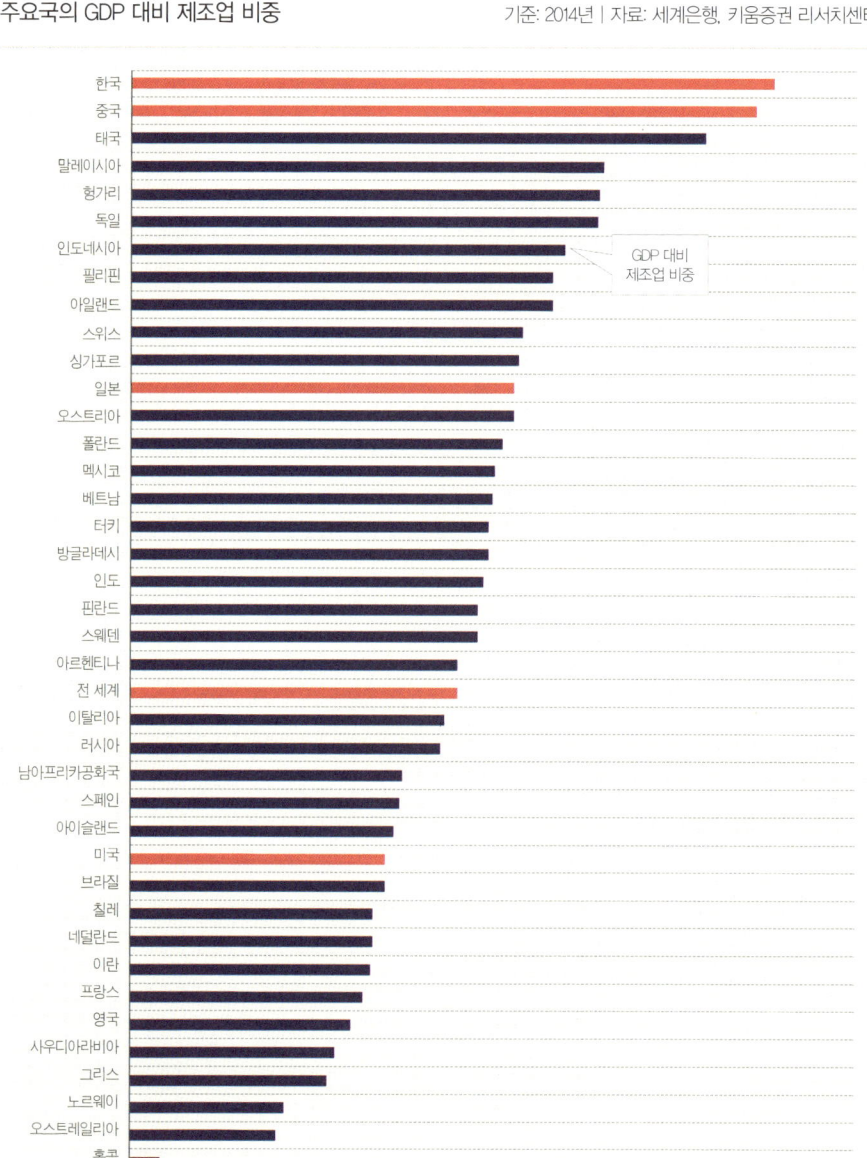

주요국의 GDP 대비 제조업 비중   기준: 2014년 | 자료: 세계은행, 키움증권 리서치센터

1980년대 후반, 인플레 속에서 민주화 요구 부각

중국 정책당국의 행동을 재촉했던 여러 사건 중에서 가장 대표적인 것이 국영기업의 비효율 문제였다. 이른바 이중가격제도의 보호를 받으면서 국가의 '근간'을 형성해 줄 것으로 믿었던 국영기업들이 보호막 아래에서 오히려 경쟁력을 잃어버린 것은 물론, 경제 전반에 강력한 인플레이션 압력을 일으켰던 것이다.

1983년 도입된 석탄과 철, 기계장비, 그리고 주요 자본재에 대한 이중가격제도가 가장 대표적인 골칫거리였다.[13] 이중가격제도를 간단하게 설명하자면, 기업들은 정부가 정한 가격으로 국가기구에 제품을 납품하는 대신 목표 이상 생산된 제품은 시장에서 자유롭게 팔 수 있게 만들어 준 것이다. 이렇게 되면 국가기구는 물건을 싸게 사들여서 이를 전국에 분배하는 과정에서 큰 수익을 얻고, (국영기업에 납품하는) 중소기업과 농민들은 잉여제품을 시장에서 비싸게 팔아 수익을 얻을 수 있다. 그러나 이런 시스템은 숱한 비리를 낳았을 뿐만 아니라 국가기구의 비대화를

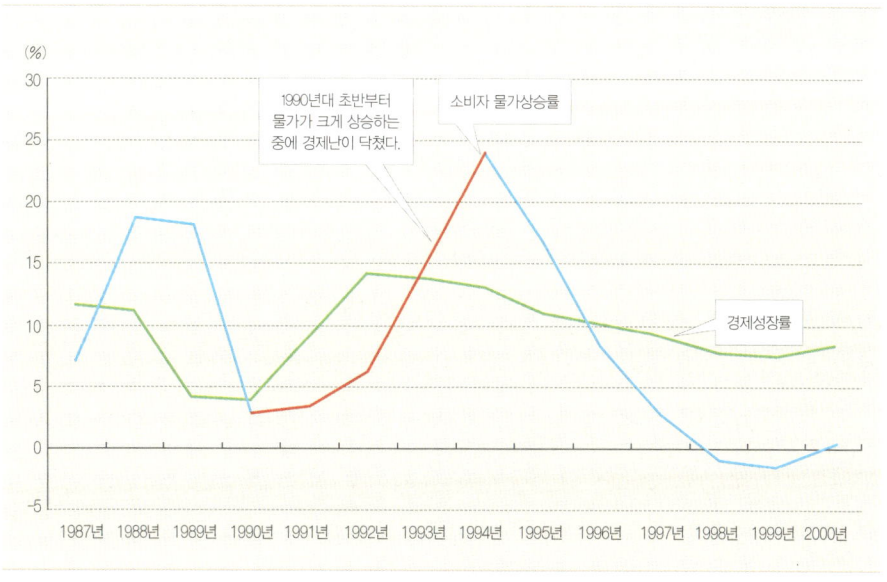

1987~2000년의 중국 경제성장률과 물가상승률   자료: 세계은행, 키움증권 리서치센터

가져와 효율을 떨어뜨리는 부작용을 일으켰다.

중국 정부의 시장개입은 가격제도에만 그치지 않았다. 1983년 이전까지 중국 정부는 공장 근로자들의 임금을 8등급으로 구분해 관리했다.[14] 여기에 관리직 임금 등급까지 더하면, 중국의 임금 등급은 총 24개에 달했다. 그런데 일단 임금 등급이 결정되고 나면 그 뒤에는 엄격한 연공서열 시스템이 적용되었기 때문에 당연히 생산성이 엉망일 수밖에 없었다. 참고로 1977~1993년 동안 국유기업들의 고용 비중은 전체 인구의 50% 이상이었지만, 1992년까지 전체 GDP에서 차지하는 비중은 오히려 절반 수준으로 줄어들었다.

결국 이 모든 문제는 '물가상승'으로 연결되었다. 농촌지역의 구매력이 높아지며 가계의 소비성향이 상승한 반면, 제조업 부문은 이전의 국영기업 체제를 유지함으로써 경제 전반에 수요/공급의 병목현상이 벌어졌다. 특히 문제가 된 것은 이상과 같은 경제난이 1989년 천안문 사태로 연결되어 공산당의 권력 독점에 대한 문제제기로 이어진 것이다.

물론 그 뒤의 귀결은 모두 아는 바와 같다. 공산당의 권력 독점은 천안문 광장을 피로 물들이며 그대로 유지될 수 있었다. 그렇지만 자오쯔양 전 총서기의 평생에 걸친 구금생활이 시사하듯, 1989년이 아예 없었던 일로 묻힐 수는 없었다.

남순강화, 덩샤오핑다운 돌파구

사태가 이 지경에 이르자, 국내외의 투자자들은 중국이 다시 과거로 회귀할지 모른다는 공포에 휩싸였다. 특히 리펑을 비롯한 중국의 보수 강경파가 제기했던 '싱쯔싱서(姓資姓社, 자본주의냐 사회주의냐)' 논쟁이 관심의 초점으로 부각되었다.

그러나 1992년 1~2월 사이 덩샤오핑은 우창부터 상하이 등 중국 중남부의 주요 도시를 시찰하면서 발표한 '남순강화(南巡講話)'로 시장개방 및 개혁 조치가 거스를 수 없는 대세라는 것을 확인해 주었다. 남순강화의 주 내용은 "자본주의에도 계획이 있고 사회주의에도 시장이 있다"는 것으로, '싱쯔싱서'를 위시한 이념논쟁을 정면 반박한 것이었다.

특히 중국 공산당은 다음해인 1993년 11월에 열린 제14차 공산당전당대회에서 부실 국유기업의 개혁을 비롯한 대대적인 시장경제 확대 조치를 취하며, 남순강화의 선언이 일시적 사건이 아니라 지속적인 공산당의 정책방향임을 명확하게 드러냈다.[15]

덩샤오핑의 1992년 남순강화 루트

많은 외국인 투자자들은 1992년까지만 해도 중국의 정책방향에 대해 신뢰하지 않았지만, 제14차 공산당전당대회 이후 태도를 바꾸었다. 이에 따라 1988년까지만 해도 국내총생산(GDP)의 1.0%에 불과하던 외국인 직접투자의 규모가 1993년에는 무려 6.2%로 급증했다. 중국의 거대한 시장과 저렴한 노동력에 군침을 흘리며 '시

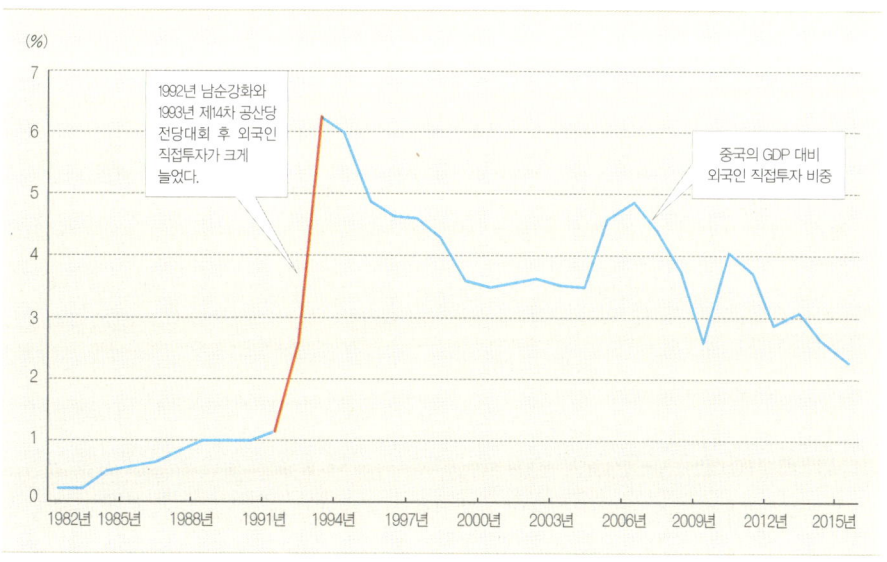

1982년 이후 중국의 GDP 대비 외국인 직접투자 비중   자료: 세계은행, 키움증권 리서치센터

장 진입' 시기를 조율하던 외국인 투자자들에게 남순강화와 제14차 공산당전당대회는 "투자의 적기가 도래했다"는 것을 알리는 신호탄으로 작용했던 셈이다.

구조조정 불황을 건설투자로 극복하다

해외의 거대자본이 물밀듯이 들어오면서 국영기업들은 큰 곤경에 처하게 되었다. 이중가격제도로 일부 보호를 받고 있기는 했지만, 경쟁력이 너무나 크게 차이가 났기 때문에 순식간에 부실화될 수밖에 없었다.

결국 더 이상 버티지 못한 중국 정부는 '종신고용 시스템'을 바꿀 수밖에 없었다. 남순강화가 발표된 1992년 중국 정부는 국영기업의 임금구조에 대한 자율권을 허용하는 조치를 취했으며, 1995년 단 한 해에만 전체의 약 40%에 이르는 3천만 명의 국영기업 근로자가 해고되었다.[16]

그뿐만 아니라 농업 노동자들의 원거리 운송 및 판매를 허용함으로써 거대한 도시화의 물결이 일어나게 되었다. 이에 따라 농촌 호구를 가지고 있지만 도시에서 일하는 이른바 농민공(農民工)이 1982년 인구의 1%에 불과한 700만 명에서 2012년에는 1억 6,300만 명으로 급증했으며, 고향지역 안에서 도시로 이동한 9,900만 명을 합치면 무려 2억 6,300만 명에 달했다.[17]

이때 중국 정부는 국유 부문의 대규모 해고사태와 도시화에 따른 주택 부족 현상을 해결할 묘수를 찾아냈으니 그것은 다름이 아닌 '주택제도 개혁'이었다.

주택제도 개혁 이전에 중국 도시지역의 주택시장은 건물의 노후화 및 투자의 부진 문제로 신음하고 있었다. 최근에 발간된 김도경(2016년)의 논문에서 일부를 인용해 보자.[18]

> 개혁 이전 중국 주택제도의 가장 큰 문제점은 주택 공급을 계속 유인할 만한 장치가 없다는 데 있었다. (중략) 주택은 기본적으로 지방정부 및 '단위'가 복지 차원에서 무

상으로 소속 직공들에게 제공하던 것이었기 때문에 주택 건설비용을 회수하기 어려웠고, 이는 그들이 주택 건설 투자에 소극적인 이유가 되었다. (중략)

따라서 '개혁' 이전 중국의 도시 주민들은 만성적인 주택 부족으로 고통받았고, 지방정부와 단위들은 극심한 재정 부족에 시달려야 했다. (중략) 일종의 구조적인 악순환이 형성될 수밖에 없었는데, 정부 및 단위가 주택문제를 해결하기 위해 그 부담을 질수록 오히려 부담이 더 커지고 말았다.

이 문제를 해결하기 위해서는 일종의 '인센티브 시스템'을 도입할 필요가 있다. 다시 말해 공짜로 주어졌던 주택들이 민영화되고, 시장에서 집값이 변동하는 방향으로 변화되어야 한다. 그래야 집이 낡으면 수리하고 또 새로운 집을 지어 도시화가 진행되는 것에 대응할 수 있기 때문이다. 그러나 비용 한 푼 들이지 않고 잘살고 있는 국영기업의 도시 거주민들이 이런 변화를 수용할 이유가 전혀 없었기에, 주택제도 개혁은 난제 중의 난제로 부각되었다.

이 어려운 문제를 해결한 주인공은 당시 상하이 시장이었던 주룽지(1988~1991년 재임) 전 총리였다.[19]

1991년에 발표되었던 상하이 시의 주택제도 개혁방안은 (중략) 다음과 같다.

첫째, 주택 공적금 제도의 신설이다. 특정 계좌를 만들어 '개인'과 '단위'가 공동으로 적금을 붓고, 향후 주택 구입 시 개인이 이 자금을 활용할 수 있는 제도다. (중략)

둘째, 공공주택 임대료의 현실화와 주택 보조금의 지원(임금의 2%)이었다. (중략) 상하이의 임대료 인상폭은 다른 시도의 개혁과 궤를 달리했는데, 1991년에만 100%가 인상되었고, 1995년부터 1998년까지는 매년 50%씩 추가로 인상되어 도시 거주자들의 주택 구매 욕구를 불러일으켰다.

셋째, 주택채권의 발행이었다. 공공주택에 새롭게 입주하는 거주자들은 의무적으로 상하이 주택발전저축관리 센터에 20~80위안을 납부해야 했고, 이 투자금은 5년 후 연 3.6%의 금리로 회수할 수 있었다. (중략)

넷째, 공공주택의 할인판매였다. 중앙정부는 공공주택의 할인판매를 국유자산의 손실로 간주했기 때문에 극도로 꺼렸지만, 도시 거주자의 구매능력과 주택시장 활성화를 고려하면 불가피한 선택이기도 했다.

전형적인 '당근과 채찍' 전술을 볼 수 있다. 기존에 살고 있던 정부 소유의 공공주택을 할인 판매하여 구매자들의 '매수의욕'을 자극하는 한편, 주택을 구입하지 않고 그대로 살겠다는 사람들에게는 임대료 인상이라는 채찍을 휘두른 셈이다. 그리고 주택을 구입할 만한 여력을 가진 사람들에게 채권을 팔아서 노후주택을 부수고 새로운 주택을 건설할 재원을 마련하는 등의 보완조치까지 가세하니 개혁정책이 성공할 수밖에 없었다.

주택제도 개혁의 효과와 부작용

이상과 같은 주택제도 개혁 이후 중국 경제는 두 가지의 효과를 거둘 수 있었다.

첫째, 도시지역으로 유입되는 농민공을 위한 주택을 건설할 수 있게 되어 강력한 경제성장의 토대가 마련되었다. 1990년 중국의 전체 부동산 투자액은 253억 위안에 불과했으나, 주택제도 개혁 시작 이후 폭발적으로 성장해서 1995년에는 3,152억 위안에 이르렀다.

주택제도 개혁의 효과는 여기에 그치지 않는다. 주택제도 개혁으로 '자기 소유의 집'을 가지게 된 도시 호구는 엄청난 재산상의 이익을 누리게 되었다. 주택을 저가에 매입할 기회를 누렸을 뿐만 아니라 이후 주택가격이 폭발적으로 올랐기 때문이다. 정확하게 말하면, 은행이자나 주식 등 다른 어떤 자산도 비할 바 없는 압도적인 수익률을 제공함으로써 거대한 중산층을 형성하는 단초가 되었다.[20]

물론 이 정책이 아무런 부작용을 일으키지 않은 것은 아니다.[21]

중앙정부의 입장에서 보면, 1990년대 말에 있었던 아시아 국가들의 금융위기 때문에 국내 투자를 활성화하는 것이 급선무였다. 실제로 2000년대에 접어들어 중국이

1986~2003년 중국의 부동산 투자액

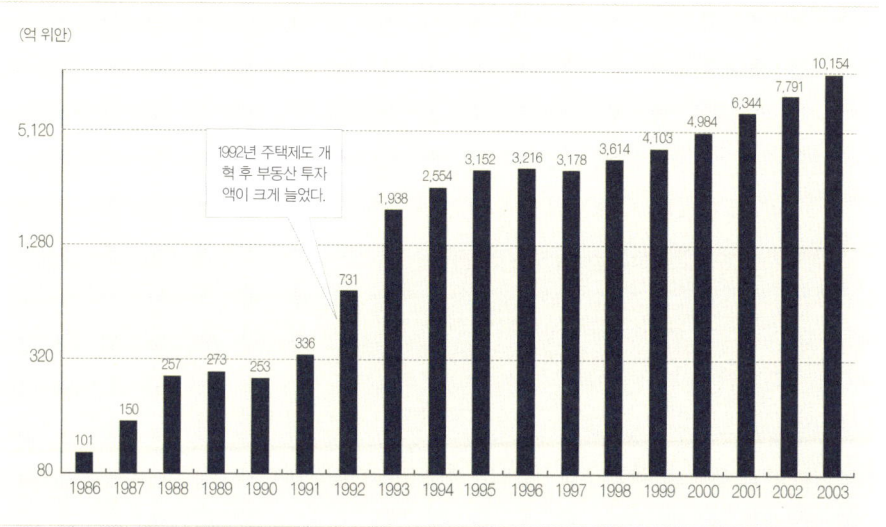

2000~2014년 중국의 주요 자산 수익률

높은 경제성장률을 기록할 수 있었던 데에는 1998년에 있었던 (전국 단위의) 주택제도 개혁의 영향이 결정적이었다고 해도 과언이 아니다. (중략)

　이상과 같은 국영주택 개혁과정에서 가장 큰 불이익을 입은 측은 향후 도시로 편입될 새로운 사람들이었다. 2000년대 중국의 급속한 경제성장과 함께 농촌 호구를 가진 많은 사람들이 도시로 찾아왔지만, 그들은 빠르게 상승하는 주택가격을 도저히 감당할 수 없었기 때문이다. 단순히 호구 문제로만 이를 치부할 수 없는 것은, 주택을 마련하기만 하면 도시 호구를 가질 수 있었던 시기가 한때 있었기 때문이다.

즉 중산층이 될 수 있는 '입구'가 닫혀버린, 1990년대의 주택제도 개혁 국면을 놓쳐버린 사람들은 영원히 도시의 주택을 구입할 수 없는 처지에 놓였다는 이야기가 될 것이다. 결국 중국의 주택제도 개혁은 새로운 성장의 원천을 만드는 데에는 성공했지만 여러 문제의 씨앗을 뿌려놓은 셈이라고 할 수 있다.

　다음 절에서는 1990년대부터 시작된 양대 개혁(수출 중심의 경제성장 전략+주택제도 개혁)이 일으킨 4가지 문제에 대해 살펴보자.

03 중국이 직면한 4가지 도전

도시와 농촌의 불평등

중국이 다 같이 못살 때에는 도시 호구를 가지고 있건, 농촌 호구를 가지고 있건 삶에 별다른 차이가 없었다. 그러나 농촌은 소득증가가 정체된 반면, 도시는 수출 및 건설투자 붐 속에서 빠르게 성장하면서부터 불평등 문제가 심각하게 부각되기 시작했다.

도시와 농촌 가계의 소득격차가 3배 이상으로 벌어지는 상황에서, 농촌 주민들의 도시 이주는 당연한 선택일 수밖에 없었다. 그러나 중국에 존재하는 특유의 제도인 '호구'는 농촌 출신 근로자들에게 끊을 수 없는 족쇄의 역할을 했다.

이 대목에서 호구제도의 기원과 배경에 대해 좀 더 자세히 살펴보자.[22]

> (1949년 내전 승리 이후) 근대 공업의 생산요소인 자본, 노동, 기술, 토지 중 노동을 제외하고는 모든 것이 부족했던 상황에서, 중국은 중공업 위주의 발전전략을 실현하기 위해 공업 발전에 필요한 교통, 통신, 에너지 관련 인프라와 숙련된 노동력을 이미 일정수준 갖추고 있었던 도시지역에 집중적인 투자를 시작했다. (중략)
>
> 또한 중공업 투자에 필요한 자본을 마련하기 위해 농산물의 의무수매제를 실시하여 핵심 농산물에 대한 정부 독점을 확립하고, 농산물 가격을 공업 생산물보다 상대적으로 낮게 책정했다. 이런 방식으로 농업으로부터 추출한 잉여가치를 도시의 중공업 부문에 투자하는 전략이 1978년 개혁·개방 직전까지 지속된다.
>
> 이런 발전전략을 추구하기 위해서는 도시지역의 노동자들에게 상대적으로 높은

임금과 사회경제적 보상을 제공하고, 도시의 각종 인프라에 집중적인 투자를 해야 했다. 그러기 위해서는 도시인구를 통제할 필요가 있었다. 도시인구 통제의 핵심 내용은 기존 인구 규모를 유지하면서 농촌에서 도시로의 인구 유입을 차단하는 것이었다.

호구제도는 바로 이러한 '농민의 도시 이동 금지'를 목적으로 만들어졌고, 1958년 1월 9일부터 시행된 '중화인민공화국 호구등기조례'로 정식화되었다.

현대 중국의 역사에서 왜 '도시 호구'가 특권층인지 여실히 알 수 있는 대목이라고 할 수 있다. 그리고 이런 도시의 특권은 '농업혁명'을 계기로 오히려 더 강화되었다. 왜냐하면 농촌지역에서 도시로의 인구 이동 가능성이 높아질수록 도시 호구의 가치가 더 커졌기 때문이다.[23]

> 국가의 입장에서 보면, 개혁기 중국의 최고 경쟁력인 풍부한 저임금 노동력을 활용한 경제발전 전략을 현실화하기 위해서는 농민들이 도시로 이동해 취업해야 했다. 그런데 도시 취업을 원하는 농민공들이 한꺼번에 도시로 유입되면 주택·문화·교육·복지 등 '도시 공공재'를 잠식할 우려가 있을 뿐만 아니라, 국유기업 개혁과정에서 쫓겨난 도시 주민들과 저임금 일자리를 두고 노동시장에서 경쟁함으로써 도시 주민들의 권익을 해칠 우려가 있었다. (중략)
>
> 그래서 중국 정부는 개혁기에도 기존 호구제도를 계속 유지하고, 농민공의 도시 진입은 허용하되, 도시 공공재에 대한 접근은 차단하는 방식을 취했다. 예를 들어 농민공이 자녀를 데리고 도시에 들어오거나 도시에서 자녀가 태어났다 해도, 그 자녀의 호구는 여전히 농업 호구이다. (중략)
>
> 또한 국유기업 개혁이 시작되기 전부터 소속 노동자에게 지급되는 임금보다 각종 명목의 사회경제적 보상이 훨씬 컸기 때문에, 기업 입장에서도 비용이 훨씬 많이 드는 도시 호구 소지자보다 농민공을 더 선호하게 되었다.

1990년대 초반까지만 해도 농민공 문제는 그리 심각하지 않았다. 인용문의 끝부분에 드러난 것처럼, 도시지역의 기업들, 특히 민간 부문의 기업들은 각종 부가급여가 필요하지 않은 농민공을 더 선호했고, 농민공의 입장에서는 불황에 일자리가 부족하면 농촌의 본가로 돌아가면 그뿐이었기 때문이다. 특히 도시의 주택은 노후화되어 있었으며, 더 나아가 1998년의 전면적인 주택제도 개혁 이전까지는 주택의 매매도 매우 제한적이었기 때문에 농민공들은 이와 같은 차별에 대해 그렇게 심각하게 인식하지 않았다.[24]

그러나 1990년대 초반 상하이부터 시작된 주택제도 개혁은 이 모든 구도를 바꾸어 놓았다. 주택제도 개혁의 초기에 도시주택을 구입하지 못했던 사람은 영영 보유할 수 없는 처지에 처했을 뿐만 아니라, 농민공들이 모여 살던 도시 외곽의 성중촌(城中村, 도시 속 농촌이란 의미로 일종의 재개발대상구역)에 대한 개발이 시작되면서 주거지를 잃어버릴 위험에 처하게 되었다.[25]

> 주택 임대차 시장의 측면에서 성향결합부(城鄕結合部, 도시 외곽의 농촌지역으로, 도시에 주거하는 농업 호구민의 주거지)에 공급이 집중된 이유는 이 지역 원주민들의 특수한 호구 상태 (중략) 때문이었다.
> 　도시의 농업 생산지역은 행정구역상 도시로 편제되어 있지만, 대부분의 경우 그 토지의 소유권은 집체에 귀속되어 있다. 도시의 농민, 즉 농업 호구 소지자들은 농촌 농민들과 마찬가지로 각 가구의 인구수에 따라 일정한 면적의 농지에 대한 사용권(=경작권)과 함께 주택용지에 대한 권리를 무상으로 부여받고 있으며, 주택용지 위에 건설한 주택에 대해 배타적인 사유재산권을 향유할 수 있다. (중략)
> 　1990년대 들어 유동인구 유입이 증가함에 따라 도시 근교의 농업 호구 소지자들의 주택용지와 주택은 매우 중요한 자산이자 수입원으로 작용하기 시작했다. (중략) 이렇게 성향결합부에서 위법적인 주택 임대차 시장이 생겨나고, 비합법 신분의 외래 이농민들의 집단 거주지가 형성된 데에는 이 지역의 모호한 행정관리 체계도 중요한 요인으로 작용했다. (중략) 2000년대 들어 성중촌 현상이 사회문제로 부각되기 전까지는 이 지역 농민들의 주택을 관리하는 정부기구도 존재하지 않았다.

성중촌이 본격적으로 개발되는 과정에서 농민공들은 다시 임대료가 싼 주거지를 잃어야 했으며, 시 정부가 엄청난 개발차익을 향유하는 것을 지켜보면서 갈등이 점점 증폭될 수밖에 없었다. 이러한 불만과 분노가 분출된 것이 2000년대 접어들어 본격화된 군체성(群體性) 사건(여러 형태의 집단행동, 집단시위, 집단분규 등)이다.[26]

물론 1989년 천안문 사건에 이를 비길 수는 없다. 다만 지금처럼 지속적으로 농

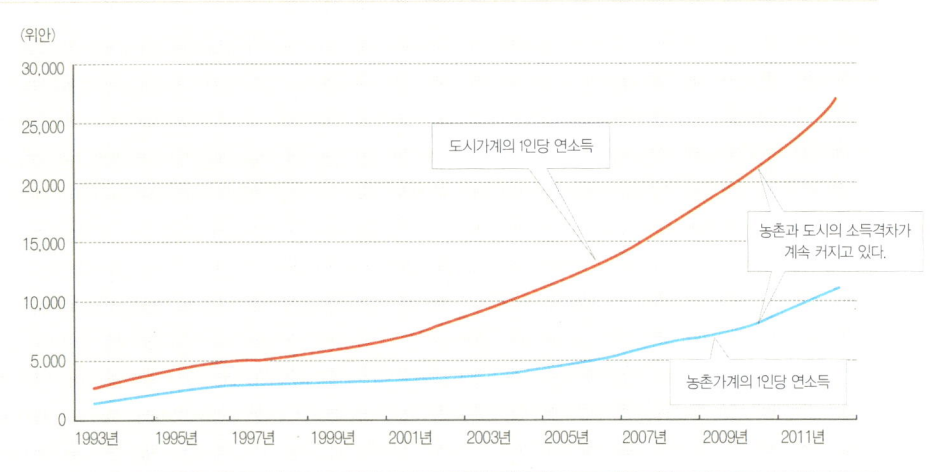

1993년 이후 중국 도시 및 농촌 가계의 1인당 연소득 추이
자료: Wind, 키움증권 리서치센터

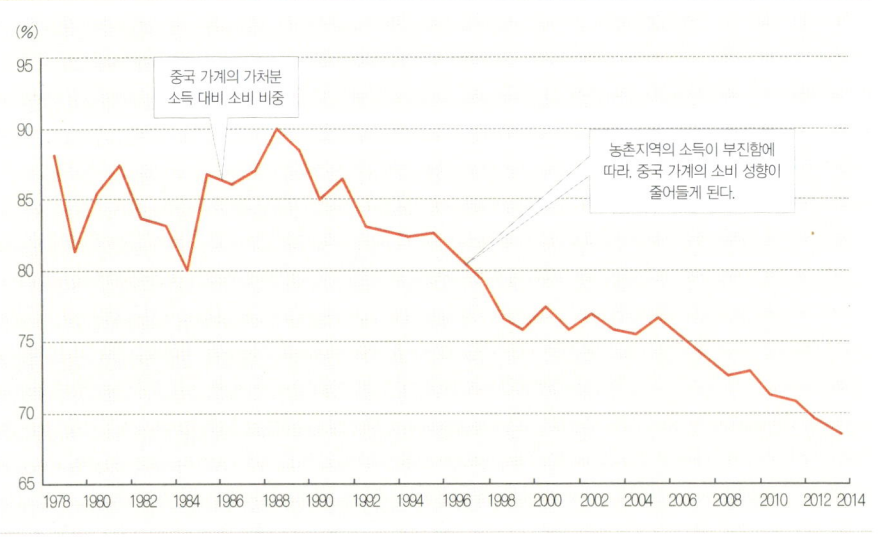

중국 가계의 가처분소득 대비 소비 비중
자료: CEIC, 키움증권 리서치센터

촌과 도시 사이의 소득격차가 커지고, 특히 1선 도시(베이징, 상하이, 충칭 등 중국의 거대도시 지역)를 중심으로 한 부동산 시장의 붐이 지속되어 자산 불평등이 더욱 심화될 경우에는 심각한 사회문제를 일으킬 위험을 배제할 수 없는 상황이다. 더 나아가 전체 인구의 절반을 차지하는 농촌지역의 소득 부진은 최근 중국 정부가 주도하는 '소비 주도 경제성장' 노선에 부정적인 영향을 미칠 것이라는 우려가 제기되고 있다.

임금 급등

불평등 문제와 관련 있는 문제가 바로 토지나 노동력 같은 주요 요소 가격의 급등이다. 물론 1978년 개혁·개방 정책 시행 이전까지 중국의 임금 및 토지가격은 대단히 낮았으며, 이는 중국 경제로의 막대한 직접투자(FDI) 붐에서 확인되듯이 분명한 사실이다.

그러나 2000년대 후반부터는 중국이 요소 가격 측면에서 '경쟁력'을 가지고 있는지에 대해 많은 의문이 제기될 수 있다.

일단 임금이 가파르게 올랐다. 1978년을 기준(1978년=100)으로 할 때, 2000년 실질임금은 350 수준이었지만, 2010년에는 1,108로 뛰어오르고, 2015년에는 다시 1,639까지 상승했다.

이처럼 가파른 임금 상승은 특히 2009년을 고비로 중국 정부가 최저임금을 대폭 인상한 데에서 촉발되었다. 정책당국이 최저임금의 대폭 인상을 용인한 이유는 2008년 세계 금융위기를 계기로 수출 전망이 악화되며 내수경기를 부양해야 한다는 명분 때문이었지만, 생산활동인구(15~64세 인구)의 감소로 노동시장의 수급 균형에 변화가 생기고 있는 점도 함께 고려된 것으로 보인다. 특히 주택가격이 급등하면서 도시에 나와 있는 농민공의 주거비용이 급등한 것도 빼놓을 수 없는 요인으로 작용했다.

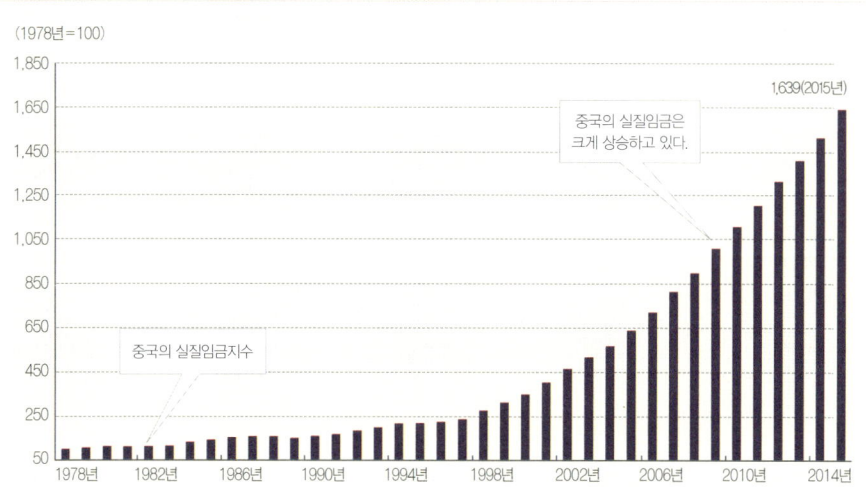

1978~2015년 중국의 실질임금 추이 자료: CEIC, 키움증권 리서치센터

중국 노동시장에서 수급 균형의 변화를 가장 잘 보여주는 것이 바로 노동쟁의의 급격한 증가이다. 1980년대 이후 태어난 근로자들이 전체 농민공의 60%를 차지하는 가운데, 상대적으로 높은 교육수준에 맞는 임금을 요구하게 된 것이다.[27]

농사 경험이 전혀 없는 그들은 '1자녀 세대'답게 불만을 쉽게 표출하고, 열악한 환경 및 불공정한 대우를 견뎌내지 못한다. 이런 신세대의 비중이 커진 것과 아울러, 1962~1974년에 태어난 약 3억 7천만 명의 베이비붐 세대가 점차 고령화된 것도 노동시장의 수급 균형에 큰 영향을 미친 것으로 보인다.[28]

문제는 이러한 강력한 임금 상승이 경제 전체의 경쟁력을 갉아먹는다는 사실이다. 55쪽의 아래 그래프에서 보듯, 2000년 이후 아시아 주요 공업국의 실질 단위노동비용을 살펴보면, 최근 중국의 실질 단위노동비용이 가파르게 상승하는 것을 볼 수 있다. 여기서 단위노동비용이란 임금 대비 노동생산성의 변화를 측정한 것으로, 단위노동비용이 가파르게 상승할수록 그 나라의 경쟁력은 떨어지게 된다.

물론 한 나라의 경쟁력은 '임금'과 '생산성'만으로 결정되지 않는다. 이후 자세히 살펴보겠지만, 환율 수준도 경쟁력에 중요한 영향을 미치는 변수이기 때문이다.

중국의 신생아 출산 추이

자료: 중국 통계연감, 키움증권 리서치센터

아시아 주요 공업국의 실질 단위노동비용 추이

자료: 블룸버그, 키움증권 리서치센터

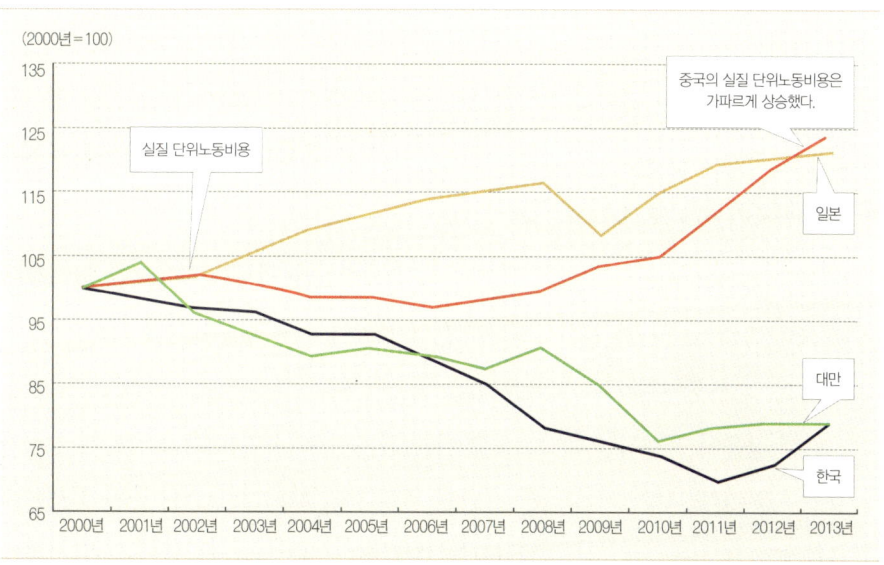

다만 환율의 조정이 금융시장의 불안정을 불러올 가능성을 배제할 수 없기 때문에, 단위노동비용의 꾸준한 상승은 경쟁력에 '노란 불'이 켜졌음을 알리는 신호로 해석할 수 있을 것이다.

위안화의 평가절하 가능성

2000년대 중후반부터 시작된 임금 급등으로 중국의 가격 경쟁력이 약화되며, 최근 중국으로 향하던 외국인 직접투자가 위축되는 것은 물론, 기존 외국인 투자기업의 철수 가능성마저 부각되고 있다. 이런 상황에서 중국 정부의 환율정책 방향은 매우 큰 의미를 가지게 된다.

현재 중국은 사실상의 고정환율제도를 운용하고 있기에 외환시장의 변동성이 다른 국가에 비해 낮다. 그러나 이러한 외환시장의 안정을 대가로, 중국 경제는 매우 큰 위험 요인 하나를 가지게 되었으니 그것은 바로 '핫머니'의 준동 위험이다.[29]

여기서 '핫머니'란 금리차익 등을 노리고 유입된 단기성향의 자금을 의미한다. 중국에서 '핫머니' 문제가 부각되는 가장 큰 이유는 고정환율제도를 채택하고 있기 때문에 환율이 매우 안정적인 반면, 대내외 금리차가 매우 큰 데 있다.

앞에서 살펴본 것처럼 중국은 매우 높은 경제성장을 기록했기에 다른 나라보다 금리 수준이 높을 수밖에 없다. 왜냐하면 고성장이 지속되는 나라일수록 '자금 수요'가 많은 것은 당연한 일이기 때문이다.

그런데 환율이 안정적인 데다가 금리마저 높다면, 외국인 투자자 입장에서는 매우 좋은 '투자처'로 부각될 가능성이 높다. 예를 들어 자본금이 10억 달러인 헤지펀드가 은행에서 연 1%의 금리로 300억 달러를 빌린 다음, 이것을 위안화로 환전해서 3% 이자를 보장해 주는 예금에 가입한다면, 이 헤지펀드의 연 수익률은 60%에 달할 것이다[이자차익(6억 달러)/자본금(10억 달러)].

물론 해외에서 유입된 '핫머니'들이 중국에 계속 머물러 있다면 큰 문제가 되지 않는다. 그러나 아래 그래프에서 보듯이, 위안화는 다른 경쟁국의 통화에 비해 압도적인 강세를 보이고 있다. 통화 강세란 중국의 돈 가치가 다른 나라의 돈 가치에 비해 상승한다는 것이다. 그런데 위안화의 이러한 강세는 '단위노동비용'의 상승과 함께, 중국 기업의 경쟁력을 양쪽에서 갉아먹게 된다. 게다가 세계 경기부진으로 수출마저 잘 안 되니, 중국 정부가 위안화 가치를 조정(=하락)할 것이라는 우려가 부각되는 것은 당연한 일이다.

결국 중국에 유입되었던 '핫머니'들은 이제 반대로 행동하기 시작한다. 중국에 투자했던 돈을 인출하는 한편, 미국이나 영국 등 선진국에서 빌려온 돈을 갚기 시작한 것이다.

그런데 이런 행동은 중국 경제에 두 가지 문제를 일으킨다.

먼저 외환보유고를 감소시켜 중국 경제에 대한 글로벌 투자자들의 우려를 높이며, 다른 한편으로는 중국 국내의 통화공급을 감소시킨다. '핫머니'의 유출이 통화공급의 감소로 이어지는 이유는, 투자자들이 예금을 인출하는 순간 은행들은 줄어든 예금만큼 대출을 회수해야 하기 때문이다. 더 나아가 이 돈이 중국에 머물지 않

2010년 이후 동아시아 주요국의 실질실효환율(REER)

자료: 국제결제은행, 키움증권 리서치센터

고 해외로 돌아가 버리기 때문에, 결국 중국 내의 통화공급이 줄어드는 것이다. 최근 중국인민은행(=중앙은행)이 기준금리를 연이어 인하하고, 더 나아가 지급준비율(은행이 고객의 예금 중에서 의무적으로 중앙은행에 적립해야 하는 지급준비금의 비율)까지 완화하는데도 내수경기가 예전만 못한 이유가 이런 데 있다.

그럼, 이 문제를 어떻게 해결해야 할까? 답은 이미 정해져 있다. 자본시장을 1978년 이전처럼 철통같이 봉쇄할 것이 아니라면, 외환시장을 자유화하는 것 이외에는 다른 대안이 없다. 다만 2015년 8월처럼 급작스러운 위안화 평가절하의 가능성은 낮다. 왜냐하면 당시 중국 금융시장이 대단히 격렬하게 흔들렸고, 이후 경제지표들이 악화되는 등 효과보다 피해가 훨씬 컸기 때문이다. 특히 카일 배스 등 다양한 헤지펀드들이 공공연하게 위안화 약세에 배팅하는 등, 중국으로서는 정책당국에 대한 신뢰가 흔들린 것도 상당한 충격이었을 것이기 때문이다.

따라서 중국 정부는 앞으로 상당기간(5~10년)에 걸쳐 점진적으로 위안화의 평가절하를 단행할 가능성이 높은 것으로 보인다. 이는 장기적으로는 중국 제조업의 경

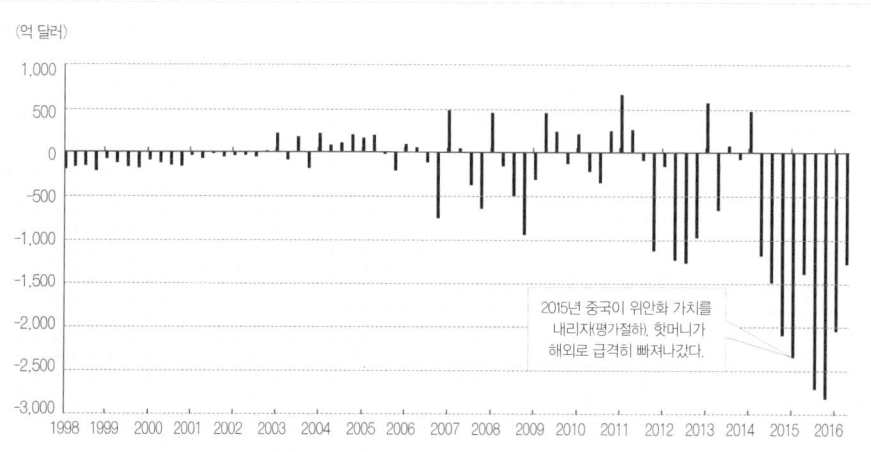

중국에 유입된 '핫머니'의 변화   자료: 블룸버그, 키움증권 리서치센터

쟁력을 개선하는 데 도움이 되겠지만, 위안화 평가절하 때마다 금융시장의 변동성이 커지는 등 부작용이 불가피할 것으로 우려된다. 결국 중국 정부는 금융시장의 상황을 보아가면서 '평가절하'를 잠깐씩 단행할 가능성이 높아 보인다.

부동산 버블 위험

2013년부터 중국 경제에서 한 가지 걱정거리가 부각되기 시작했는데, 그것은 다름이 아니라 지방정부의 부실화 위험이었다. 이 대목에서 잠깐 중국의 토지 소유 시스템에 대해 살펴보자.[30]

> 사람은 많고 토지는 적은 중국의 여건상, 토지를 균분하는 토지승포제도는 곧 사회 안정을 유지하는 기본 조치다. 도시에 들어와 일하는 농민이 (중략) 일자리를 잃게 되면 그래도 고향으로 돌아가서 구량지(口糧地, 자가 소비용 식량을 생산하는 토지)를 경작하여 먹고살 수 있다.

그런데 토지승포제도에 한 가지 문제가 있으니, 바로 토지의 기본적인 소유권이 국가에 있다는 것이다.[31]

> 토지의 사용권은 (30년 동안) 농촌의 개인에게 속하지만, 그 소유권은 집체(集體)에 속한다. 그러나 국가가 '공공이익'을 위하여 토지를 징발할 수 있는 특권을 보유한다. 이로 인해 오늘날의 물권법에서 개인은 토지 사용권을 (농업용에 한하여) 양도할 수 있지만 그 토지를 매도할 수는 없다.

지방정부는 이런 제도상의 우위를 이용해서 토지를 수용하여 주거/산업용 시설을 건설하거나, 혹은 개발업자에게 매도함으로써 차익을 거둘 수 있었다. 그런데 부동산 가격이 상승할 때에는 아무런 문제가 없지만, 부동산 시장이 얼어붙는 등 경기가 나빠질 때에는 이러한 과거의 행동이 고스란히 지방정부의 부담으로 돌아온다. 각종 개발사업에 투입된 비용은 회수되지 않고 토지 매각도 어려워지기 때문이다.

결국 중국의 부채 문제는 부동산 시장이 지속적으로 성장할 때에는 큰 문제가 되지 않지만, 반대로 부동산 시장이 얼어붙고 심지어 가격이 급락할 경우에는 심각한 '위기'를 일으킬 가능성이 높다고 할 수 있다.

중국 부동산은 지금 어떤 수준일까?

이에 대해 수많은 연구 보고서가 발표되었지만, 『이코노미스트』나 블룸버그와 같은 언론은 아무래도 중국의 부동산이 고평가되었다고 보는 편이며, 반대로 피터슨연구소나 전미경제연구소(NBER) 같은 연구기관들은 중국의 부동산 시장이 일부 지역을 제외하고는 '버블'이라고 보기 어렵다는 견해를 가지고 있다.[32]

이에 대해 필자는 중국 부동산 시장이 여전히 '매력적인 수준'이라고 판단한다.

중국의 부동산 가격이 그토록 많이 올랐는데도, 부동산 시장이 아직 매력적이라고 보는 이유는 크게 두 가지 때문이다.

먼저 고성장 속에서 1인당 가처분소득도 빠르게 성장한 것을 잊어서는 안 된다. 다음의 그래프에서 보듯, 중국의 부동산 가격이 10년 동안 90% 이상 상승한 것은 분명한 사실이지만, 같은 기간 동안 1인당 가처분소득이 150% 이상 오른 것도 잊어서는 안 된다는 이야기다.

두 번째 요인은 금융기관의 대출금리가 당분간 인상되기 어렵다는 것이다. 다른 나라와 마찬가지로 중국의 인플레이션 수준은 매우 낮으며, 앞에서 말했던 '핫머니' 유출 문제 등으로 인해 통화정책 당국은 상당기간 완화적인 태도, 다시 말해 통화공급을 확대하는 정책을 펼 가능성이 높다. 주택을 자기 돈만 가지고 구입하는 사람은 극소수에 불과하며, 대부분 은행 등 금융기관에서 빚을 내어 구입하는 현실을 감안할 때, 금융완화의 흐름은 부동산 시장에 대한 투자매력을 높이는 요인으로 작용할 전망이다.

2006년 이후 중국의 부동산 가격과 1인당 가처분소득

자료: CEIC, 키움증권 리서치센터

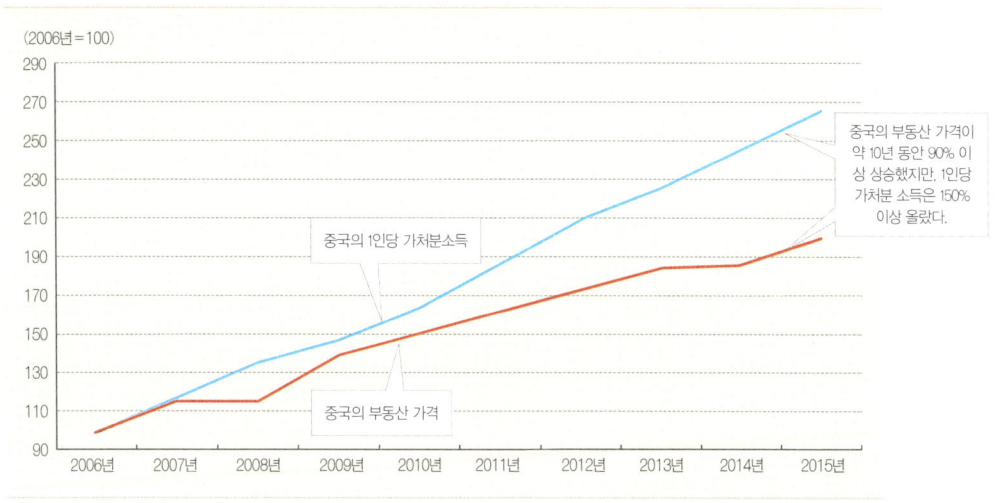

중국의 부동산 가격이 약 10년 동안 90% 이상 상승했지만, 1인당 가처분 소득은 150% 이상 올랐다.

중국의 소비자물가 및 생산자물가 상승률

자료: 블룸버그, 키움증권 리서치센터

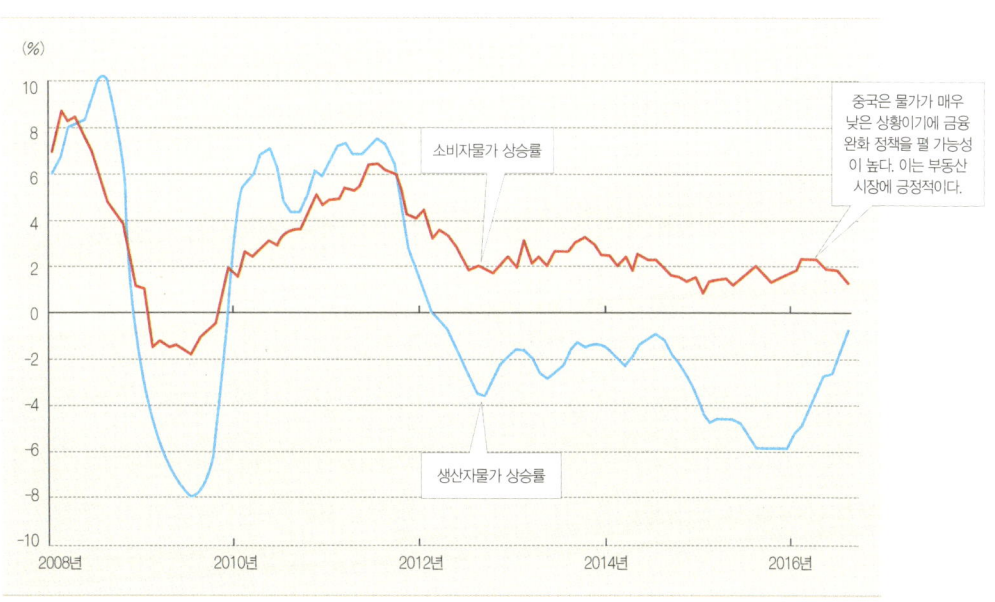

중국은 물가가 매우 낮은 상황이기에 금융 완화 정책을 펼 가능성이 높다. 이는 부동산 시장에 긍정적이다.

1장 중국 경제, 어떻게 왔고 어디로 가는가

04 중국 경제, 어려움은 있어도 위기는 없다!

1절에서는 중국 경제가 1978년 이후 갑작스럽게 성장할 수 있었던 원인, 즉 공산당의 태도 변화 및 농업혁명의 중요성에 대해 살펴보았다. 2절에는 농업혁명의 성과가 퇴색되는 가운데 벌어진 정치적 갈등을 주택제도 개혁과 수출 촉진 정책으로 해소하는 과정을 다루었다. 3절에서는 성공적인 정책 덕분에 강력한 경제성장을 달성했지만, 대신 4가지의 문제가 부각되는 과정을 살펴보았다.

4가지 문제란 1) 도시와 농촌의 불평등, 2) 임금 급등, 3) 위안화의 평가절하 가능성, 4) 부동산 버블 위험 등이다. 이상의 4가지 문제는 하나도 쉬운 것이 없다. 그래서 금방이라도 중국 경제가 심각한 위험에 처할 것이라는 공포를 느낄 수 있다. 그러나 중국은 여전히 좋은 '카드'를 가지고 있다는 것을 잊어서는 안 된다. 그 카드는 다름 아니라 '도시화를 통한 서비스산업 육성'이다.

중국은 임금 상승에 따른 경쟁력의 약화로 이전처럼 '수출 주도의 경제성장' 노선을 밀고 나가는 데에는 분명한 한계를 가지고 있다. 결국 수년, 혹은 그 이상의 시간에 걸친 기술혁신과 교육투자가 필요할 것이다. 그리고 이러한 '시간'을 벌어줄 수 있는 것이 바로 호구제도의 개혁을 비롯한 신형 도시화 정책이라고 할 수 있다.[33]

2014년 3월 16일 중공중앙과 국무원이 발표한 '국가 신형 도시화 규획 2014~2020년'에서 '점수 적립제 도시 거민 호구 취득' 관련 내용을 보면 다음과 같다.
첫째, 전국의 도시를 상주인구에 따라 초대도시(1,000만 명 이상)에서 소도시(10만 명 이상)로 5등급으로 분류한다. 둘째, 이들 도시가 속한 성 단위 점수 적립지표와 해당 도시 단위 점수 적립지표를 만든다.

이야기가 좀 어렵지만 핵심만 요약하면, 1) 대도시보다는 중소도시로 농민공의 도시 호구 취득을 독려하는 한편, 2) 각 도시는 자신들의 구미에 맞는 농민공만을 선별하여 도시 호구를 제공하겠다는 것이다. 여기서 자신들의 구미에 맞는 농민공이란 교육수준이나 현재의 일자리, 그리고 재산 등 다양한 부분에서 도시 호구로 끌어들여도 자신들에게 '폐'가 되지 않을 사람들을 의미한다.

물론 이런 기준은 도시마다 다르다. 예를 들어 광저우성의 중산시 같은 중규모의 도시는 상대적으로 도시 호구를 취득하기가 쉽다.[34]

> 통계에 따르면, 2010~2013년의 4년 동안 이 제도 실시로 중산시의 도시 호구를 취득한 농민공은 모두 1만 765명인데, 이중 전문대 졸업 이상의 학력자가 51.44%, 일정한 전문기술 능력 보유자가 35.45%, 연령 범위는 16~35세가 60%였다.

반면 상하이와 같은 인구 1,000만 명 이상의 거대도시는 호구를 취득하는 것이 훨씬 어렵다.[35]

> 2015년 말까지 110만 명이 '점수 적립제 거주증' 취득 신청을 했고, 그중 30만 명이 120점을 넘었는데, 실제로 상하이 '거민 호구'를 취득한 사람은 2만 6천 명에 불과했다. (중략)
> 여기서 주의할 점은 '점수 적립제 거주증'과 '거민 호구'는 완전히 다른 것이라는 점이다. '점수 적립제 거주증'을 7년 동안 유지하며, 사회보험료를 7년 동안 납부하고, 법률에 따른 납세와 직업 수준을 갖추어야만 상하이 거민 호구의 신청자격 목록에 이름을 올릴 수 있다.

결국 앞으로 도시화 속도가 다시 빨라질 가능성이 높지만, 상하이나 베이징 같은 1

선 도시보다는 2~3선 도시가 도시화의 수혜를 빠르게 입을 가능성이 높을 것이다. 그리고 이상과 같은 도시화의 진전은 중국 경제에 엄청난 변화를 가져올 가능성이 높다.

도시화는 무엇보다 도시지역 주민들이 필요로 하는 서비스에 대한 수요를 증가시키고, 인구가 밀집된 지역에서는 '혁신'이 자극될 가능성이 높기 때문이다. 실제로 다음의 그래프에 나타난 바와 같이, 도시화가 빠르게 진전될 때마다 강력한 경제성장을 달성한 것을 확인할 수 있다. 그리고 이런 현상은 비단 중국만의 일이 아니라 세계적으로도 마찬가지다.[36]

> 미국의 경우를 보면, 전체 일자리의 약 10%가 혁신 부문에 속한다. 그렇지만 혁신 부문이 전체 고용 가운데 다수가 되는 일은 결코 없을 것이다. (중략)
> 그 이유는 단순하다. 현대 사회에서 방대한 수의 일자리가 지역적 서비스에 포진되어 있기 때문이다. 웨이터, 배관공, 간호사, 교사, 부동산 중개인, 미용사, 개인 트레이너 등의 일에 종사하는 사람들은 지역적으로 생산되고 소비되는 서비스를 제공한다.

결국 도시에 인구가 집중될수록 혁신의 성과가 다른 부문으로 전파되는 한편, 서비스 분야에서 엄청난 일자리가 발생할 것이라는 이야기다. 66쪽의 그래프에서 나타난 바와 같이, 2013년을 고비로 이미 중국에서는 서비스산업의 취업자 수가 폭발적으로 증가하기 시작했다.

그 결과 중국 주택시장의 '신규 수요층'은 더욱 단단해졌으며, 더 나아가 농촌과 도시지역의 불평등 문제도 조금씩 완화될 가능성이 높아졌다. 좁은 토지에서 벗어나 소득수준이 더 높은 도시지역으로 이동하는 것만으로도 농촌지역의 강력한 '인구압'을 덜어줄 것으로 기대되기 때문이다.

물론 도시화가 모든 문제를 해결하는 요술 방망이는 아니다. 도시화의 빠른 진전이 불러올 부동산 시장의 버블 위험, 그리고 환경문제 등은 여전히 중국 정책당국에게 커다란 골칫거리로 작용할 가능성이 높다. 더 나아가 위안화 평가절하의 위험은 끊임없이 중국 정책당국의 신경을 앗아갈 것이다.

중국의 경제성장률과 도시화율(전년 대비 차이) 자료: 세계은행, 키움증권 리서치센터

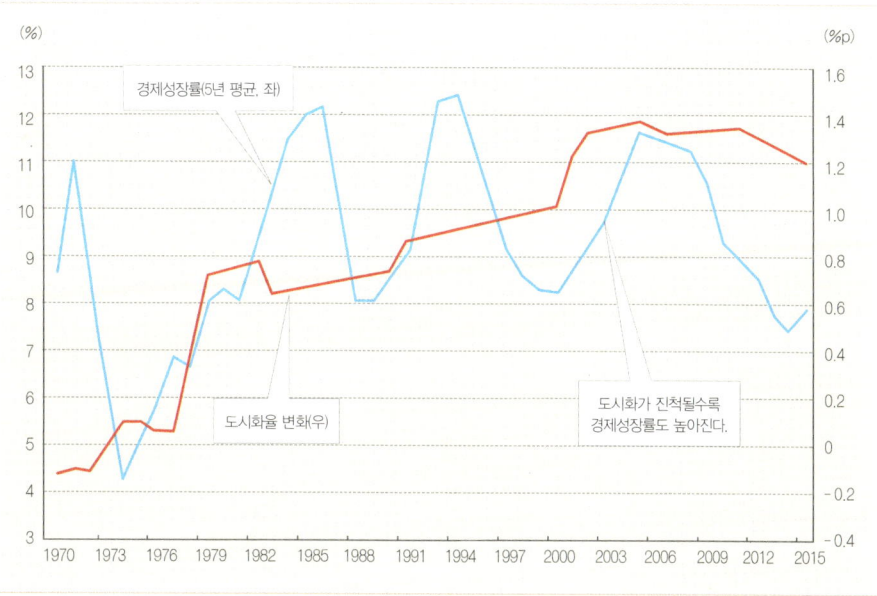

도시화의 속도와 경제성장률의 관계 기준: 207개 국 | 자료: 블룸버그, 키움증권 리서치센터

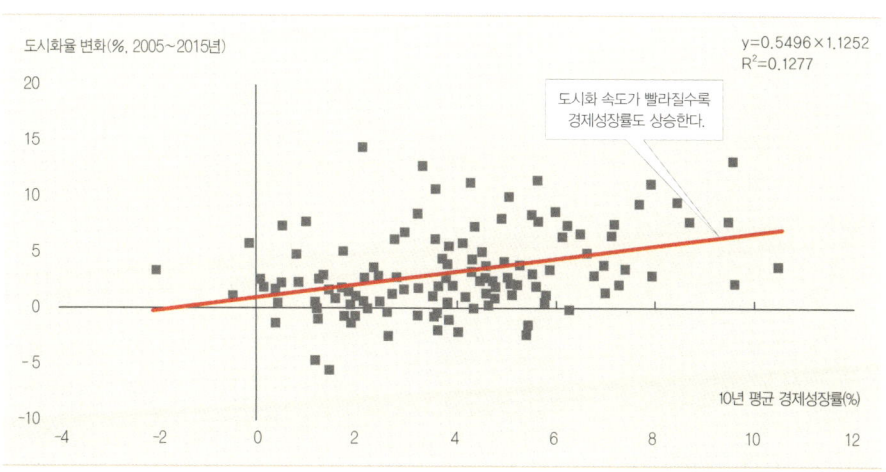

중국의 산업별 취업자 수 증감 추이   자료: CEIC, 키움증권 리서치센터

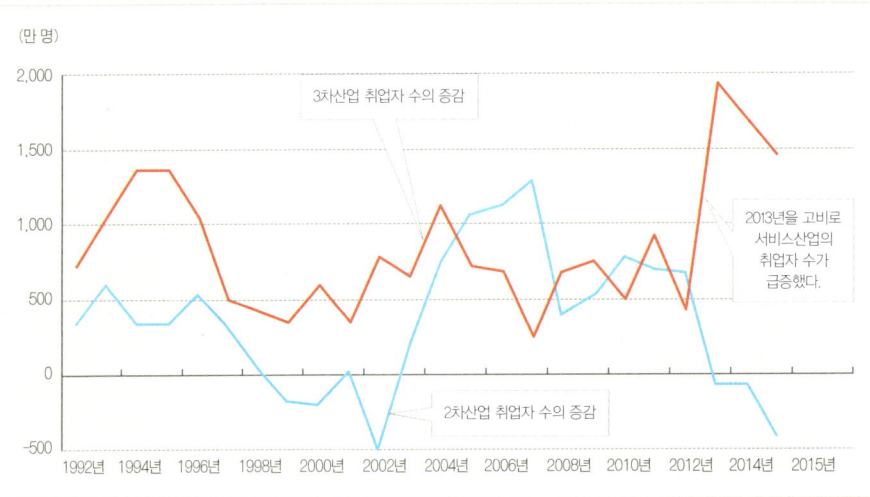

그러나 이 모든 어려움에도 불구하고, 중국 경제는 다가오는 몇 년 동안 꾸준한 성장을 지속할 가능성이 높은 것으로 판단된다. 1990년대 이후 25년 이상에 걸쳐 누적된 외국인 직접투자로 거대한 생산 네트워크가 형성되어 있으며, 더 나아가 신형 도시화로 인해 3차산업 부문이 바야흐로 비상하고 있기 때문이다. 특히 강력한 소득증가에 힘입어 부동산 시장도 단단한 지지를 받을 가능성이 높다는 점도 잊어서는 안 될 요인이다.

따라서 중국에서 발생할 다양한 문제를 너무 심각하게 받아들이기보다는 새로운 '투자기회'로 삼는 태도가 필요할 것으로 판단된다.

1) "The coming debt bust. It is a question of when, not if, real trouble will hit in China", *The Economist*, 2016.5.7.
2) 제프리 삭스, 『빈곤의 종말』, 21세기북스, 2006, pp.93~106.
3) 2011년 미국 달러 기준, 하루 1.9달러 미만의 소득으로 생계를 이어가는 사람의 비중.
4) 조 스터드웰, 『아시아의 힘』, 프로북스, 2016, p.72.
5) 박인성, 『중국의 도시화와 발전축』, 한울아카데미, 2009, pp.81~82.
6) 박인성, 위의 책, p.72.
7) 조 스터드웰, 앞의 책, pp.43~46.
8) 황쭹즈, 『중국의 감춰진 농업혁명』, 진인진, 2016, p.67.
9) 황쭹즈, 위의 책, pp.68~69.
10) 1978년 기준이며, 농촌인구는 82.1%, 도시인구는 17.9%.
11) 조 스터드웰, 앞의 책, pp.52~53.
12) 조 스터드웰, 위의 책, pp.156~157.
13) Nicholas R. Lardy, "Markets over Mao: The Rise of Private Business in China", Peterson Institution, 2014.9.10, p.12.
14) Nicholas R. Lardy, 위의 글, p.16.
15) Nicholas R. Lardy, 위의 글, p.43.
16) Nicholas R. Lardy, 위의 글, p.16.
17) Nicholas R. Lardy, 위의 글, p.17.
18) 김도경, 「1990년대 중국 주택제도 개혁과 도시 기득권의 확립」, 『역사비평』(가을호), 2016, pp.51~52.
19) 김도경, 위의 글, pp.56~57.
20) Li-Gang Liu, "Is China's Property Market Heading toward Collapse?", Peterson Institution, 2014, p.5.
21) 김도경, 앞의 글, pp.65~67.
22) 박철현, "개혁기 위계적 시민권과 중국식 도시사회의 부상", 『역사비평』(여름호), 2016, p.14.
23) 박철현, 위의 글, pp.16~17.
24) 장호준, "동향촌의 변화를 통해 본 베이징 성중촌 현상과 개조", 『역사비평』(가을호), 2016, p.17.
25) 장호준, 위의 글, pp.18~19.
26) 가장 대표적인 사례는 2011년 9월에 발생한 우칸촌 사건이다. 당시 인구 2만 명의 어촌 마을인 광저우성 우칸촌에서는 마을에서 41년 동안 왕처럼 군림한 총서기를 비롯한 당 간부들이 지역 농민들의 동의 없이 마을 집체 토지를 매각하고 막대한 차익을 챙겼다는 의혹에 항의하며 시위가 벌어졌으며, 광저우성 서기 왕양이 주민들의 요구를 수용하여 평화롭게 문제가 해결된 바 있다.
27) 쎤쟈, "중국의 임금 상승, '세계공장' 시대 막 내리나?", LG경제연구원, 2010.8.15, p.7.
28) 이철용, "중국 인구구조 변화의 경제적 시사점", LG경제연구원, 2011.6.1, p.26.
29) 중국에 유입/유출된 '핫머니'의 규모를 정확하게 측정할 방법은 없다. 따라서 통상적으로 외환보유고의 변화에서 경상수지 및 외국인 직접투자의 변동 같은 요인을 제거하고 남은 금액을 '핫머니'로 추정한다. 다만 이 추정치를 완전히 신뢰하는 것은 곤란하다. 왜냐하면 외환보유고의 증감에는 경상적인 자금 흐름뿐만 아니라 달러의 강세/약세, 그리고 운용수익률의 변화 등 다양한 금융시장의 변수가 영향을 미치기 때문이다.
30) 황쭹즈, 앞의 책, p.127.
31) 황쭹즈, 위의 책, p.148.
32) Bloomberg, "China's Housing Gets Scarily Expensive", 2016.9.15.
33) 박철현, 앞의 글, pp.19~20.
34) 박철현, 위의 글, p.25.
35) 박철현, 위의 글, pp.28~29.
36) 엔리코 모레티, 『직업의 지리학』, 김영사, 2014, pp.90~91.

CHAPTER 2

중국 투자전략

중국 주식투자, 어떻게 제대로 할 것인가? 중국 주식투자를 해야 하는 이유를 들여다보고, 단기, 중장기적인 투자방법을 알아보자.

01 중국 주식투자와 강남 아파트

2010년 말 베이징으로 향하는 비행기에 올랐다. 1993년 이후 17년 동안 미국, 유럽, 동남아시아 등 20여 개국을 돌아다니며 여러 국가들을 분석하고 투자 포인트를 찾는 과정에서 많은 경험을 했고, 세계 유수의 투자자들과 수많은 미팅을 하면서 앞으로 중국 시장을 분석해야만 글로벌 투자에 성공할 수 있다는 믿음이 생겼다. 그래서 반드시 수익률이 좋은 글로벌 투자 펀드를 만들어 보겠다는 욕심을 가지고 중국 땅을 밟게 되었다.

1997년 외환위기와 2008년 금융위기를 예견한 적이 있고, 2006년 씨티그룹을 떠날 때는 닥쳐올 금융위기에 대해 역설했기에 '최후의 비관론자'라는 별명까지 얻은 적이 있다. 이런 필자가 2010년 말 중국에 도착했을 때, 가장 먼저 한 일은 '중국이 언제 경제위기를 겪을까'에 대한 분석이었다. 외환위기 때 골드만삭스 및 여러 투자기관들을 도와 금융시장의 구조조정 관련 딜에 참여했고, 실제로 주도한 경험도 있었기에, 언젠가 중국이 금융위기를 겪게 되었을 때 큰 수익을 얻기 위한 대응 전략이 필요하다고 생각했던 것이다.

2010년대 중국 증시의 흐름

2011년 초 중국 경제와 증시에 대한 분석을 시작했다. 그리고 6개월 동안의 분석 결과, 중국 증시가 견조한 성장을 보이고 있지만, 이는 추세적 상승이라기보다는 상해종합지수가 1,800~2,500포인트에서 변동성을 보이는 장세가 될 것이라는 판단이 들었다. 또한 가까운 시기에 금융위기가 일어날 확률은 낮았으며, 2015년까지 중국발 금융위기의 가능성은 없어 보였다.

그런데 중국 경제와 증시에 대해 분석할수록, 중국 정부의 경제정책이 매우 체계적이고 올바른 방향으로 나아가고 있다는 확신을 가지게 되었다. 그래서 2013년 말 베이징을 떠나 한국으로 귀국하기 전에 2,000선 이하였던 상해종합지수가 1년 안에 3,000선을 돌파할 것이라는 전망을 내놓았다. 당시 모건스탠리를 포함, 중국 증시가 큰 폭으로 상승할 것이라고 예상한 기관은 거의 없었다.

이듬해인 2014년 중국 증시는 두드러진 상승 랠리가 시작되었다. 정부가 기준금리와 지급준비율을 인하하여 시장에 유동성을 공급하기 시작했을 뿐만 아니라 그해 11월 후강퉁 거래가 시행되자, 상해종합지수는 3,000포인트를 훌쩍 넘어섰다. 그러자 시장에는 낙관론이 팽배했다. '상해종합지수가 6,000~10,000포인트까지 오를 것이다', '최소 5배 이상 상승할 것이다', 또는 '중국 주식에 1천만원을 투자하

2014년 이후 중국의 기준금리 및 지급준비율, 상해종합지수의 추이   자료: CEIC, 키움증권 리서치센터

면 10년 후에는 50~100배가 될 것이다'라는 등 지나친 낙관론이 쏟아져 나왔다.

하지만 상해종합지수는 이듬해인 2015년 6월 5,178포인트에서 고점을 찍은 후 급락하기 시작했다. 당시 중국의 기업 이익이 증시를 받쳐줄 만큼 견고하지 않았으므로 이러한 큰 폭의 조정은 당연해 보였다. 그래서 중국 주식에 장기투자를 한 경우 100% 헤징(차이나 A50 선물 매도)해야 한다고 권했다. 그리고 2015년 말부터는 중국 증시가 바닥을 다지고 미약하게나마 반등할 것으로 보였기에 헤징 비율을 줄이는 전략을 추천했다. 2016년 10월 현재, 중국 증시는 아직 추세적인 급등세는 나타나지 않고 있다.

중국 주식 후강통 투자와 강남 아파트

앞에서 2010년대 중국 증시의 흐름을 간략하게 살펴보았다. 이러한 흐름을 보면서 우리는 매우 중요한 질문을 하게 된다. 주식투자에서 어느 한 나라에만 투자하는 것이 옳은 것일까? 결국 주식투자를 하는 이유는 높은 수익을 올리기 위해서이다. 주식시장 자체가 고위험, 고수익(high risk, high return) 투자처이다. 그렇다면 경제

규모 세계 2위, 우리 옆의 G2인 중국 주식투자는 어떻게 해야 할까?

몇 년 전 중국 주식에 1천만원을 투자하면 10년 후에 강남 아파트를 살 수 있을 거라는 말이 화제가 된 적이 있다. 정말로 2014년에 중국 주식에 1천만원을 투자했다면, 10년 후인 2024년에 강남 아파트를 살 수 있게 될까? 2016년 말 현재 상해종합지수는 2013년 저점 대비 50% 정도 상승했다.

그런데 다음 표에서 보듯이, 후강퉁 기업 중에서 가장 많이 오른 종목은 2014년 말 대비 지난 1년 9개월 동안 최고 709.1%가 상승했다. 상위 10개 종목의 평균 상승률은 284.8%로, 지금 예금금리가 1.5~2%인 점을 감안하면 당장 강남 아파트를 살 만큼은 아니더라도 수익률이 매우 높다. 따라서 중국 주식투자로 설혹 강남 아파트는 못 사더라도 적잖은 뭉칫돈을 마련할 수 있는 기회였다고 볼 수 있다.

그렇다면 답은 간단하다. 정말 강남 아파트를 살 수 있는 기회가 만들어지도록, 중국 주식투자를 제대로 하면 되는 것이다. 그 방법은 무엇일까? 이제 이 장에서 중국 투자를 해야 하는 이유와 방법에 대해 살펴보자.

중국 후강퉁의 수익률 상위 종목 10개 기준: 2014년 12월 31일~2016년 9월 29일

종목 코드	종목명	업종	주가 (2016.9.29)	시가총액	수익률
00607 HK	풍성홀딩스	전기전자	4.45(홍콩달러)	730.5(억 홍콩달러)	709.1%
601069 CH	서부황금	비철금속	23.3(위안)	148.1(억 위안)	552.7%
002098 HK	탁이개발그룹	유통	4.78(홍콩달러)	513.6(억 홍콩달러)	432.9%
603898 CH	하오라이커	유통	34.56(위안)	103.6(억 위안)	429.8%
600053 CH	구정투자	부동산	44.85(위안)	194.4(억 위안)	427.6%
603600 CH	UE가구유한공사	유통	51.95(위안)	51.9(억 위안)	408.3%
601021 CH	춘추항공	운수창고	45.15(위안)	361.2(억 위안)	397.2%
603885 CH	준야오항공	운수창고	25.78(위안)	330.9(억 위안)	361.2%
603686 CH	복건용마환경위생	기계/장비	34.09(위안)	92.8(억 위안)	358.8%
603818 CH	취메이가구	유통	20.26(위안)	98.0(억 위안)	351.2%

02 2013년 중국 투자전략 회고

중국 경제와 증시를 어떻게 바라보고 투자해야 할까? 먼저 2013년 말 베이징에서 한국으로 귀국하기 전에 중국 증시와 관련해 작성했던 글을 소개한다. 시간이 흘렀지만 기본 시각은 여전히 유효하다고 생각하며, 중국 경제와 증시에 대한 감을 잡는 데 도움이 될 것이다.

중국이 미국을 따라잡을 수 있을까?

중국 건국 100주년 2049년, 미국 넘어 G1 부상?

중국이 2049년이면 모든 면에서 미국을 추월해서 명실상부한 세계 최강국으로 부상할 것이라는 전망이 나왔다. 싱크탱크 기관인 중국과학원 국가건전연구팀은 2013년 『국가 건전성 보고서』에서 2049년이면 종합적인 측면에서 미국을 넘어서 '위대한 중국의 부흥'을 이룰 것이라고 전망했다.

이 보고서는 20세기가 '팍스 아메리카나'였다면, 21세기에는 '팍스 시니카' 시대가 열릴 것이라고 전망하고 '미국 초월 로드맵'을 제시했다. 그리고 중국이 2007년 이미 국가 건전성 면에서 미국을 넘어섰고, 2019년이면 경제규모가 미국을 뛰어넘을 것이며, 중화인민공화국 건국 100주년인 2049년에는 국제적 위상도 미국을 완전히 넘어설 것이라고 전망했다

아울러 미국을 '소비형', '기생형' 국가로 정의하고, 중국은 '생산형', '노동형' 국가라고 주장했다. 그리고 미국이 노쇠하며 초조하고 불안한 '갱년기'라면, 중국은 빠르

게 성장하며 이상을 향해 질주하는 '청년기'에 접어들었다고 비교해 이목을 끌었다. 하지만 미국와 중국에서 모두 생활해 본 필자의 의견은 **"중국이 미국을 따라잡기 쉽지 않을 것이다"**이다.

중국의 체계적 위험 가능성, 그 이유는?

중국은 경제규모가 미국을 넘어서기 전에 체계적 위험(systematic risk)과 맞닥뜨릴 수 있다. 그리하여 1) 위안화의 급격한 절하(위안화 약세), 2) 부동산 거품 붕괴, 3) 주식시장 급락, 4) 사회적 불만 분출이 일어날 가능성이 있다.

그 이유는 무엇일까?

첫째, 중국은 부패척결이 쉽지 않을 것이다.

중국에서 큰 부를 이룰 수 있는 가장 쉬운 방법 중 하나가 부동산 투자이다. 중국은 부동산 가격이 급등하여 소득 대비 주택가격 비율인 P/I율(Price-to-Income)이 20배 이상이며, 기업의 고정자산에서도 부동산 비중이 높다. 공기업들은 아파트들을 통째로 사들여 직원들에게 나누어 주기도 한다. 중국의 부동산 버블은 이처럼 부패와 연관성이 높다. 또한 정부는 부동산 시장이 위축되는 것을 바라지 않으며, 부패가 쉽게 척결될 수 있는 시스템도 아니다.

둘째, 노령화 현상이 가속화되고 있으며, 1가구 1자녀 정책의 변화로 인한 효과는 2040년 이후에나 기대할 수 있을 것이다.

셋째, 80년생 이후의 바랑허우(80後, 1가구 1자녀 시대에 출생) 청년들이 중국 사회를 이끌어 갈 2020년대에 진입하면 성장의 고통에 휩싸일 것이다. 그들은 사회복지를 위해 자신의 부를 나누려는 생각이 별로 없다. 기부문화의 가치를 모른다. 또한 대기업 자녀의 80% 이상이 기업을 물려받아 운영할 생각이 없다. 한편 미세먼지 지수는 200만 넘어도 건강에 매우 나쁜데, 베이징의 경우 700을 넘을 때도 자주 있다. 그들은 이런 나라에서 살고 싶어 하지 않는다. 중국의 문제는 노령화 사회를 대비하기 위한 사회복지 기반이 매우 미약한 반면, 그 부담을 짊어지게 될 젊은층의 책임의식이 부족하다는 데 있다.

　넷째, 노동집약형 경제에서 지식집약형 경제로 넘어가기 위한 수단의 한계에 직면할 것이다. 노동집약형에서 지식집약형으로 나아가려면 창의력이 필요한데, 이것은 주입식 교육으로는 한계가 있다. 게다가 금융시장의 자율화, 언론의 자유도 부족하다. 이런 상황에서는 창의력을 가진 국가로 발전하기 어렵다.

물론 중국이 미국을 따라잡을 가능성도 있다

첫째, 중국의 교육열은 한국에 못지않게 높다. 소득의 10% 이상을 자녀의 교육에 투자한다. 둘째, 국민들의 애국심이 매우 높다. 셋째, 가장 큰 힘은 역시 인구이다. 14억 인구에서 중산층이 형성된다면 경제성장을 이끌어 갈 수 있을 것이다. 넷째, 중앙정부의 권력이 절대적이고 정책이 합리적인 편이며 미래지향적이다. 다섯째, 국민이 부에 대한 욕망이 크고 헝그리 정신으로 노력한다.

　위의 생각들은 장기적인 관점에서 바라보는 중국이다. 하지만 현재 우리에게 중요한 것은 앞으로 코앞에 닥칠 중국의 미래일 것이다. 앞으로 1~2년 동안 중국은 경제성장의 회복, 도시화의 가속화, 소비의 성장 비중 확대, 기업의 실적개선이 나타날 것이며, 세계 경제 기여도도 높아질 것이다. 이 기간 동안은 사회적 불만으로 인한 체계적 붕괴의 가능성도 낮을 것이다. 중국 기업들의 수익성은 유지되고 있다. 3년 뒤를 걱정해서 지금 상승 여력이 50%나 되는 시장에서 매수하지 않는 것은 옳은 전략이 아니다.

이 글을 작성한 이후 중국 증시는 매우 높은 상승률을 보였고, 현재 상해종합지수는 3,000포인트 선에서 움직이고 있다. 그렇다면 2016년 이후 중국 경제와 증시는 어떻게 될까? 다음에서 차근차근 살펴보자.

03 중국에 대한 우려의 시선 점검하기

중국 주식시장에 전략적으로 접근하기 위해 먼저 우려 섞인 시선부터 점검해 보자.

2012년 12월 17일 발표된 『중국 국제 이민보고서(2012)』에 따르면, 중국은 부자의 절반 이상이 이민을 희망하고 있다고 한다. 자산 1억 위안(170억원) 이상인 사람 중 27%가 해외이민을 떠났고, 47%는 이민을 고려 중이며, 자산 1,000만 위안(17억원) 이상인 사람 중 무려 60%가 투자이민을 했거나 이민을 희망하고 있다. 이에 따른 3년간의 경제적 손실이 최소 170억 위안(2.9조원)에 달한다고 한다. 장기적인 손실을 고려하면 문제는 훨씬 더 클 것이다. 이른바 엘리트들이 중국을 떠나고 싶어 하는 것이다. 그 이유가 무엇일까?

심각한 부정부패

중국 공무원들이 호적을 여러 개 취득해 부동산을 대량으로 불법 소유하는 사례가 잇따라 폭로되었다. 일례로 2013년 산시성 선무현의 전(前) 농촌상업은행 부행장인 궁아이아이가 불법 호적으로 베이징에 20여 채의 아파트(시가 10억 위안)를 보유한 사실이 드러나 '부동산 누님 사건'으로 불리며 큰 화제가 되었다. 그녀는 가짜 호적을 이용해 부동산 41채를 보유했으며 회사까지 설립했다고 한다.

과거에 폭로된 '부동산 여동생 사건'에서도 불법으로 호적을 사용한 유사한 문제가 있었다. 허난성 정저우시의 이칠(二七)구 부동산관리국장인 자이전펑의 20대 딸은 호적 2개로 아파트 11채를 소유했으며, 추가 조사에서 가족이 가짜 호적으로 부동산을 총 29채나 구매한 것이 드러났다.

2013년 중앙기율검사위원회가 보고한 '부패척결 업무동향'에 따르면, 2012년 11월 중순 이후 45개 대/중도시에서 대규모 저택, 별장 등의 판매가 크게 늘어났는데, 소유주 중 일부는 국가 공무원 및 국유기업 고위층이었다. 대규모 저택 및 별장 판매가 가장 집중된 도시는 난징, 상하이, 항저우, 텐진, 선양, 샤먼, 푸저우, 지난, 광저우, 선전, 청두였다.

이처럼 국가 공무원들의 부동산 투기 등 부정부패의 심각성이 드러나자, 시진핑 정부는 2014~2015년 부패척결에 적극적으로 나섰다. 하지만 최근 부동산 가격이 다시 급등하기 시작하는 것을 볼 때, 이러한 문제가 쉽게 해결될 가능성은 극히 미미해 보인다.

인구 보너스 시대의 종말과 노령화

중국 국가통계국의 마찌엔탕 국장은 2012년 노동연령인구(15~59세의 인구)가 총인구의 69.2%인 9억 3,727만 명으로 전년 말에 비해 345만 명 감소했다고 밝혔다. 이는 개혁·개방 이후 처음 있는 일이다. 노동연령인구가 감소한 것은 출생률의 변화로 인한 것인데, 이러한 감소세는 최소한 2030년까지 이어질 것으로 전망된다. 고성장과 함께한 '인구 보너스 시대'가 종말을 맞은 것이다.

마 국장은 교육을 통해 새로운 취업기회를 제공하고 노동효율성을 높이는 등 다양한 방법으로 인구 보너스 시대를 연장하는 데 힘써야 한다고 주장했다. 한편 2013년 말 중국의 총인구는 13억 5,700만 명으로, 전년에 비해 30만 명이 증가하는 등 성장세를 이어가고 있다.

부채문제 점검하기

2016년 1월 다보스 포럼에서 세계 헤지펀드계의 대부인 조지 소로스는 "중국 경제는 경착륙을 피할 수 없으며, 이미 아시아 통화가치 하락에 배팅했다"고 밝혔다. 그의 발언을 시작으로 위안화 가치 하락과 중국발 금융위기에 대한 우려가 높아졌으며, 한국 금융시장도 화들짝 놀랐다. 하지만 결과적으로 2016년 중국발 금융위기는 오지 않았다.

1장에서 살펴보았듯이, 중국 경제는 유례없는 고성장을 해왔다. 후진국이 이처럼 고성장을 하면서 중진국, 선진국으로 발전하는 과정에서는 위기를 겪기도 한다. 한국이 IMF 외환위기를 겪었듯이. 그러므로 이머징 마켓인 중국에 대한 투자에서 금융위기의 가능성을 가늠하는 것만큼 중요한 것은 없다.

이제 조지 소로스의 말처럼, 중국발 금융위기가 곧 닥칠 것인지 점검해 보자. 한 나라가 금융위기에 빠질지 여부를 분석할 때는 다음의 두 가지를 살펴보아야 한다.

1. 정부부채 비율, 기업부채 비율, 가계부채 비율
2. 총부채 비율

정부부채 비율

중국의 정부부채 비율은 2015년 GDP 대비 43.9%로, 전 세계 어느 국가보다도 낮은 수준이다. 미국의 GDP 대비 정부부채 비율은 100% 이상이고, 그리스 사태가 불거졌을 당시 그리스의 정부부채 비율은 170% 수준이었다.

그런데 정부부채에 그림자 금융, 지방부채 등을 합하면, 중국의 GDP 대비 정부부채 비율은 높게 잡아서 90% 수준으로 커진다. 하지만 이 또한 다른 국가들과 비교했을 때 낮은 수준이다. 그러므로 중국의 경우 단기적으로 정부부채로 인해 문제가 터지지는 않을 것으로 보인다.

중국의 GDP 대비 정부부채 비율　　　　　　　　　자료: tradingeconomics, 키움증권

민간부채(기업부채+가계부채) 비율

중국 정부가 공식적으로 발표하는 기업부채는 GDP 대비 125% 수준이며, 가계부채는 40% 미만이다. 그렇다면 기계부채와 기업부채를 합한 민간부채는 GDP의 165% 수준으로 볼 수 있다.

그런데 블룸버그는 중국의 민간부채를 2016년 3월 말 기준으로 GDP의 215%로 보고 있다. 가계부채가 GDP의 40% 미만인 것은 분명하니, 기업부채를 175%(민간부채 215%-가계부채 40%)로 보고 있는 셈이다. 이는 중국 정부의 공식 발표치보다 50%p나 높은 수치이다. 만약 블룸버그의 발표대로 기업부채가 GDP의 175%라면, 조지 소로스와 카일 배스가 지적한 대로 조만간 기업부채발 금융위기가 터질 가능성이 상당히 높다고 할 수 있다. 한국에서 1997년 외환위기가 터졌을 때 기업부채

중국의 GDP 대비 가계부채 비율　　　　　　　　　자료: tradingeconomics, 키움증권

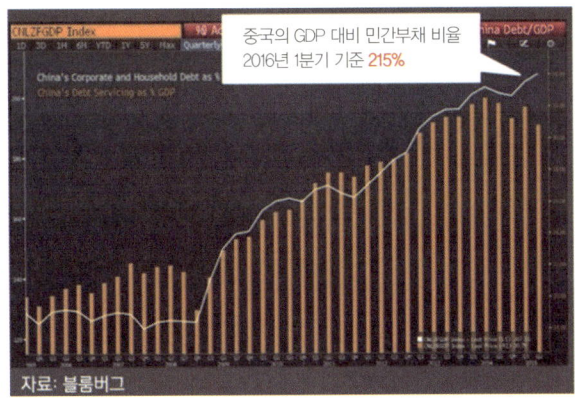

블룸버그가 주장하는 중국의 기업+가계 부채비율

가 GDP의 130~135%였는데, 이보다 40%p 이상 높기 때문이다.

필자의 판단으로는 블룸버그가 중국의 기업부채를 너무 과대평가한 것으로 보인다. 블룸버그의 자료로 CSI 300지수(상해 및 심천 A주의 대표 기업 300개 지수) 중에서 비금융회사의 부채를 따져보면 GDP의 61.3% 수준이고, 코스닥시장과 비슷한 심천종합지수의 비금융회사 부채는 83.6% 수준으로 나온다. 즉 블룸버그가 기업부채를 GDP의 175% 수준으로 본다는 것은 기업부채에 금융회사 부채를 포함하고 있다는 것이다. 그런데 금융회사가 돈을 빌려 어디에 쓰겠는가. 가계와 기업에 빌려주는 데 사용한다. 즉 금융회사의 부채는 가계와 기업의 부채라고도 볼 수 있다. 그러므로 기업부채를 계산할 때 금융회사의 부채를 포함하면 이중계산을 하는 셈이 된다.

블룸버그의 통계는 중국 금융회사의 부채를 GDP의 85% 이상으로 보고 있다. 금융회사 부채의 이중계산을 감안하고 보면, 기업부채는 GDP의 약 90%(기업부채 175%−금융회사 부채 85%) 수준인 것으로 판단된다. 이는 중국 정부가 공식적으로 발표한 기업부채 비율인 125%보다도 오히려 훨씬 낮은 수치이다.

필자는 중국의 기업부채가 정부가 공식적으로 발표하고 있는 GDP의 125% 수준보다 훨씬 낮다고 생각한다.

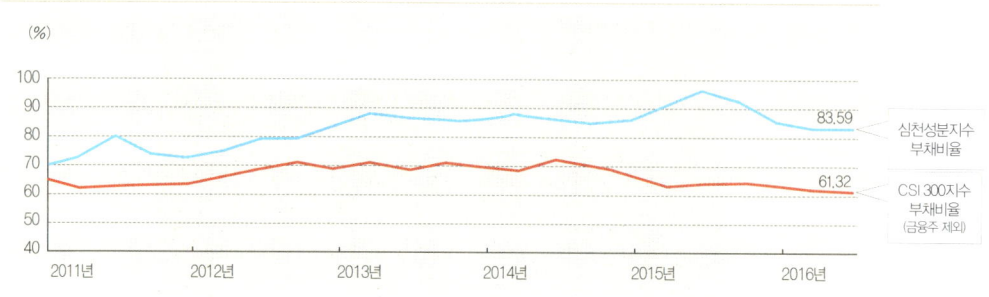

필자의 판단으로는 중국의 민간부채(가계부채+기업부채)는 아무리 높게 잡아도 GDP 대비 160% 미만이고, 여기서 가계부채를 뺀 기업부채는 아무리 크게 보아도 120% 수준이다.

그런데 기업부채의 50% 정도는 정부 관련 기업의 부채로 보아야 한다. 그만큼 중국은 공기업의 비중이 높기 때문이다. 공기업에 문제가 생길 경우 당연히 정부가 지원을 할 것이다. 따라서 중국에서 기업부채발 금융위기가 닥칠 가능성은 당분간은 매우 낮다고 할 수 있다.

총부채 비율

결론적으로 필자는 중국의 정부부채는 가장 광범위하게 보았을 때 2015년 기준으로 GDP 대비 90%, 가계부채는 40%, 기업부채는 90% 정도로 판단하고 있다. 이를 모두 더한 중국의 총부채는 GDP 대비 220% 수준이다(정부부채 90%+가계부채 40%+기업부채 90%). 이는 미국의 총부채 비율인 약 233%보다 낮은 수치이다. 따라서 중국 경제가 부채문제 때문에 단기간에 흔들릴 가능성은 매우 낮아 보인다.

중국의 경제주체별 부채비율
단위: GDP 대비 %, 조 위안 | 자료: IMF, 국제결제은행, 블룸버그, 키움증권

	2010년	2011년	2012년	2013년	2014년	2015년	2016년	2017년	2018년	2019년	2020년
개인부채 비율(%)	27.2	27.8	29.9	33.3	35.9	**40.0**	43.2	46.6	50.3	54.4	58.7
기업부채 비율(%)	57.5 (130.2)	54.2 (115.5)	66.0 (140.0)	66.4 (150.4)	81.1 (158.7)	**90.0** (162.9)	91.3 (165.2)	92.6 (167.6)	93.9 (169.9)	95.2 (172.3)	96.5 (174.7)
정부부채 비율(%)	35.1	35.3	36.9	39.5	41.1	43.9	43.5	43.1	42.9	42.7	42.6
정부 관련 부채 비율(%)	78.7	86.5	85.9	86.6	87.2	**89.8**	88.5	87.3	86.2	85.3	84.4
명목GDP (조 위안)	41.3	48.9	54.0	59.5	64.4	68.6	73.0	77.8	82.8	88.2	93.9
증가율(%)	0.0%	18.5%	10.4%	10.2%	8.2%	6.4%	6.5%	6.5%	6.5%	6.5%	6.5%
총부채 비율(%)	163.5 (236.1)	168.5 (229.8)	181.8 (255.8)	186.4 (270.4)	204.2 (281.9)	219.8 (292.7)	222.9 (296.9)	226.5 (301.5)	230.4 (306.5)	234.8 (311.9)	239.6 (317.8)

* 2016~2020년은 예상치
* 괄호 안은 부채비율을 광범위하게 본 경우

중국 은행주와 금융위기 분석

중국 은행권의 현재 밸류에이션(valuation, 기업가치 평가)을 보면 매력도가 충분히 있다. 평균 자기자본이익률(ROE)은 15.68%이고, 배당수익률은 4.33%이다. 주가순자산비율(PBR)은 0.88배, 주가수익비율(PER)은 6.2배밖에 되지 않는다. 이 수치만 보면 중국 은행주는 투자매력이 상당히 있어 보인다.

그런데 국제 금융시장은 중국 은행주에 대해 기업부채 문제로 인한 부실위험이 있다고 우려하는 경향이 있다. 앞에서 부채문제를 짚어보았으니, 여기서는 중국 은행권이 시장에서 우려하는 부실채권을 해결하는 데 걸리는 시간을 살펴보고, 앞으로 2년 안에 금융위기가 올 가능성이 있는지 가늠해 보자.

현재 중국의 기업부채를 GDP 대비 125%로 보고, 이중에서 기업 부실채권이 GDP 대비 25%라고 가정해 보자.(기업부채 부실비율이 GDP의 25%라는 것은 이탈리아처럼 제

중국 주요 은행의 밸류에이션

은행명	시가총액 (10억 위안)	주가 12개월 변동률 (%)	매출 증가율 (%)	EPS 증가율 (%)	PER (배)	ROE (%)	PBR (배)	배당 수익률 (%)	순이자 마진 (%)	기본자기자본 비율 (%)	총 자본 비율 (%)	부실채권 비율 (%)	충당금부 실채권율 (%)	예대율 (%)
중국공상은행	1,470	-1.8	4.3	-1.3	556.0	16.5	86.0	5.4	2.8	13.5	14.7	1.5	141.2	71.8
중국농업은행	976	-3.5	4.5	0.0	559.0	15.2	79.0	5.4	3.0	10.9	13.1	2.4	180.4	64.4
중국광대은행	172	3.5	8.3	1.6	607.0	14.1	77.0	4.9	3.9	10.0	11.6	1.6	n.a.	76.6
평안은행	150	0.1	16.0	8.2	668.0	14.7	90.0	1.5	3.8	8.7	11.6	1.5	161.0	68.1
중국건설은행	1,090	-2.9	5.8	0.0	476.0	16.5	74.0	6.4	3.0	13.7	15.6	1.6	151.7	74.3
중국민생은행	308	-0.6	-8.2	2.4	693.0	16.4	105.0	2.6	2.8	9.4	11.6	1.6	152.1	78.0
중국중신은행	241	-1.7	9.0	1.2	451.0	14.3	59.0	5.5	3.4	8.9	11.4	1.4	n.a.	n.a.
중국은행	901	-8.8	3.2	-3.5	470.0	14.5	61.0	6.8	2.5	12.2	14.1	1.4	149.1	77.4
북경은행	134	-0.5	10.9	7.8	853.0	15.8	115.0	2.0	3.2	n.a.	n.a.	1.1	n.a.	n.a.
남경은행	58	-0.4	32.0	16.9	763.0	16.7	107.0	5.3	4.3	9.0	13.2	0.8	447.3	44.5
화하은행	103	-4.5	0.9	5.2	538.0	15.5	73.0	3.8	3.1	10.4	12.2	1.5	n.a.	n.a.
중국 초상은행	425	-2.0	8.0	3.2	743.0	16.6	116.0	3.9	3.3	12.1	13.9	1.7	183.3	81.9
중업은행	290	-1.1	16.7	6.5	568.0	18.1	95.0	4.0	n.a.	9.4	11.3	1.5	203.3	79.8
교통은행	375	-5.1	6.9	1.1	464.0	12.8	56.0	6.5	2.5	11.4	13.2	1.5	151.2	81.8
상해포동발전은행	335	-5.3	10.6	7.6	607.0	17.0	97.0	3.0	3.8	9.5	12.1	1.6	220.9	78.1
영파은행	59	3.8	18.9	6.7	858.0	16.4	126.0	2.5	3.0	9.5	12.4	0.9	327.8	60.6
평균	443	-1.9	10.3	4.0	617.0	15.7	88.0	4.3	3.2	10.6	12.8	1.5	205.8	72.1

자료: Datastream, 키움증권

조업이 약한 국가에서도 쓰는 기준이라서 최악의 상황을 가정하는 셈이다.)

이 최악의 시나리오에서 중국 은행의 부실채권 비율은 24.3% 정도로 추정된다. 현재 중국 은행의 순이자 마진율이 3.23%이고, 예대율(예금잔액에 대한 대출잔액 비율)이 평균 72%인 점을 감안하면, 한해에 해결할 수 있는 부실대출은 총대출의 4.49%이다. 여기에 실질적인 부실대출의 손실률을 60%로 가정하면, 부실채권을 모두 해결하는 데 걸리는 시간은 3.34년이다.

그런데 중국 은행은 현재 최악의 시나리오에서도 총부실여신의 25% 이상(부실 해결 능력 4.49%/총부실 대출비율 24.3%)을 해결할 수 있는 충당금을 가지고 있다. 그리고 현재 은행권의 기본자기자본비율은 12.79%인데 8%를 적정비율이라고 보면, 자기자본비율 4.79%로 추가부실을 해결할 수 있다. 그렇다면 추가 자기자본으로 부실대출 비율(총여신 대비)의 8%까지 해결할 수 있다는 것이다. 이처럼 대손충당금과 기본자기자본 비율을 더해서 계산해 보면, 현재 상황에서는 총부실채권의 12.5%까지도 해결할 수 있다. 게다가 중국 은행은 순이자 마진율이 높다는 것까지 감안하면, 부실채권을 3년 안에 해결할 수 있을 것이다.

중국 은행의 부실채권 분석   자료: 키움증권

기업부채 비율(GDP 대비 추정치, %)	**125.0**
기업 부실채권 비율(GDP 대비 추정치, %)	
최저	10.0
중간	18.0
최고	25.0
은행권의 대출비율(GDP 대비 비율, %)	97
부실대출 비율(추정치, %)	
최저	9.7
중간	17.5
최고	24.3
순이자 마진(NIM, %)	3.23
연간 총부실대출 해결 능력(총대출 대비, %)	4.49
부실대출 해결 기간(년, 손실률 60% 가정)	
최저	1.34
중간	2.41
최고	3.34

현재 해결 가능한 부실채권   자료: Datastream, 키움증권

현재 대손충당금으로 해결 가능한 부실채권(%, 총여신)	4.5
초과 기본자기자본으로 해결 가능한 부실채권(%, 총여신)	8
현재 해결 가능한 총부실채권(%, 총여신)	12.5

쉽게 설명하면, 지금 한국과 중국의 1년 예금금리는 1.5% 정도인데, 중국의 경우 경제성장률이 6.5% 이상이어서 한국보다 2배 이상 높으므로 자금 수요가 많아 대출금리가 더 높다. 그래서 예대마진(대출이자-예금이자)이 높아 수익성이 좋고, 예금에 비해 대출이 적어서 부실대출로 인한 위험이 적은 편이다.

금융위기는 예대마진이 급격하게 하락하고 예대율이 급격하게 상승한 후에 터지게 된다. 그러므로 최악의 시나리오를 감안하더라도, 빨라야 2019년쯤 되어야 중국발 금융위기를 논하는 시기가 될 것이다.

특히 지금처럼 다음과 같은 상황일 때는 금융위기의 가능성이 더욱 적다.

첫째, 중국 주식시장에서 외국인의 시가총액 지분율이 6% 미만이다. 둘째, SDR(IMF 특별인출권)에 포함된 위안화가 기축통화로서의 자리매김이 미약한 상태이다. 셋째, 대외 부채규모가 GDP 대비 10% 수준이다. 넷째, 대외부채보다 대내부채비율이 높다.

하지만 2019년 즈음에 다음과 같은 상황이 된다면, 중국 경제의 거품이 터질 가능성이 있다.

첫째, 중국 정부가 부동산 가격의 하락을 막기 위해 확장적 통화정책을 실시하고, 이에 따라 부동산 버블이 엄청나게 커진 경우이다.

둘째, 지방정부, 중앙정부, 그림자 금융 모두 외자투자가 큰 상황에서 환율이 자율화된 경우이다. 이때 총부채가 GDP 대비 230% 이하라면 문제가 되지 않고, 그보다 크다면 중국발 금융위기가 크기의 문제이지 한번은 올 수도 있다는 점을 기억해 두어야 한다.

그런데 2011년에 중국 경제를 분석했을 때는 금융위기가 일러야 2015년에 올 거라는 분석이 나왔고, 2013년 말에 들여다보았을 때는 빨라야 2017년, 현재는 빨라야 2019년이라는 결론이 나왔다. 이처럼 금융위기 전망이 계속 2년씩 뒤로 미루어지는 이유는 무엇일까? 중국 정부와 은행권이 그만큼 문제를 잘 해결해 왔기 때문이다.

결과적으로 현재 중국의 개방 정도와 외국인의 투자자금 규모를 감안할 때, 금융위기가 터지는 시기를 너무 이르게 잡고 주식 매도 위주의 투자전략을 유지한다면, 앞으로 3년간 투자에 실패할 가능성이 상당히 높다. 아직까지는 중국발 위기에 대한 걱정보다는 매력도가 높은 기업을 골라내는 것이 필요한 시기라고 할 수 있다.

한편 현재 중국 은행주의 주가순자산비율(PBR)은 0.88인데, 이는 실질적으로 고평가되어 있을 가능성이 충분히 있다. 옆의 표처럼, 추가 손실여신을 최저 부실비율(-1.23%)로 감안해

실질 은행권의 주가순자산비율(PBR) 자료: 키움증권

주가순자산비율(배)	0.88
추가 손실여신비율(%)	
최저 부실비율	-1.23
중간 부실비율	3.54
최악 부실비율	7.31
실질 자기자본비율(%)	
최저 부실비율	14.02
중간 부실비율	9.25
최악 부실비율	5.48
실질 주가순자산비율(배)	
최저 부실비율	0.80
중간 부실비율	1.22
최악 부실비율	2.05

계산해 보면 현재 은행주는 적정가치 대비 20% 저렴한 상태며, 단기적으로 20% 정도의 상승 변동성이 있을 수 있어 매력도가 높다. 하지만 부실비율을 최악의 수치(7.31%)로 가정하면, 앞으로 3년 동안 부실채권을 해결한다고 치더라도 주가순자산비율이 2.05배가 나온다. 이처럼 최악의 경우에는 은행주가 크게 하락할 가능성이 있다. 따라서 중국 은행주에 대한 장기투자는 절대 권하지 않는다. 또한 홍콩 H지수는 은행주가 시가총액의 65%를 넘으므로, 이 지수를 토대로 한 ELS 상품에 대한 투자는 조심할 필요가 있다. 다만 배당을 받을 때마다 투자했다가 다시 파는 단타성 중국 은행주 투자는 충분히 매력이 있다고 생각한다.

고정자산에 대한 투자 감소

중국의 고정자산 투자가 빠르게 줄어들고 있다. 특히 2016년부터 민간영역의 투자가 급격히 감소했다. 정부가 성장 패러다임을 내수 및 소비 중심으로 바꾸었지만,

소비의 성장속도는 느리고, 기업의 투자 및 재고의 GDP 기여도는 하락하고 있다. 이에 따라 성장둔화 및 경착륙에 대한 우려가 커지고 있다.

아시아의 대표적인 신흥공업국인 한국과 대만의 경우 1인당 GDP가 2배 이상

CSI 300지수의 섹터별 주요 지표   기준 2016년 7월 10일 종가 | 자료: Wind, 키움증권

	시가총액 (백만 위안)	비중 (%)	예상 PER (배)	순익 증가율 추정치(%)	연간 ROE 추정치(%)	12개월 배당수익률(%)
에너지	2,653,387	10.1	40.5	-25.6	2.7	2.3
소재	1,174,769	4.5	31.3	721.5	4.9	0.7
산업재	3,470,165	13.2	17.1	19.9	9.8	1.2
경기소비재	2,212,096	8.4	14.9	16.9	15.7	2.6
필수소비재	1,327,919	5.0	21.6	15.0	15.8	2.3
헬스케어	756,440	2.9	28.3	14.1	15.3	1.0
금융	12,141,893	46.1	7.5	-0.5	13.5	2.8
IT	1,371,218	5.2	29.6	56.3	14.1	0.6
통신	221,165	0.8	19.2	25.9	8.2	1.0
유틸리티	1,016,676	3.9	12.8	9.3	12.3	2.6

아시아 국가의 1인당 GDP와 투자 비중 추이   자료: CEIC, 키움증권

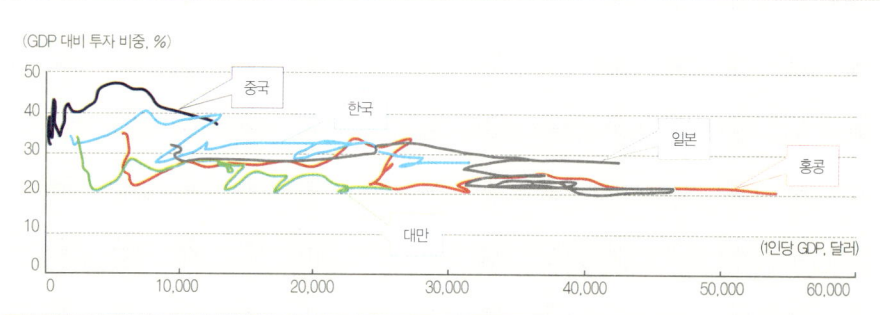

* 2020년 추정치 포함

증가할 때, GDP 대비 투자 비중이 약 10%p 내외 떨어지는 경향이 있었다. 즉 한국은 1인당 GDP가 1만 달러에서 2만 달러로 증가할 때, GDP 대비 투자 비중이 약 6%p 하락했으며, 대만은 약 5%p 미만으로 하락했다.

그런데 중국은 여전히 제조업 의존도가 매우 높으며, 2015년 고정자산 투자의 GDP 대비 비중과 기여도가 각각 43.4%, 2.9%이다. 경제성장률이 6% 초중반에서 유지되고, 최종소비의 기여도가 4~5% 수준에서 등락하고 있는 상황에서 투자기여도가 급락하면 경제성장률이 6.5%를 밑돌 가능성이 높다.

하지만 중국의 1인당 GDP는 8,000달러 수준으로, 여전히 선진국 및 일부 신흥국에 비해 낮다. 그러므로 중국 경제를 견인하는 한 축인 고정자산 투자는 급락하기보다는 완만하고 점진적으로 감소할 것으로 보인다. 아울러 경제성장률도 경착륙하기보다는 6.5% 이상을 유지하는 상태가 지속될 가능성이 높다. 그리고 2018년 말까지 경제성장률이 안정적으로 유지되고 예금금리가 낮은 수준이 지속된다면, 주식시장이 안정적인 상승 추세를 보일 확률이 높다.

지금까지 살펴본 것을 정리해 보자. 중국은 앞으로 인구 노령화가 가속화되고, 국가부채 비율이 높아지며, 부자들의 이민이 계속될 것이다. 지니계수는 현재보다 낮아지겠지만 빈부격차는 여전히 클 것이다. 지금의 30대, 즉 1가구 1자녀들의 사회적 부담은 기하급수적으로 불어나 있을 것이다. 장기적 관점에서 보면, 이것이

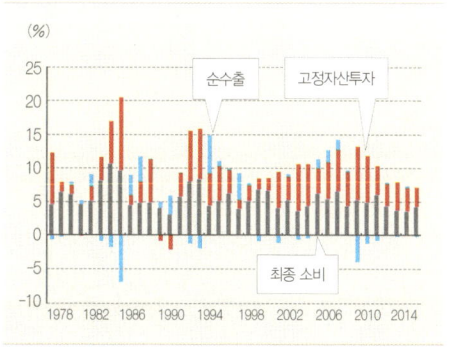

중국의 연간 항목별 GDP 기여도 자료: CEIC, 키움증권

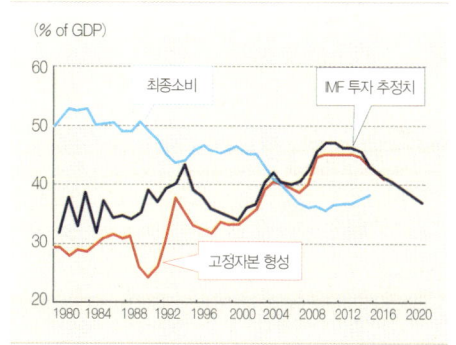

GDP 대비 소비와 투자 비중 자료: CEIC, IMF, 키움증권

중국의 체계적 위험으로 연결될 가능성이 있다는 것을 기억해야 한다.

다행스럽게도 중국의 고위층은 이런 문제들을 잘 알고 있는 것 같다. 부패척결, 환경보호 규제 강화, 기업 생산성 강화, 지식지향적 경제구조 전환 등 올바른 정책들을 시행해 오고 있다. 그래서 2013년에는 체계적 위험의 가능성이 전년 초보다 더 낮아졌고, 예상대로 증시는 크게 상승했다. 하지만 2014~2015년에도 체계적 위험의 가능성이 줄어들었는지는 의문이다. 왜냐하면 중국은 지난 2년 동안 구조조정과 동시에, 통화공급과 재정지출을 적극적으로 늘리는 부양정책을 펴왔기 때문이다.

3년 뒤의 미래를 예측하고 하는 투자는 너무 어렵다. 따라서 체계적 위험의 문제가 어느 정도 있지만, 현재는 눈에 보이는 것에 초점을 두고 투자할 수밖에 없을 것이다. 뒤에서 다루겠지만, 중국은 앞으로 적어도 2년은 안정적으로 성장하고 기업의 이익이 증가하며 경기가 어느 정도 회복세를 보일 것이다. 그러므로 여기에 맞추어 투자하는 것이 바람직하다. 게다가 세계 경기가 회복된다면 중국 투자를 절대 소홀히 할 수 없을 것이다.

04 중국 증시의 안정적 상승을 기대하는 이유

중국 정부의 경제정책

중국 정부의 경제정책 방향을 살펴보면, 1) 부동산 버블 잡기, 2) 신용 시스템 구축, 3) 내수 진작을 통한 안정적 경제성장 및 제조업의 경쟁력 강화를 통한 수익률 확대를 원하고 있다.

부동산 버블 잡기

중국 정부는 부동산 가격이 급격히 상승하여 대출이 크게 늘어나고, 부동산 시장에 버블이 생기는 것을 막기 위해 투기 억제정책을 쓸 가능성이 있다. 부동산 가격이 지나치게 급등하면 그림자 금융을 부추기기 때문이다. 그렇다면 이런 현상을 막으려면 어떻게 해야 할까? 이를 위해 중국 정부는 다음에 소개하는 신용 시스템 구축과 관련된 조치를 취하고 있다.

신용 시스템 구축

유동성 정책이 실물경제에 긍정적인 영향을 주기 위해서는 부동산 투기와 연결된 고리를 끊어야 한다. 그런데 부동산 가격이 계속 급등하고 그로 인해 그림자 금융이 커지는 것을 막기 위해서는 금리 자율화와 선진적인 신용 시스템이 반드시 필요하다.

하지만 금리 자율화와 신용 시스템을 확립하고 활성화하는 데는 많은 시간이 걸린다. 한국의 경우 1990년대 초부터 금리 자율화를 시작했고, 그 기간 동안 신용대출이 크게 증가했다. 이로 인해 기업의 채무부담이 매우 커졌으며, 수익성이 저조한 상태에서 해외자금에 대한 의존도가 지나치게 높아졌다. 이런 문제 등을 해결하지 못한 채 곪아 터진 것이 바로 IMF 외환위기였다.

중국 정부는 이런 일을 겪지 않기 위해 금리 자율화, 대출 및 신용 시스템을 강화하고 있다. 따라서 이러한 과정에서는 과거와 같은 10% 내외의 고성장을 추구하기는 힘들 것이다.

내수, 소비 중심의 안정적 경제성장

중국은 앞으로 투자에 대한 의존도를 줄이고, 소비 비중을 높이는 경제개혁이 실시될 것이다.

도시화 정책에 따라 소득분배의 불평등도를 나타내는 지니계수가 2009년부터 하락하기 시작해 2012년 0.474를 기록했다. 같은 해에 도시주민의 1인당 가처분소득은 무려 12.6% 상승하면서 경제성장률을 웃돌았다. 한편 신규 취업자 수는 1,500만 명을 돌파하면서 9년 만에 최고치를 경신했다. 2011~2012년 부동산 가격은 변동이 거의 없었던 반면, 도시주민의 소득은 이처럼 두 자릿수의 성장을 기록했으니 지니계수가 하락한 것이다. 또한 같은 해에 도시와 농촌 주민의 1인당 소득은 각각 2만 4,565위안과 7,917위안으로 소득격차가 3.1배로 줄어들었다. 이는 지난 10년 이래 최저치이다. 이 또한 지니계수의 하락에 영향을 미친 것으로 보인다.

지난 몇 년 동안 정부가 국민의 소득증가 및 소득배분을 위해 정책적 노력을 기울인 결과가 2017년부터 가시화될 것으로 보인다.

중국 경제와 증시는 어떻게 될까?

앞에서 살펴본 것을 토대로 앞으로 중국 경제와 증시가 어떻게 될 것인지 예상해 보자.

첫째, 도시화에 따라 국민의 소득이 증가할 것이며, 이에 따라 소비가 늘어날 것으로 보인다. 경제의 패러다임을 수출 중심에서 내수 중심으로 바꾸고 있으며, 도시화를 통해 소비를 적어도 60% 이상까지 끌어올리려 하고 있다.

둘째, 정부는 경제성장의 목표를 소비 증가 10% 이상, 경제성장률 6.5% 이상으로 보고 있다.(2017년의 경우 경제성장률이 6.5%대에서 추가 하락을 멈출 것으로 보인다.) 이에 따라 당분간은 경제성장률을 크게 높이는 정책을 쓰지 않고, 내수 및 국산 매출, 그리고 중국산의 경쟁력 향상에 초점을 맞출 것이다.

셋째, 지난 몇 년 동안 도시주민의 1인당 가처분소득 증가율은 명목GDP 증가율을 크게 웃돌았다. 이에 따라 기업의 주당순이익(EPS)은 계속 상승할 것으로 예상된다.

한편 경제성장률이 6.5%대 이상에서 하락 안정화되면 구조조정으로 인해 기업의 매출 증가율은 떨어질 수 있다. 하지만 유동성이 가계와 중소기업으로 더 많이 흘러 들어가게 되면, 소비가 점차 증가해서 중장기적으로 기업이익에 긍정적인 영향을 미칠 것이다. 그래서 앞으로 중국 제조업의 영업이익률이 증가하고 세전이익이 성장할 것으로 예상된다.

넷째, 뒤에서 자세히 살펴보겠지만, 중국은 기업의 배당수익률이 상대적으로 높은 편이고, 매출 증가율이 좋으며, 주식시장이 채권시장과 비교했을 때 저평가되어 있다. 이는 주식시장에 긍정적인 영향을 미칠 것이다. 또한 주식가치를 평가하는 잔여이익모델[96쪽 참조] 등으로 계산해 보았을 때도 중국 증시는 상승 여력이 있다.

다섯째, 그동안 한국 기업들은 중국의 경제가 급성장함에 따라 큰 수혜를 입었다. 하지만 중국의 경제성장이 하락 안정화됨에 따라 이러한 수혜는 2009~2011년보다는 현저히 줄어들 것이다. 그래도 한국이 중국 경제성장의 수혜를 가장 많이 받는 국가 중 하나라는 사실은 변함이 없을 것이다.

여섯째, 한국의 투명성 순위는 세계 7위로 여전히 중국보다 높다. 그래서 선진국 투자자금의 일부는 한국 기업에 대한 투자를 통해 중국에 투자하는 형식을 취할 것으로 보인다. 하지만 중국 기업의 투명성은 해외기업 인수, 해외 상장, 세계 2위의 경제규모 등을 감안할 때 앞으로 더욱 좋아질 것이다. 이는 중국 증시에 긍정적인 영향을 줄 것이다.

일곱째, 세계 경기둔화에 대한 우려가 높아지면 중국의 금융위기에 대한 우려도 높아진다. 그러므로 중국 경제가 안정화(normalization)가 되기만 해도, 주식시장이 추가로 상승할 힘을 가지게 된다. 또한 세계 경기가 회복 기미를 보이면 중국 증시의 상승 여력은 더욱 커질 것이다.

여덟째, 중국 증시는 앞으로 경제성장률보다 기업실적에 민감해질 것이다. 2015년 말까지 경제성장률이 지속적으로 하락해 왔는데, 현재의 상해종합지수는 이러한 하락세를 이미 반영하고 있다. 이제 경제성장률이 하락세를 멈추고 6.5%대 이상에서 안정을 찾을 것이다. 그러므로 6.5%대의 성장률만 유지해도, 증시에서 상승하는 구간이 나타날 것으로 예상된다.

중국 정부는 변화를 빠르게 추진할 수밖에 없는 상황이다. 언론을 전반적으로 관리하고 있지만, 이는 인터넷과 스마트폰이 빠르게 보급됨에 따라 한계에 다다를 수밖에 없다.

경제가 성장함에 따라 해외여행이 늘어나고 있으며, 해외 드라마도 인기를 끌고 있다. 이에 따라 중저가의 고품질 수입품에 대한 수요가 늘어날 것이다. 또한 의류, 의약 및 분유, 제과 등의 음식료, 핸드폰 및 IT 제품, 자동차 부품의 외국산 구매가 늘어날 수밖에 없다. 국민들의 구매능력이 향상되면 장기적으로 중국산 대 외국산(중국 내 생산 포함)의 경쟁에서 외국산 우수 제품을 선호하게 될 것이기 때문이다.

이밖에도 중국산의 품질을 높이는 데 도움을 주는 부품, 그리고 중간재 위주의 수입도 커질 것으로 예상된다.

최근 유가 하락과 브렉시트(영국의 유럽연합 탈퇴) 이후 세계 경제성장률이 둔화될 것이라는 우려가 커지기도 했다. 전 세계적으로 가늠하기 쉽지 않은 변동성 장세인 것은 분명한 사실이다. 하지만 적어도 향후 2년간은 이것이 세계 금융위기와 연결되지는 않을 것이다. 따라서 세계 시장에서 이 변동성 장세를 잘 활용한 매수 관점의 투자가 필요하다. 그런데 신흥국 투자에서 중국을 빼놓을 수는 없다. 그러기에는 중국 증시의 가치가 상당히 높기 때문이다.

중국 같은 제조업 강대국에 대한 투자는 지속되어야 한다. 무엇보다 우리나라 바로 옆에 있고, 우리가 크게 의존하고 있는 세계 경제규모 2위인 G2 국가에 대한 투자를 소홀히 할 수는 없다. 10년 앞을 내다본 투자, 그것은 중국에 대한 공부와 투자에서부터 시작된다고 생각한다.

05 중국 증시별 상승 여력 살펴보기
>>> — 잔여이익모델

이제 중국 증시의 상승 여력을 살펴보자. 잔여이익모델(RIM, Residual Income Model)을 활용해 알아보겠다.

　잔여이익모델이란 주주 입장에서 투자원금인 자기자본과 자기자본 비용을 초과하는 이익, 즉 '잔여이익'을 현재 가치로 환산하여 적정가치를 산출하고 상승 여력을 알아보는 것이다. 적정가치는 자본시장의 요구수익률(투자자가 원하는 최소한의 수익률)과 자기자본이익률(ROE)을 감안, 투자 위험 프리미엄(equity risk premium)을 가정하여 산출한다.

　잔여이익모델로 분석해 보면, 중국의 증시는 앞으로 일정기간 상승세를 보일 것으로 예상된다. 특히 선강퉁 거래의 대상인 심천 시장은 한국의 코스닥과 같은 시장이어서 성장성이 높은 종목들이 많으므로, 성장성 부문을 크게 부각해서 들여다 볼 수 있다.

상해종합지수 – 중기적 상승세

상해종합지수는 중국의 대표 지수이다. 만약 중국 증시가 2015년 상반기처럼 크게 상승하면서 중국인들의 국내 주식에 대한 선호도가 높아진다면, 그리고 2016년 말 선강퉁이 실시됨에 따라 글로벌 투자자들의 중국 시장에 대한 관심이 높아진다면, 앞으로 2년 동안 현 지수 대비 두 자릿수의 상승을 보일 수도 있다.

CSI 300지수 – 중기적 상승세

CSI 300지수는 상해와 심천 증시에 상장되어 있는 대형주 300개의 지수이다. 잔여이익모델로 보면, 상승 여력이 상해종합지수와 비슷하여 중기적으로 상승할 것으로 보인다.

심천종합지수 – 업종, 종목 선택이 중요하다

심천종합지수는 심천 증시에 상장되어 있는 1,849개 종목을 포함하고 있다. 한국의 코스닥 시장과 유사하게 IT기업, 성장주(바이오, 미디어)의 비중이 상당히 높다. 이처럼 성장주의 비중이 높으므로 투자 위험 프리미엄에 따라 변동성이 매우 높은 편이다.

심천종합지수는 선강퉁 거래가 시작됨에 따라 추가 상승할 수 있지만, 이는 장기적인 현상이라기보다는 중기적인 현상일 가능성이 있다. 심천종합지수는 과거에 투자 위험 프리미엄이 0~5%에서 등락하는 등, 대체로 지수에 낮게 반영되는 경향이 있었다. 투자 위험 프리미엄이 0%까지 하락한 적도 자주 있었다. 그래서 선강

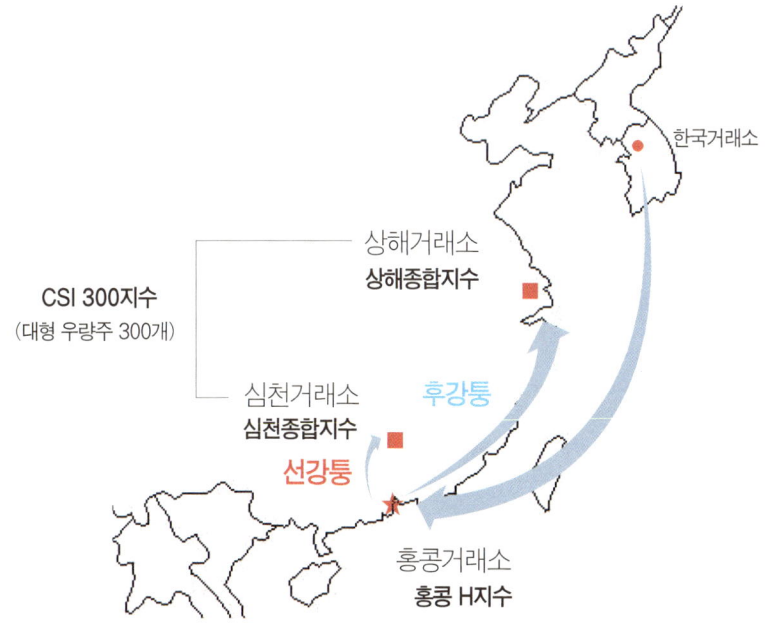

퉁 거래가 실시되고 투자 위험 프리미엄이 지금보다 꽤 하락한다면, 일시적으로 지수가 20% 가까이 상승할 가능성도 있다. 하지만 안심은 금물이다. 심천종합지수는 성장주의 비중이 높으므로 업종과 종목 선별이 매우 중요하며, 일방적인 지수 투자는 하지 않는 것이 좋다.

홍콩 H지수 – 단기적 상승 여력이 가장 높다

홍콩 H지수는 단기와 중기적 관점에서 큰 관심을 가질 만하다. 최근에 장단기 금리차가 커지고 있기 때문에, 그동안 소외되었던 은행주의 매력이 조금씩 상승하고 있다.

하지만 항상 강조해 왔듯이, 은행주의 장기투자는 삼가는 것이 바람직하다. 은행은 레버리지를 10~20배 일으켜 대출이나 투자를 하기도 한다. 그러므로 부실채권이 크게 늘어나면 자본금이 모두 없어져 위험이 매우 커질 수 있다. 하지만 항상 어느 시점에서는 은행주 단기투자가 필요한 타이밍이 있는데, 지금이 그런 시기라고 판단된다. 홍콩 H지수는 금융주의 비중이 약 68%이며, 은행주의 비중은 약 48%이다. 글로벌 지수 중에서 은행주의 비중이 가장 높다. 그런 점에서 단기적으로 홍콩 H지수에 대해 관심을 가질 만하다.

잔여이익모델로 살펴보면 홍콩 H지수의 적정가치는 약 10,731포인트로, 현재 지수 대비 약 8.5%의 상승 여력이 있다. 앞으로 선강퉁이 시행되면 중국인들도 홍

홍콩 H지수 하이라이트 기준: 2016년 9월 9일 | 자료: 블룸버그, 키움증권

현재 지수	시가총액 (백만 홍콩달러)	주가수익비율 (PER, 배)	12개월 선행 주가수익비율(PER, 배)	주가순자산비율 (PBR, 배)	주가매출액비율 (PSR, 배)	배당수익률 (%)
10,058	4,465,719	8.58	8.20	1.01	0.92	3.68
영업이익률 (OPM, %)	매출이익률 (%)	자기자본이익률 (ROE, %)	총자산순이익률 (ROA, %)	부채비율 (%)	은행주 비중 (%)	금융주 비중 (%)
14.95	10.79	11.94	1.25	186.74	47.9	68.2

콩 H지수에 투자할 수 있게 된다. 이에 따라 홍콩 H지수의 상승 여력은 충분하다고 볼 수 있다. 다만 홍콩 H지수는 은행주의 비중이 높기 때문에 투자 위험 프리미엄이 10~13%에서 움직이는 등 매우 높다. 그래서 현재는 홍콩 H지수가 저평가 상태로 나오지만, 이는 은행주가 그만큼 위험에 노출되어 있기 때문에 나타나는 현상으로 볼 수도 있다.

지금까지 살펴본 것을 정리해 보면, 단기적인 상승 여력은 **홍콩 H지수 → 상해종합지수 → CSI 300지수 → 심천종합지수** 순으로 높다. 선강퉁 거래가 시작된 후 심천종합지수까지 상승한다면, 전체 중국 증시는 앞으로 2년 정도 두 자릿수의 상승을 보일 수도 있다. 그러므로 경제지표가 견고하다면 중국에 대한 투자는 유지할 필요가 있다.

업종별 투자 매력

상해와 심천 증시의 대표 종목 300개가 들어 있는 CSI 300지수의 10개 업종을 각각 잔여이익모델을 통해서 살펴보았더니, 상승 가능성이 가장 높은 업종은 금융, 경기소비재, 유틸리티였다. 반대로 에너지, 헬스케어, IT, 소재, 통신업종의 매력도는 없었으며, 오히려 하락할 위험이 높게 나타났다. 그러므로 투자가치가 있는 업종 및 종목의 선별을 가장 중요하게 여겨야 할 것이다. 추천 업종과 기업은 3~4장에서 자세히 소개한다.

배당수익률로 본 중국 증시의 매력도

현재 중국의 1년 예금금리는 1.5% 수준이고, CSI 300지수의 평균 배당수익률은 약 2.1% 수준이다. 다시 말해 기업의 주식에 투자했을 때 받을 수 있는 배당수익률이 예금금리보다 높다. 만약 배당수익률이 예금금리인 1.5% 수준으로 하락한다고 가정하면, 이론상 계산으로는 CSI 300지수의 상승 여력은 40%이고, 상해종합지수는 4,200포인트에 달하게 된다. 하지만 이는 중국 증시가 2015년처럼 과도한 상승을 보이는 경우라고 할 수 있다. 또한 단기적 급등 후에는 변동성 장세에 시달릴 수 있다는 점을 감안하면, 상승에 대한 기대를 2015년보다 꽤 낮추어 보는 것이 바람직하다.

2016년 업종별 매출 및 순익 증가율 추정치   자료: Wind, 키움증권

배당수익률로 중국 증시를 가늠할 수 있을까?

중국 증시의 상승 여력은 단순히 배당수익률과 예금금리 차이로 가늠할 수 없다. 중국 증시는 은행주의 비중이 높다(CSI 300지수의 은행주 비중 46.1%). 그런데 은행주는 평균 배당수익률이 약 2.8%로 높기 때문에, 상해종합지수나 CSI 300지수의 배당수익률도 덩달아 예금금리보다 높은 2.1%로 나오는 것이기 때문이다. 만약 앞으로 은행권의 부채문제가 불거지고 자본 확충 필요성이 부각된다면, 은행주의 배당이 줄어들게 될 것이고, 이에 따라 중국 증시의 전체 배당수익률도 낮아질 수 있다.

은행주를 제외한, 중국 주식의 평균 배당수익률은 약 1.5%로 현재의 예금금리와 큰 차이가 없다. 따라서 배당수익률 측면에서 보면, 중국 증시의 상승 여력을 너무 높게 보는 것은 무리가 있다. 참고로 앞에서도 말했지만, 은행주는 배당수익률이 예금금리보다 높기 때문에 배당을 노리는 투자가 효과적일 수 있지만, 장기 투자는 삼가야 한다.

중국의 주요 지수별 배당수익률 및 1년 만기 예금금리   자료: Datastream, 키움증권

06 6센스 모델로 본 중국 증시의 매력

이번에는 6센스(6-Senses) 모델로 중국 주식시장의 투자 매력도를 점검해 보자. 6센스 모델이란 밸류에이션(기업가치 추정), 이익 모멘텀, 유동성, 경기선행지표, 주식 선호도, 정책환경 등 6개 지표로 한 나라 주식시장의 투자 매력도를 판단하는 것이다.

6센스 모델

| 밸류에이션 | 이익 모멘텀 | 유동성 | 경기선행지표 | 주식 선호도 | 정책환경 |

* 6센스 모델은 이 책의 필자 중 한 명인 유동원이 만든 독점 모델로서, 선별된 6가지 지표를 활용해 각 나라별 주식투자 매력도를 판단하는 것이다.

각 지표의 점수는 각각 −1점, −0.5점, 0점, +0.5점, +1점 중에서 정하면 되고, 6센스의 총점은 이 점수들을 모두 더한 것으로 −6점에서 +6점 사이로 나온다. 각 점수에 따른 투자의견은 다음과 같다.

6센스 모델의 총점에 따른 투자의견

| 매도 전략 활용 | 중립적 차원에서 투자 (롱숏 전략을 편다면 100% 헤징 전략) | 매수 전략 활용 |

-6 -5 -4 -3 -2 -1 0 1 2 3 4 5 6

밸류에이션(+1.0) – 중국 증시의 밸류에이션 매력도는 높다

2017년 기준으로 중국을 대표하는 상해종합지수의 밸류에이션을 시장 예상치로 살펴보면, 주가수익비율(PER)이 12.4배, 주가순자산비율(PBR)이 1.33배, 자기자본이익률(ROE)은 11.2%, 배당수익률은 2.2%로 나타났다. 이익증가율의 경우 2018년에는 두 자릿수가 될 것으로 예상된다.

특히 40개국의 밸류에이션과 비교해 보면, 중국 증시는 그중에서 2번째로 저평가된 상태이다.

상해종합지수의 밸류에이션   기준: 12개월 결산치 | 자료: 블룸버그, 키움증권

	2013년 (2013.12.31)	2014년 (2014.12.31)	2015년 (2015.12.31)	현재 (2016.9.28)	2016년 예상 (2016.12.31)	2017년 예상 (2017.12.31)
주가수익비율(PER,배)	10.37	15.6	18.71	17.35	14.02	12.4
양수 주가수익률(배)	9.79	14.76	16.43	14.83	13.68	12.28
주가순자산비율(PBR,배)	1.37	1.93	2	1.68	1.45	1.33
EV/매출액(%)	1.25	1.67	1.94	1.9	1.68	1.49
EV/EBIT [1]	11	14.45	17.06	16.79		
EV/EBITDA [2]	9.69	12.75	15.29	14.76	10.78	9.6
배당수익률	2.99	2.05	1.75	1.96	2.02	2.2
총이익률	16.84	15.95	15.7	16.01		
영업이익률	10.49	10.71	10.81	10.58		
매출순이익률	7.99	7.99	7.98	7.7		
총자산이익률(ROA)	1.75	1.68	1.44	1.31	1.07	1.02
자기자본이익률(ROE)	13.89	13.14	11.1	10.06	11.73	11.2

1) EV/EBIT는 EV(기업가치)를 EBIT(이자 및 세전이익)로 나눈 수치이다.
2) EV/EBITDA는 기업의 시장가치(EV)를 감가상각전 영업이익(EBITDA)으로 나눈 값이다.

주요 국가별 주식시장의 밸류에이션

기준: 2016년 6월 30일 | 자료: Starcapital.de, 키움증권

순위	국가	글로벌 시총 비중 (%)	경기조정 주가수익률 (CAPE, 배)	주가수익비율 (PER, 배)	주가현금 흐름비율 (PCR, 배)	주가순자산비율[1] (PBR, 배)	주가매출비율 (PSR, 배)	배당수익률[2] (DY, %)	상대적 강도[3] (RS, 26W)	상대적 강도 (RS, 52W)
1	러시아	0.9	4.9	7.5	3.6	0.8	0.8	4.1	1.14	1.15
2	중국	1.1	12.4	6.1	3.2	0.8	0.6	4.7	1.05	0.95
3	브라질	1.2	8.5	44.1	6.6	1.4	1.1	3.4	1.25	1.24
4	싱가포르	0.9	11.4	13.6	9.7	1.1	0.9	3.5	1.07	1.05
5	한국	1.7	12.6	11	5.5	1	0.6	1.8	1.05	1.03
6	헝가리	0	9.9	-	5.1	1.2	0.6	2.8	1.01	1.08
7	노르웨이	0.4	11.3	26.2	5.7	1.3	1.1	4.4	1.07	1.03
8	체코	0	8.7	11.8	5.5	1.2	1	7.5	0.98	0.96
9	터키	0.3	9.7	10.8	6.2	1.3	0.9	2.7	1.02	1.02
10	대만	1.2	18.1	14.2	8	1.7	1	4.1	1.07	1.06
11	오스트리아	0.2	11.3	20.4	6.3	0.9	0.6	3	0.98	0.96
12	홍콩	3.6	14.4	12.4	9.1	1.2	1.8	3.3	1.04	0.99
13	포르투갈	0.1	10	26	5.4	1.4	0.6	4.6	0.97	0.95
14	이탈리아	1	10.1	34.1	4.4	1	0.5	3.9	0.93	0.85
15	호주	2.1	15.4	22.2	10.4	1.8	1.7	4.7	1.05	1.06
16	캐나다	3.1	18.4	21.7	7.9	1.8	1.4	3	1.09	1.07
17	스페인	1.2	9.9	18.6	6.5	1.3	1.1	4.3	0.97	0.91
18	일본	9.1	20.7	15.2	7.4	1.1	0.7	2.3	1.02	1
33	미국	42.8	24.7	20.4	11.7	2.8	1.8	2.1	1.06	1.04
34	영국	5.8	13.2	39.5	13.1	1.8	1.2	3.8	0.99	0.94
	전 세계 지수	100	19.1	19.1	9.5	1.8	1.2	2.7	1.04	1.02
	선진국시장	86.5	20	19.9	9.8	1.9	1.3	2.6	1.03	1.01
	신흥시장	13.5	13.6	15.2	7.9	1.6	1.2	3.1	1.07	1.04
	유럽 선진국	22.7	14.7	25.7	9.1	1.6	1	3.5	0.99	0.95
	유럽 신흥국	1.6	7.4	9.9	4.5	1	0.8	3.8	1.07	1.06
	신흥 아메리카	2.8	14	28.5	8.8	1.7	1.2	2.7	1.1	1.06
	신흥 아시아-태평양 연안국	7.1	14.6	14.7	8.4	1.8	1.3	2.8	1.07	1.04
	브릭스	5.7	11.2	13.4	6.3	1.4	1.1	3	1.11	1.07

1) 주가순자산비율(PBR)은 가장 최근 수치이다.
2) 배당수익률(DY)은 12개월 추정치 기준이다.
3) 상대적 강도(RS) 26W, 52W는 각각 '현 시가총액/26주, 또는 52주의 평균가격'이다.

주요국의 주식시장 밸류에이션   기준: 2016년 9월 22일 | 자료: Datastream, 키움증권

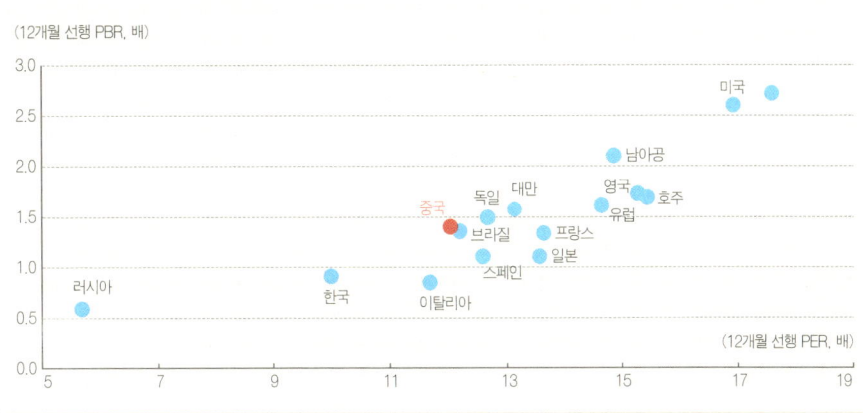

특히 대형주 위주로 들여다보면, 현재 중국 증시의 주가순자산비율은 0.8배, 주가매출비율은 0.6배 정도밖에 되지 않으며, 반면 배당수익률은 4.7%로 높은 편이다. 한편 주가순자산비율과 주가수익비율의 12개월 선행 추정치를 보면, 러시아, 한국, 이탈리아 다음으로 주가가 저렴한 상태이다. 따라서 중국 증시의 밸류에이션 매력도는 상당히 높다. 따라서 6센스 모델상 밸류에이션 항목은 +1점을 주었다.

이익 모멘텀(0.0) – 이익 모멘텀은 안정을 찾고 있다

2015년 중국 공업기업의 이익 증가율은 매출 증가율에 비해 하락폭이 컸다. 하지만 2016년에는 이익 증가율이 매출 증가율보다 높아졌으며 계속 상승 추세이다.

106쪽의 아래 표처럼, 상해종합지수의 모멘텀을 살펴보면 시장은 2016년 당기순이익이 1.3% 정도만 늘어나겠지만, 2017년에는 11.4%가 증가할 것으로 보고 있다. 상해 A주와 심천 A주의 이익수정비율은 2016년 2분기에 바닥을 다지고 상승추세로 전환했지만, 3분기 들어 2개월 동안 다시 하락 추세를 보였다(이익수정비율은 1개월 전과 대비하여 올해 이익 전망 상향 건수와 하향 건수를 전체 건수로 나눈 값이

중국 공업기업의 매출 및 이익 증가율 추이

자료: CEIC, 키움증권

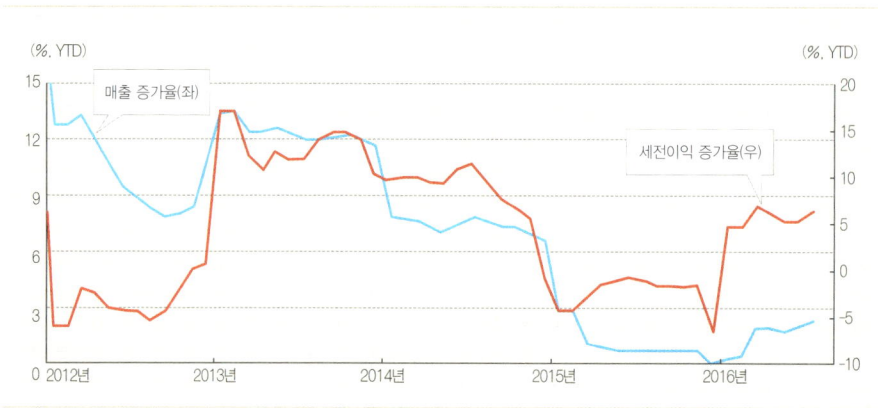

상해종합지수의 이익 모멘텀

기준: 12개월 결산치 | 자료: 블룸버그, 키움증권

주당 이익&비용	2014년 (2014.12.31)	2015년 (2015.12.31)	현재 (2016.9.28)	2016년 예상 (2016.12.31)	2017년 예상 (2017.12.31)
매출액(위안)	2,574.26	2,397.09	2,247.76	2,540.60	2,857.87
총이익률(%)	15.95	15.70	16.01	10.00	10.98
EBIT(이자 및 세전이익)	297.53	272.04	254.07		
이익률(%)	10.71	10.81	10.58		
EBITDA (감가상각전 영업이익)	337.16	303.6	289.05	395.88	444.67
이익률(%)	13.1	12.67	12.86		
연구개발 비용	30.42	29.73	30.02		
수익 분석	207.29	189.2	172.21	213.04	240.86
Earnings before XO	207.31	189.2	172.21		
계속사업 희석 순이익	207.77	168.3	150.47		
순이익(양수)	219.09	215.47	201.53	218.36	243.23

다). 다행인 것은 최근 들어 이익수정비율이 안정된 흐름을 보이고 있다는 것이다. 이로써 이익 하향세는 조정이 마무리되고 있는 것으로 보인다. 이러한 여러 요소를 감안한 때, 중국 증시의 이익 모멘텀은 기존 수준에서 안정을 찾고 있는 것 같다. 따라서 이익 모멘텀 항목은 0.0점을 주었다.

중국 증시의 12개월 선행 주당순이익 추정치
자료: CEIC, 키움증권

중국 증시의 이익수정비율
자료: DataStream, 키움증권

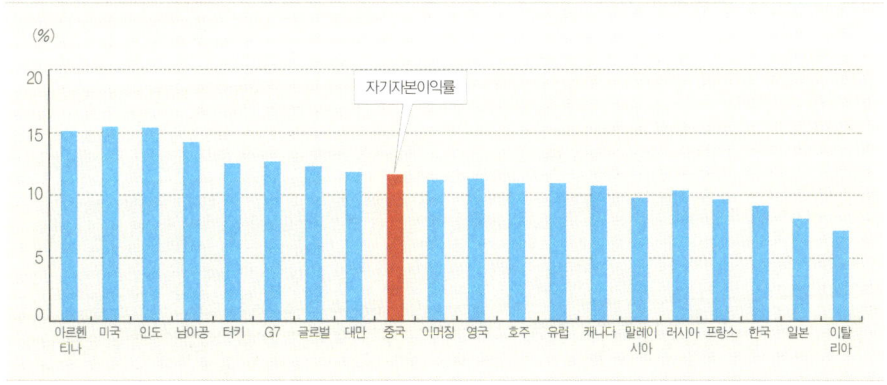

국가별 자기자본이익률(ROE)의 예상 추이
자료: Datastream, 키움증권

유동성(+0.5) - 유동성은 커질 가능성이 높다

중국의 유동성은 아직까지 양호한 수준이다. 최근 중국인민은행이 기준금리 인하를 멈춘 상황에서 시중에 유통되는 돈의 흐름을 파악하는 지표인 M2(광의통화)의 증가율이 13% 이상에서 11.4% 수준으로 하락했고, 대출잔액 증가율도 13%를 기록하는 등, 유동성은 안정적 흐름을 이어갈 것으로 보인다.

또한 2016년 8월 사회융자 총액은 1조 4,700억 위안으로 시장의 예상치를 웃돌았다. 주식, 회사채 발행 등 직접금융시장이 계속 성장하고 있고, 위탁대출이 전월

중국의 광의통화(M2) 증가율 자료: CEIC, 키움증권

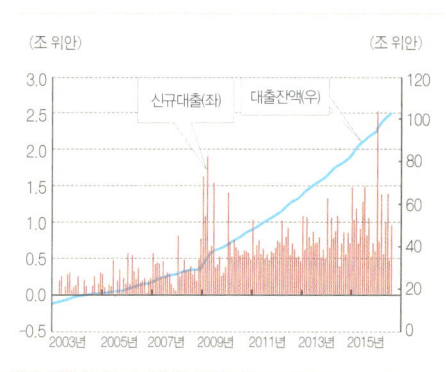

위안화 신규대출 및 대출잔액 자료: CEIC, 키움증권

중국의 주요 물가지수 자료: CEIC, 키움증권

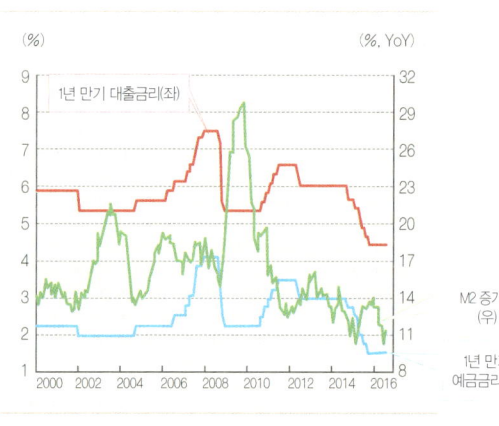

중국의 금리 및 광의통화(M2) 증가율 자료: CEIC, 키움증권

대비 감소한 것을 고려했을 때, 그림자 금융의 위험도 완화되는 추세로 보인다.

중국의 물가상승률은 2% 미만에서 안정적으로 움직이고 있기 때문에, 앞으로 인민은행이 지급준비율을 인하할 가능성이 커지고 있다. 따라서 유동성 항목은 +0.5점을 주었다.

경기선행지표(+0.5) - 경기가 좋아질 가능성이 있다

중국의 경기선행지수는 하락 추세에서 바닥을 다지고 상승 쪽으로 전환했다. 중국은 앞으로 고정자산의 투자 증가율이 고성장기의 수준을 회복하지는 못할 것이다. 하지만 소비 증가율이 경제성장을 견인할 수 있을 것으로 보인다. 그러므로 앞으로 경기가 좋아질 가능성이 있기에 경기선행지표 항목은 +0.5점을 주었다.

중국의 OECD 경기선행지수　　　　　　　　　　　　　　자료: OECD, 키움증권

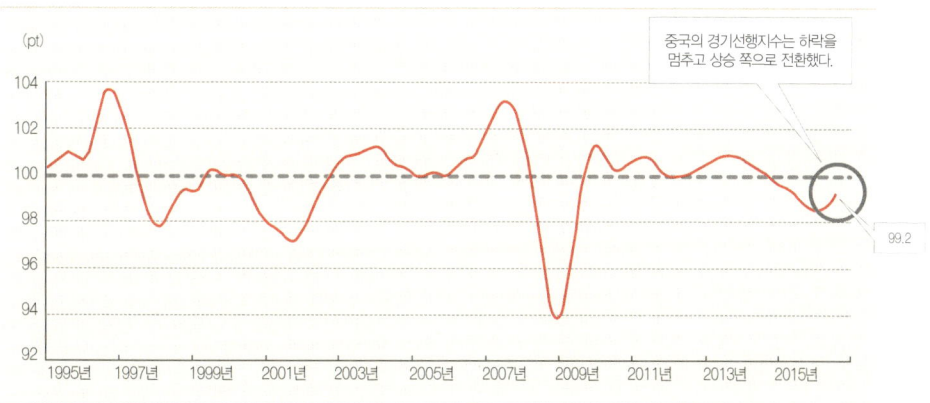

중국 GDP의 지출별 항목 비중

기준: 2014년 | 자료: 블룸버그, 키움증권

중국 GDP의 산업별 항목 비중

기준: 2016년 1분기 | 자료: 블룸버그, 키움증권

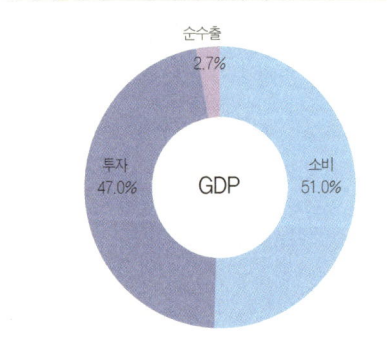
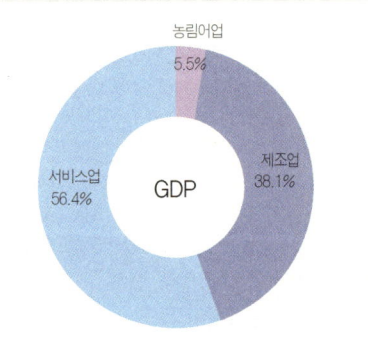

주식 선호도(+0.5) - 중국 주식의 매력도는 높은 편이다

중국 증시의 GDP 대비 시가총액 비중은 2007년에 비해 크게 하락한 상태이다. 투자자들의 관심이 그만큼 적어진 상태라고 볼 수 있다. 즉 과거 대비 주가가 낮아진 상태이다. 그러므로 앞으로 중국 증시의 매력도는 상승할 가능성이 있다. 그래서 주식 선호도 항목은 +0.5점을 주었다.

중국 증시의 GDP 대비 시가총액 비중

자료: 블룸버그, 키움증권

중국의 예금/대출금리 및 지급준비율

자료: CEIC, 키움증권

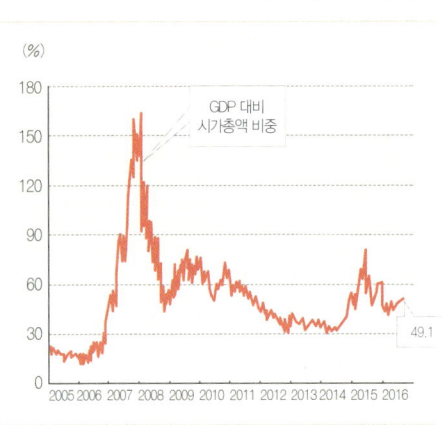
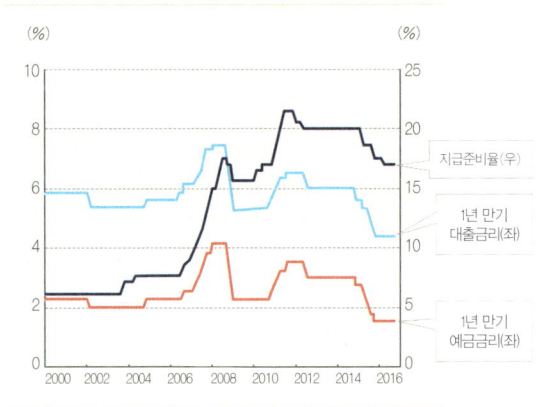

정책환경(+1.0) – 정부정책은 증시에 매우 우호적이다

중국의 정책환경은 증시에 매우 우호적이다. 2016년 중국의 재정적자는 GDP 대비 3%대인데, 이는 전해의 2.4%보다 커진 상태이다. 정부와 중앙은행이 완만한 통화공급 정책을 펴고 있는 것이다. 그뿐만 아니라 선강퉁 거래를 통해 심천 증시를 개방했다. 따라서 정책환경의 경우 시장에 긍정적인 요소라고 판단되어 +1.0점을 주었다.

중국의 GDP 대비 재정적자 비중

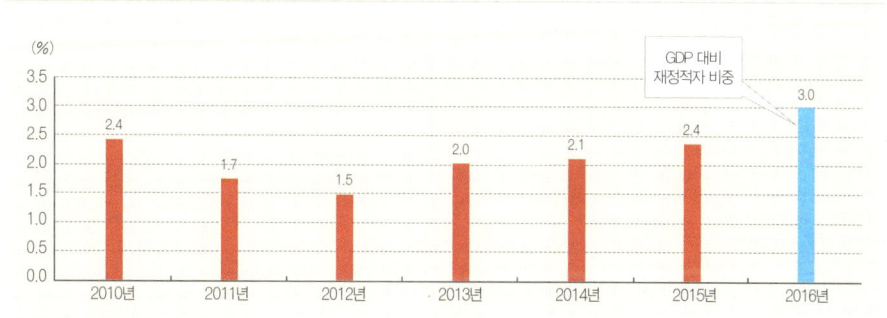

* 2016년은 정부 목표치

중국의 정부/가계/기업 부채 비율

중국의 분기별 경제성장률

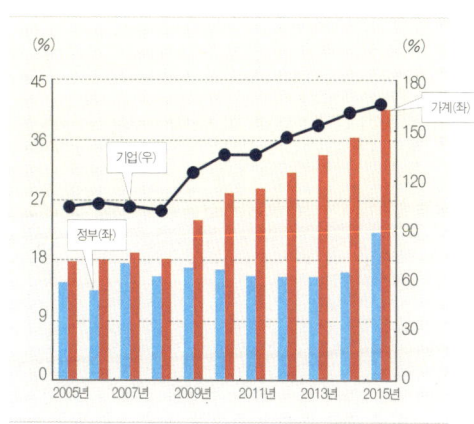

정리해 보자. 중국 주식시장을 6센스 모델로 들여다보면, 밸류에이션(+1.0), 이익 모멘텀(0.0), 유동성(+0.5), 경기선행지표(+0.5), 주식 선호도(+0.5), 정책환경(+1.0) 의 점수를 합한 총점은 +3.5점이다.

6센스 모델에 따른 중국 증시의 매력도   기준: 2016년 9월 | 자료: 자체 계산

밸류에이션	이익 모멘텀	유동성	경기선행지표	주식 선호도	정책환경	총점
1.0	0.0	0.5	0.5	0.5	1.0	3.5

6센스 모델상 총점이 +3점 이상이면 긍정적인 차원에서 투자에 임하는 구간이다. 앞에서 잔여이익모델로 살펴보았을 때도 폭이 크지는 않지만 추가 상승이 가능해 보였으므로, 중국 증시에 매수 차원에서 접근할 만하다.

하지만 미국, 일본, 독일 등과 비교했을 때, 중국은 6센스 모델상으로는 매력도가 더 높지만, 잔여이익모델로는 상승 여력이 비교적 낮은 편이다. 그럼에도 불구하고 앞으로 미국의 경기가 회복되어 소비가 커지면, 제조업 강대국 중 하나인 중국은 그 수혜국으로서 증시의 상승세가 유지될 것이다. 따라서 중국 투자는 앞으로 정부의 추가 부양정책을 예상하며, 단기적으로는 은행주 등 배당 관련 투자를 하고, 중장기적인 차원에서는 투자를 조금씩 늘리는 전략이 효과적일 것이다.

향후 중국 증시는 매우 큰 폭으로 상승하기보다는 몇 년 동안 상승세가 안정적으로 유지될 가능성이 있으므로 업종 및 종목 선택이 중요해지는 시기라고 할 수 있다. 또한 소비가 늘어남에 따라 소비 관련주, 그리고 재정 확대에 따른 인프라 투자 관련주에 대한 관심을 가질 필요가 있다.

07 중국 정부와 같은 방향으로 움직여라
>>> 소비 확대와 인프라 투자

앞으로 중국 정부는 소비 확대와 인프라 투자에 초점을 맞추고, 물류비용을 줄이려는 노력을 계속할 것이다. 그러므로 이와 관련된 기업들에 대해 분석하고 투자를 늘리는 전략이 효과적일 것이다.

강화되는 재정정책에 집중

중국은 역사적으로 국가가 당면한 대내외 위험요인에 대해 적극적인 정책을 내놓음으로써 슬기롭게 대응해 왔다. 성장의 패러다임을 '질적 성장'으로 전환하고, 산업 구조조정을 추진하여 이른바 '뉴노멀 시대'로 진입하기 위해 힘쓰고 있다. 특히 '투자+수출 중심의 양적 성장'이 끝난 후 경기가 둔화될 위기가 닥치자, 적극적인 통화정책과 재정정책으로 6~7%의 상대적 고성장을 이룩하고 있다.

하지만 2016년에 들어서자 2014년부터 시작된 두 개의 화살 중에서 통화정책의 효력이 크게 떨어지고 있다. 경기부양을 위해 통화공급을 늘렸지만, 오히려 외국인 투자자금이 유출되고, 위안화의 변동성이 커졌으며, 부동산 시장을 중심으로 버블이 생겼다. 게다가 늘어난 유동성이 산업 전반으로 확산되지 못하고 실물경제로 유입되는 속도가 지연되고 있다. 실질금리가 하락함에도 불구하고 기업의 대출 및 투자가 늘어나지 않고, 오히려 구조조정이 필요한 산업 및 기업이 연명하는 등 정부의 의도와는 상반된 결과가 나타났다.

이에 앞으로 중앙은행인 인민은행은 기준금리 인하보다는 공개시장조작(중앙은행이 공개시장에 개입하여 유가증권 등을 매매하여 통화량을 조절하는 일), 통화조절 장치(중기유동성지원창구인 MLF, 담보보완대출인 PSL 등)를 통해 시중의 유동성을 유연하게 조절할 것으로 보인다. 한마디로 인민은행은 '온건한 통화정책'을 펼 것이다. 그렇다면 앞으로 정부의 재정정책이 중장기적으로 경제를 이끌어 가는 핵심 요인이 될 것이다.

다음의 그래프를 보면, 2015년 중국 정부의 재정적자 목표치와 실제치가 차이가 크다. 즉 중국 정부는 경기하락을 막기 위해 재정적자를 목표치보다 크게 늘렸던 것이다. 2016년 초 발표한 재정적자 목표치는 GDP의 3% 수준인 2.18조 위안이다. 하지만 실제치는 2015년처럼 이보다 높을 가능성이 있다. 중국 정부가 경기하락을 막고 경제성장률의 목표치를 맞추기 위하여 재정정책에 무게를 둘 것으로 보이기 때문이다.

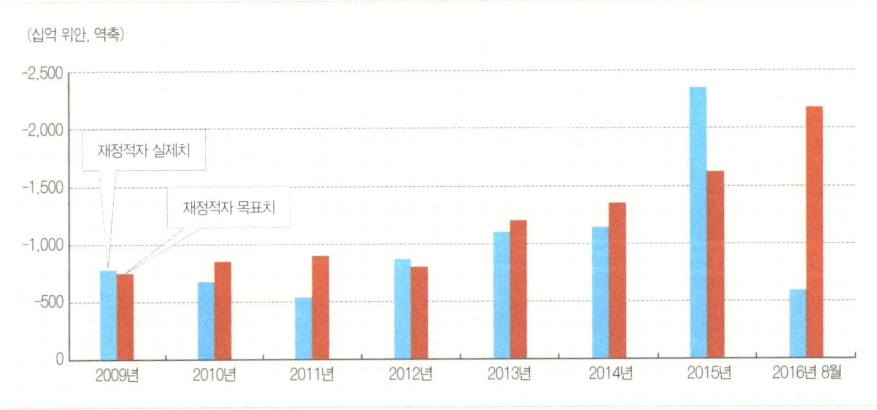

2009년 이후 중국 정부의 연간 재정적자 실제치와 목표치   자료: Datastream, 키움증권

민관협력사업(PPP) 가속화

중국 재정부는 2016년 제3차 민관협력사업(PPP, Public Private Partnership) 명단을 발표하는 등 사업을 가속화하고 있다. 과거에는 사회주의 계획경제체제의 특성상 민간자본이 공공사업에 진출하는 것이 제한적이었으나, 2014년 말부터 정부의 꾸준한 노력으로 개선방안이 나오고 있다.

민관협력사업이 활성화됨에 따라 사업영역도 수익성이 낮고 진입장벽이 높은 인프라 사업에서 성장성이 있는 문화, 관광, 의료 산업 등으로 확대되고 있다. 이에 따라 민간자본의 유입이 늘어날 것으로 보인다.

민관협력사업은 다음과 같은 영향을 미칠 것이다.

첫째, 민관협력사업이 활성화되면 민간투자 감소로 인한 악영향을 줄일 수 있다.

둘째, 지방정부의 재정부담을 줄일 수 있다.

셋째, 지방정부의 적극적인 자원개발(관광, 의료, 교육 등)을 유도할 수 있다.

넷째, 지방채 발행물량이 중장기물 중심(비중 50% 이상)으로 크게 늘어나고 있는데, 민관협력사업이 활성화되면 지방정부의 추가 발행물량이 줄어들 수 있다. 이는 시장금리의 상승을 다소 억제하는 장치가 될 수 있다.

민관협력사업 성공 사례

2008년 베이징올림픽의 주 경기장인 냐오차오는 민관협력사업의 대표적인 사례이다. 당시 프로젝트의 주요 참여자는 북경국유자산경영유한책임회사와 중신그룹(CITIC) 및 성건그룹, 골든스테이트홀딩스그룹이 주관한 컨소시엄이다. 이들은 공동으로 회사를 설립해 건설자금의 조달과 건축 시공, 운영, 관리를 책임졌다. 투자자금만 총 32억 위안(약 5,290억원)에 달했는데, 이중 중신그룹을 필두로 한 컨소시엄의 지분이 42%, 북경국유자산경영유한책임공사의 지분이 58%였다.

2009년 완공된 베이징의 지하철 4호선도 민관협력사업의 대표적인 사례이다.

북경기초시설투자유한공사와 북경수도창업그룹, 홍콩지하철유한공사가 참여해 특수목적회사인 북경홍콩지하철유한공사를 설립하여 자금조달과 경영을 책임졌다. 총 153억 위안(약 2조 5,300억원)의 투자액 중 70%는 베이징 시에서, 나머지 30%는 특수목적회사가 출자했는데, 30년 리스 계약이 끝나면 시 정부에 지하철 시설을 모두 무상 인도할 예정이다.

그런데 최근까지 재정부와 국가발전개혁위원회가 비준한 민관협력사업을 살펴보면, 여전히 도시/읍 복지시설, 수질, 교통 등 인프라 사업에 투자가 집중되어 있다. 또한 현재까지 앞서 비준한 1차 사업의 실제 착공률은 약 57.8%에 그쳤고, 2차 사업도 20%를 넘지 못하고 있다. 프로젝트가 승인된 이후에도 '제도적 결함'으로 인해 무산되거나 착공에 실패하거나 지연되는 경우가 계속 나타나고 있다. 사실 기

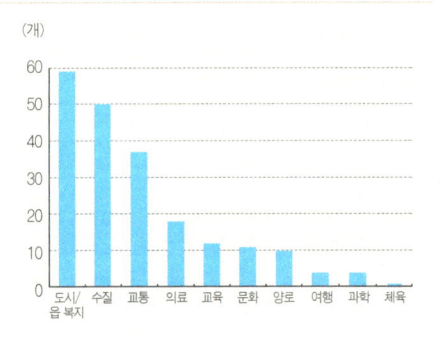

중국 재정부의 2차 PPP 산업별 분포
자료: 중국 재정부, 키움증권

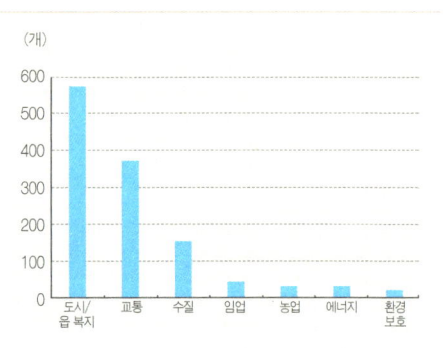

중국 국가발전개혁위원회의 3차 PPP 산업별 분포
자료: 중국 국가발전개혁위원회, 키움증권

중국 재정부의 1~3차 민관협력사업 비준
자료: 중국 재정부, 키움증권

	시기	프로젝트(개)	투자총액(억 위안)
1차	2014년 12월	30	1,800
2차	2015년 9월	206	6,589
3차	2016년 10월	516	11,700

중국 국가발전개혁위원회의 1~3차 민관협력사업 비준
자료: 중국 국가발전개혁위원회, 키움증권

	시기	프로젝트(개)	투자총액(억 위안)
1차	2015년 5월	1,043개	19,700
2차	2015년 9월	1,488개	22,600
3차	2016년 9월	1,233개	21,400

존 민관협력사업의 경우 인프라 투자 비중이 압도적으로 높아서 민간자본의 투자 동기가 부족했다. 따라서 민관협력사업은 정부의 재정부담과 유동성 위험을 해결할 수 있는 정책임에도 불구하고, 실제로 활성화되기까지는 상당한 시간이 걸릴 것으로 예상된다.

물류산업에 주목하라

중국 정부의 확장적 재정정책과 민관협력사업(PPP)은 인프라 투자에 집중되어 있다. 인프라 투자는 20% 전후의 고성장을 유지하며, 제조업 및 민간투자의 감소로 인한 악영향을 완충하는 작용을 하고 있다. 그러므로 앞으로도 중국 정부는 인프라 중심의 민관협력사업을 계속 승인할 것으로 보인다. 따라서 중장기적으로 도로·철도·항공 등 교통 인프라가 커짐으로써 물류산업이 양적으로 성장하고 물류비용이 줄어들 것이다.

중국물류정보센터에 따르면, 중국은 물류산업의 효율성이 낮으며 물류비용이 높다. 그런데 2015년 물류산업의 총비용은 GDP 대비 약 15.0%로 4년 연속 하락세를 보였다. 즉 물류원가의 비중이 낮아지고 있는 것이다. 하지만 미국, 일본, 독일 등 선진국에 비해서는 아직도 6~7%p 높은 수준이다.

이에 따라 중국 정부는 물류산업에 대한 지원을 강화하고 있다. 2009년 물류산업을 국가 10대 중점산업으로 지정하고, 물류기업을 양성하고 물류비용을 줄이기 위해 노력하고 있다. 2011~2012년에는 물류 시스템의 개혁을 단행했으며, 2013년에는 연안지역을 중심으로 자유무역지구를 지정했다. 또한 중국 정부가 추진하고 있는 신 실크로드 전략인 일대일로(一帶一路) 프로젝트로 인해 물류기업의 대외 경쟁력이 높아지고 국제시장 진출이 늘어날 것으로 예상된다(일대일로란 중국-중앙아시아-유럽을 잇는 육상 실크로드와 중국-동남아-아프리카·유럽으로 이어지는 해상 실크로드 경제 벨트를 뜻한다).

앞으로 중국이 계속 성장하려면 인프라 투자를 늘려서 물류비용을 낮추어야 한다. 그래야 2018년 이후에도 안정적 성장세를 유지하면서 선진국으로 도약할 수 있는 기회를 만들 수 있을 것이다.

국가별 물류성과지수(LPI) 순위

자료: 세계은행(2015), 키움증권

2010년			2012년			2014년		
순위	국가	물류성과지수	순위	국가	물류성과지수	순위	국가	물류성과지수
1	독일	4.11	1	싱가포르	4.13	1	독일	4.12
2	싱가포르	4.09	2	홍콩	4.12	2	네덜란드	4.05
3	스웨덴	4.08	3	핀란드	4.05	3	벨기에	4.04
4	네덜란드	4.07	4	독일	4.03	4	영국	4.01
5	룩셈부르크	3.98	5	네덜란드	4.02	5	싱가포르	4.00
23	대한민국	3.64	21	대한민국	3.70	21	대한민국	3.67
27	중국	3.49	26	중국	3.52	28	중국	3.53

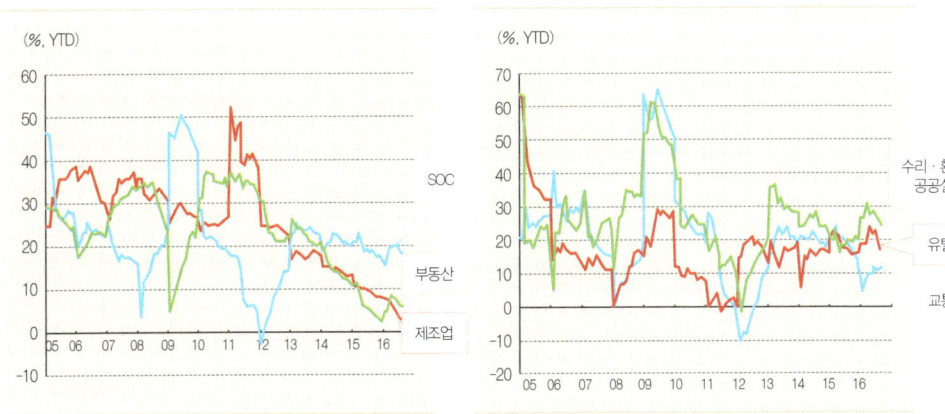

중국의 산업별 고정자산 투자 증가율   자료: CEIC, 키움증권

중국의 인프라 관련 투자 증가율   자료: CEIC, 키움증권

08 선강퉁 투자, 성장주 비중은 30% 이하가 적당하다

성장주에 주목해야 하는 이유

앞으로 중국 주식투자에서는 매력도가 높은 업종 및 종목을 선별하는 것이 매우 중요하다. 이 과정에서 성장주와 가치주를 잘 섞어 투자해야 한다. 특히 심천거래소는 성장주 비중이 워낙 높기 때문에 종목 선별이 중요하다.

필자는 그동안 세계 경제성장률이 낮은 상황에서는 성장주에 주목해야 한다고 강조해 왔다. 하지만 포트폴리오 전체를 성장주에 투자하는 것은 투기나 다름없으며, 약 20~30%만 투자하라고 권하고 싶다. 장기투자에서는 성장주의 비중을 30% 이하로 하는 것이 바람직하다. 특히 바이오/제약 업종에 대한 투자는 주의해야 한다.

왜 성장주의 투자 비중을 30% 이하로 해야 할까?

첫째, 미국의 경우를 보면 가치주가 성장주보다 수익률이 월등히 높았다. 그 차이가 무려 7배 이상이었다.

둘째, 성장주 투자는 성공 가능성이 낮다. 종목을 잘 선택했을 경우는 수익률이 가치주보다 훨씬 높지만, 문제는 그런 종목을 찾아내는 것이 매우 어렵다. 가치주는 웬만한 퀀트(수학적 모델을 이용한 계량분석기법을 이용해 투자대상을 찾는 프로그램)를 돌려보면 찾을 수 있지만, 성장주를 구별해 내는 것은 쉽지 않다. 따라서 이런 경우에는 성장주 지수에 투자하는 것이 편한 방법일 수 있다.

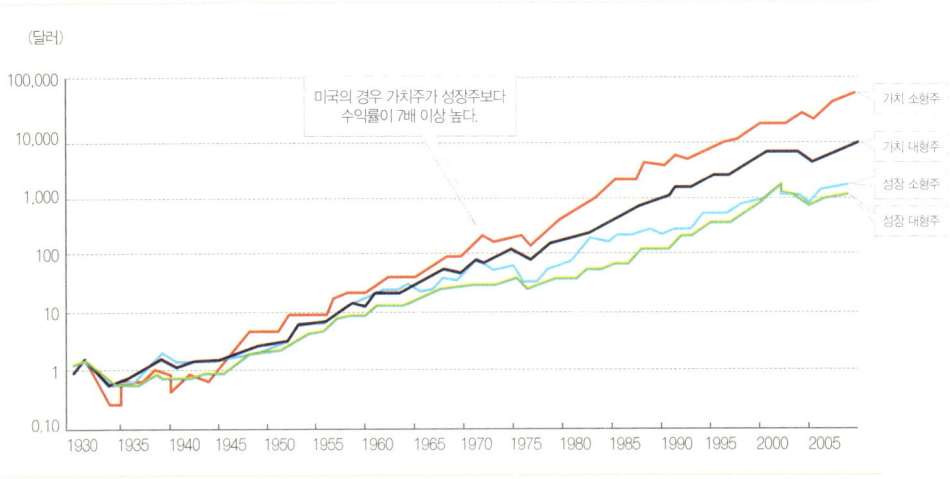

미국의 가치주와 성장주의 수익률 차이(로그 그래프)   자료: 모닝스타

1927년에 1달러를 투자했을 경우, 가치주와 성장주의 수익률

	대형주	소형주
가치주	7,662달러	54,966달러
성장주	974달러	1,371달러

자료: 모닝스타

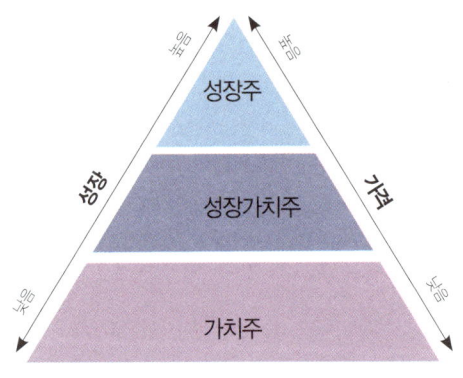

성장주, 성장가치주, 가치주의 분포도

자료: 밸류인베스트

종목 선택이 가장 중요한 이유

1990년대 삼성전자의 주가는 저점이 2만원 정도였는데, 2013년 고점은 158만 4천원으로 13년 동안 79배나 상승했다. 연평균 수익률이 무려 40%에 달한다. SK텔레콤도 유사한 종목이다.

그런데 1990년대의 다른 IT 대표 성장주는 어땠을까? 당시 국내 대표 성장주는 현대전자, LG전자, 펜택, 삼보컴퓨터 등이었고, 해외는 노키아, 모토로라, 소니 등이었다.

만약 한국에서 분산투자를 하지 않고, 삼성전자를 제외한 IT업종의 주식에만 투자했다면, 지난 15년간의 투자수익률은 −100%이거나 원금보존을 거의 못한 수준이었을 것이다. 대부분의 회사가 증자를 하거나 망했기 때문이다. 또는 해외의 노키아, 모토로라, 소니 등에 투자했더라도, 삼성전자에 투자하지 않았다면 수익률이 오랫동안 마이너스 상태였을 것이다. 이처럼 성장주 투자는 성공하기가 어렵다.

물론 종목 10개 중에서 1개를 잘 골라내는 능력이 있다면, 당연히 성장주 투자를 해야 할 것이다. 중국의 인터넷 소셜 네트워크 회사인 텐센트에 5년 전에 투자했다면, 지금 수익이 20배 이상 났을 것이다. IT기업인 화웨이에 투자할 수 있었다면(당시는 비상장 기업이어서 투자 불가능) 수십 배의 수익이 났을 것이다. 하지만 그러한 종목을 골라내는 것은 매우 힘들다. 또한 지금 많은 관심을 끌고 있는 샤오미가 10년 안에 망할지, 아니면 성공할지 누구도 알 수 없다.

따라서 중국 주식투자에서 중요한 포인트는 결국 업종, 종목 선별이다. 특히 선강퉁 투자는 종목 개발이 가장 중요하다는 것을 명심해야 한다. 이제 3, 4장에서 선강퉁의 추천 업종과 종목을 살펴보자.

중국 주식 실전투자 ①
- 선강퉁 투자전략 및 종목 선택법

중국 주식투자, 특히 선강퉁 투자는 업종 및 종목 선택이
중요하다. 선강퉁 투자전략 및 종목 선택법을 살펴보자.

01 선강퉁 투자 아이디어

중국의 자본시장 개방이 가속화되고 있다. 2014년 말의 후강퉁 시행 과정을 비추어 볼 때, 심천-홍콩 증시 연계 시스템인 선강퉁 역시 발효 후 빠르게 자리잡을 가능성이 매우 높다. 중국 증시는 유동성 환경에 매우 민감한데, 최근 정부와 중앙은행의 '온건한 통화정책'을 감안할 때, 주식시장이 급등할 가능성은 높지 않다. 그러므로 정부가 중점적으로 지원하는 성장산업, 실수요가 늘어날 것으로 예상되는 성장산업의 선두기업에 대한 투자가 유망하다.

선강퉁 시행에 즈음하여

선강퉁이 시행되면, 외국인 개인투자자는 상해거래소와 심천거래소의 상장사(A주) 중에서 약 50%, 시가총액의 약 80%에 투자할 수 있다. 그뿐만 아니라 금융당국은 외국인 투자한도를 폐지하고, 금융상품을 다양화하며, 주식 외 금융시장의 개방 속도를 높이고 있다. 이처럼 자본시장 개혁과 개방 속도가 빨라지면서 2017년 중국 증시가 MSCI 신흥국 지수에 편입될 가능성이 커지고 있다. 그리고 SDR(IMF 특별인출권, IMF 가맹국이 국제수지가 악화될 때 담보 없이 필요한 외화를 인출할 권리)에 편입됨으로써 위안화 표시 자산의 수요도 점진적으로 증가할 것으로 보인다.

업종별 차별화가 예상된다

심천거래소의 상장사는 민영기업이 70%의 비중을 차지하고 있으며, IT, 헬스케어, 미디어 등 성장산업이 주류를 이루고 있다. 중국 증시는 상대적으로 고수익, 고위험 투자를 선호하는 개인투자자의 비중이 50%를 넘는다. 이로 인해 심천거래소 또한 회전율이 높다. 그뿐만 아니라 심천거래소의 상장사는 상해와 홍콩거래소와 비교했을 때 높은 성장세를 보이는 동시에 밸류에이션 또한 높다.

정부의 제조업 육성 정책에 힘입어 다양한 산업기금이 조성되고 있다. 신성장산업에서 신규 수요가 창출됨으로써 이들 분야의 선두기업들은 중장기적으로 양적, 질적 성장이 지속될 것이다. 반면 성장산업의 특성상 2위 그룹, 3위 그룹은 실적과 주가가 오르는 데 시간이 꽤 걸릴 것이다. 그러므로 업종별로 차별화된 전략을 수립해야 한다.

성장산업의 투자 수요는 지속될 전망

심천거래소의 상장사들은 밸류에이션이 높으므로, 선강퉁 시행 이후 외국인 투자가 단시간에 커지기는 힘들 것으로 예상된다. 하지만 주식투자 이외에도 다양한 방법으로 성장산업에 대한 투자가 커지고 있다. 주식시장에서는 중국 역내 기관투자자의 IT, 헬스케어, 미디어 업종에 대한 투자 비중이 커지고 있으며, 외국인직접투자(FDI)와 사모펀드(PE), 인수·합병 역시 이들 업종을 중심으로 빠르게 증가하고 있다.

정리해 보자. 중국의 주식시장에서는 다음 종목에 대한 관심이 커질 것으로 보인다.
① 성장산업의 선두기업
② 기관투자자의 보유 종목이나 업종
③ 고성장과 함께 배당수익률이 높을 것으로 예상되는 기업
④ 중국의 산업 희소성을 반영한 업종 내 대표주

02 선강통 시장의 특징

2016년 8월 16일 중국 국무원과 증권감독관리위원회는 심천-홍콩거래소 간의 교차거래인 선강통 시행을 전격 승인했다. 지난 2014년 후강통 실시 이후 2년 만에 본토 주식시장인 심천 증시를 개방한 것이다. 앞서 2003년 7월 적격외국기관투자자(QFII) 제도와 2011년 7월 위안화 적격외국인투자자(RQFII) 제도 등 일련의 자본시장의 대외 개방조치가 있었으나, 투자자격을 위한 사전 승인이 필요하다는 점에서 엄격하고 차별화된 규제가 존재했다. 하지만 선강통 실시로 이제 외국인 투자자는 홍콩의 증권사를 통해 기존 상해거래소뿐만 아니라 심천거래소의 상장사에도 직접투자를 할 수 있게 된 것이다.

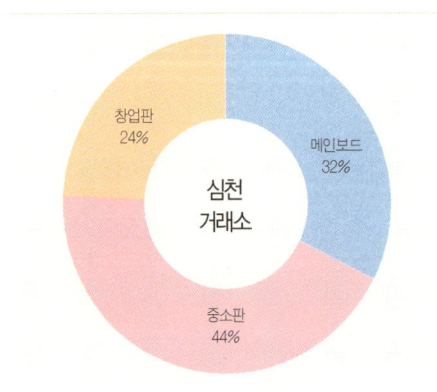

심천거래소의 시가총액 구성　자료: Wind, 키움증권

* 2016년 10월 12일 기준

메인보드·중소판·창업판으로 구성

선강통 투자에 앞서, 심천거래소의 특징과 구성 종목을 살펴보자. 심천거래소는 3개 시장으로 분류되는데, 바로 메인보드, 중소판(SME, 2004년 6월 출범), 창업판(ChiNext, 2009년 10월 출범)이다.

2000년 이후 중국 금융당국은 중소기업 및 벤처기업 육성 전략으로 중소판과 창업판을 출범시키며 상장 자격 요건을

메인보드 시가총액 상위 종목
기준: 2016년 10월 12일 | 단위: 위안

1	완커	2,808억
2	메이디그룹	1,772억
3	평안은행	1,555억
4	Gree전력	1,331억

중소판 시가총액 상위 종목
기준: 2016년 10월 12일 | 단위: 위안

1	하이캉웨이스	1,525억
2	BYD	1,445억
3	펀중미디어	1,440억
4	궈신증권	1,372억

창업판 시가총액 상위 종목
기준: 2016년 10월 12일 | 단위: 위안

1	원스주식	1,605억
2	러스왕	886억
3	동방재부	693억
4	비수이웬	578억

완화했다. 중소판에는 메인보드보다 시가총액이 작은 기업들이 속해 있으며, 창업판은 한국의 코스닥시장과 유사하다. 메인보드 상장사의 종목 코드는 000, 중소판은 002, 창업판은 300으로 시작된다. 시가총액 기준으로 보았을 때, 메인보드의 비중은 32%, 중소판은 44%, 창업판은 24%이다. 대표지수로는 심천종합지수, 심천성분지수, 중소판지수, 창업판지수가 있다. 현재 중국 정부는 선강통 거래가 가능한 기업을 '시가총액 60억 위안 이상의 심천성분지수와 중소창신지수 상장사'로 규정하고 있는데, 2016년 9월 23일 기준 약 881개 기업이다. 선강통 투자대상 기업의 시가총액은 심천종합지수의 약 70% 수준이다(주가수익비율 39.4배).

심천거래소의 지수별 종목수와 시가총액
기준: 2016년 9월 23일 종가 | 자료: Wind, 키움증권

	종목 수	시가총액(위안)	주가수익비율 (TTM, 배)	비고
심천종합지수	1,849개	22조 8,264억 (4,104조원)	50.0	심천거래소 전체 상장기업
심천성분지수	500개	12조 2,140억 (2,196조원)	34.2	심천거래소 대표 500개 기업
중소창신지수	500개	4조 6,297억 (828조원)	78.1	심천1000지수 중 심천성분지수 제외 기업
중소판지수(SME)	100개 (중소판 상장사는 789개)	3조 1,911억 (576조원)	35.8	메인보드 대비 작은 규모의 중소기업 (2004년 6월 설립)
창업판지수 (ChiNext)	100개 (창업판 상장사는 536개)	2조 1,751억 (391조원)	49.5	나스닥, 코스닥과 유사 (2009년 10월 설립)

민영기업의 비중 크고, 성장 기대감 높다

상해거래소는 국유기업 중심의 대형주가 많은 반면, 심천거래소는 민영기업의 비중이 높다. 중국의 국유기업은 비효율적 경영으로 인해 구조조정을 거치고 있으므로 전반적으로 성장 둔화가 우려되는 면이 있다. 반면 민영기업은 경영 효율성이 좀 더 높고, 시장 변화에 대한 대응이 신속하여 빠른 성장이 기대된다. 심천거래소는 민영기업의 비중이 69.1%나 되는 반면, 상해거래소는 36.8%에 불과하다. 이로 인해 두 거래소의 상장사는 매출과 순익 성장률도 큰 차이를 보이고 있다.

심천 및 상해거래소의 민영기업 비중
자료: Wind, 키움증권

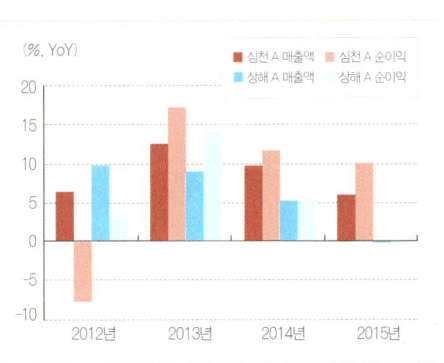

심천 및 상해거래소의 연간 실적 비교
자료: Wind, 키움증권

심천 및 상해 A주의 12개월 선행 EPS 추이   자료: Datastream, 키움증권

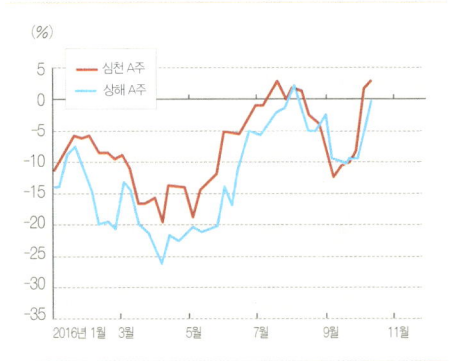

심천 및 상해 A주의 이익수정비율   자료: Datastream, 키움증권

심천 및 상해 A주의 연간 매출/순익 증가율

기준: 2016년은 예상치 | 자료: Wind, 키움증권

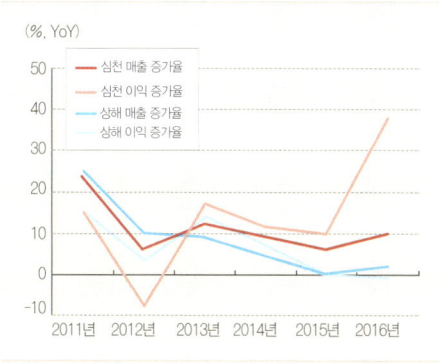

선구퉁 및 후구퉁의 연간 순익 증가율

기준: 2016년은 예상치 | 자료: Wind, 키움증권

신성장산업 중심의 시장

상해거래소는 금융, 소재, 산업재 등 전통산업의 비중이 높은데 반해, 심천거래소는 IT, 헬스케어, 미디어와 같은 성장산업의 비중이 높다. 그래서 심천 증시는 상해 증시보다 밸류에이션이 높다. 2016년 10월 상해종합지수의 PER은 15.5배(과거 12개월 순이익 기준), PBR은 1.56배(최신 회계 기준)이고, 심천성분지수의 PER은 33.9배, PBR이 3.28배이다. 심천 증시의 다른 지수들도 밸류에이션이 높다(창업판: PER 49.9배, PBR 6.05배, 중소판: PER 35.3배, PBR 4.28배).

심천거래소의 업종별 시가총액 비중

기준: 2016년 10월 12일 | 자료: Wind, 키움증권

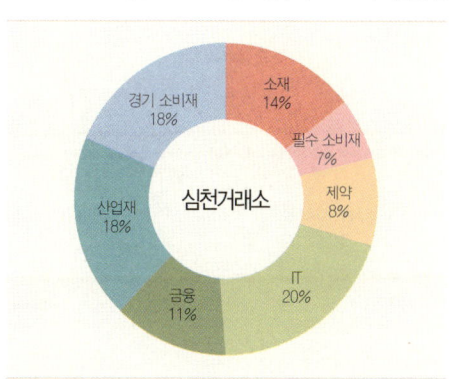

상해거래소의 업종별 시가총액 비중

기준: 2016년 10월 12일 | 자료: Wind, 키움증권

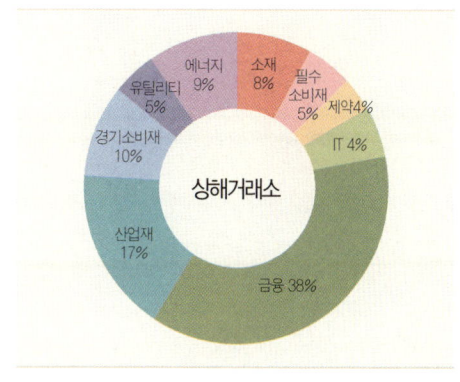

중국의 주요 지수별 주가수익비율(PER) 자료: Wind, 키움증권

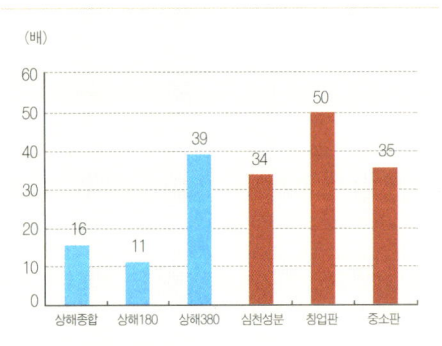

* PER은 과거 12개월 기준

중국의 주요 지수별 주가순자산비율(PBR) 자료: Wind, 키움증권

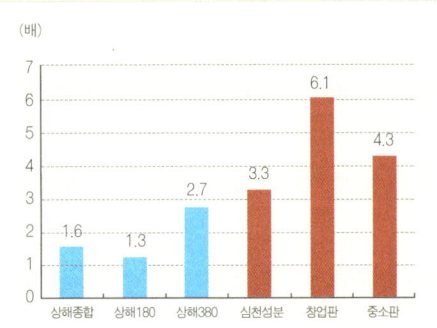

* PBR은 2015년 회계 기준

주가 변동성과 매매 회전율이 높다

심천거래소와 상해거래소는 주가 변동성과 매매 회전율이 차이가 난다. 2016년 10월 12일 기준 심천거래소의 종목별 평균 시가총액은 125.7억 위안으로, 상해거래소(275.9억 위안)의 45.5%밖에 되지 않는다. 반면 하루 평균 거래대금은 상해거래소보다 오히려 크다. 심천 증시는 이처럼 거래 횟수가 많다 보니 매매 회전율이 높고, 주가 변동성도 높아서 고위험, 고수익 투자성향을 가진 투자자들이 선호한다.

심천 및 상해거래소의 평균 시가총액 및 거래대금 자료: Wind, 키움증권

1) 시가총액은 2016년 10월 12일 기준
2) 거래대금은 과거 12개월 기준

심천 및 상해거래소의 회전율 비교 자료: 세계거래소연맹(WFE), 키움증권

후강퉁, 선강퉁의 거래제도 비교   자료: 심천거래소, 상해거래소, 키움증권

	선강퉁(심천⇄홍콩)		후강퉁(상해⇄홍콩)	
	선구퉁(深股通)	강구퉁(港股通)	후구퉁(沪股通)	강구퉁(港股通)
투자방향	홍콩 → 심천	심천 → 홍콩	홍콩 → 상해	상해 → 홍콩
시행시기	2016년 11~12월(예정)		2014년 11월 17일	
투자대상	·심천성분지수 ·심천중소창신지수 중 시총 60억 위안 이상 종목 ·심천 A-홍콩 H 동시 상장 종목 중 A주	·항셍종합지수 ·항셍종합중형지수 및 항셍종합소형지수의 시총 50억 홍콩달러 이상 종목 ·심천 A-홍콩 H 동시 상장 종목 중 H주	·상해 180지수(SSE 180) ·상해 300지수(SSE 380) 종목 ·상해 A-홍콩 H 동시 상장 종목 중 A주	·항셍종합대형지수 ·항셍종합중형지수 종목 ·상해 A-홍콩 H 동시 상장 종목 중 H주
일일 투자한도	130억 위안	105억 위안	130억 위안	105억 위안
총 투자한도	없음		없음(2016년 8월 16일 폐지)	
투자자격	제한 없음	·기관투자자 ·계좌잔액 50만 위안 이상의 개인투자자	제한 없음	·기관투자자 ·계좌잔액 50만 위안 이상의 개인투자자
거래통화	위안화	홍콩달러	위안화	홍콩달러
거래 제외 종목	특별관리 종목(ST), 외화거래 종목(B주) 거래 정지 종목, 정리 매매 종목			
기타	·단일 해외투자자: 단일 종목, 최대 10% 지분 제한 ·전체 해외투자자: 단일 종목, 최대 30% 지분 제한 ·공휴일에 따른 휴무, 거래 시간, 거래 단위 등은 현지 거래소 규칙에 따른다.			

03 선강퉁 시장의 환경

중국의 자본시장 확대 지속

중국 정부는 2020년 자본시장 개방을 목표로 금융시장의 대외개방 수준을 매년 점진적으로 확대하고 있다. 적격외국기관투자자(QFII), 위안화 적격외국인투자자(RQFII), 후강퉁 등 기관부터 개인투자자까지 순차적으로 투자를 허용했으며, 투자영역 및 규모도 확대하여 자본 유출입 규제도 완화하는 중이다. 특히 현재 5% 미만인 외국인 투자 총 쿼터를 폐지하고, 개별 종목에 대한 외국인 총지분과 개인 지분 한도만 설정했다. 그뿐만 아니라 금융상품도 다양화했으며, 2016년 2월에는 은행 간 채권시장의 규제도 완화했다.

중국의 자본시장이 점차 개방됨에 따라 위안화는 무역 결제통화에서 글로벌 금융투자 통화로서의 가치가 더욱 높아질 것이다. 나아가 SDR(IMF 특별 인출권)에 편입됨으로써 가치저장의 수단으로서도 활용될 것이다.

위안화의 변동성은 리스크 요인

2015년 중국 외환당국은 위안화 평가절하를 단행한 바 있다. 위안화 가치가 떨어지면 외국인 투자자의 경우 달러로 바꾸어 나갈 때 환차손을 입을 수 있으므로 투자에 불리하다. 이로 인해 해외 자본이 빠져나가고 외환 보유고가 감소할 우려가

위안화 결제 투자 추이 자료: 인민은행, 키움증권

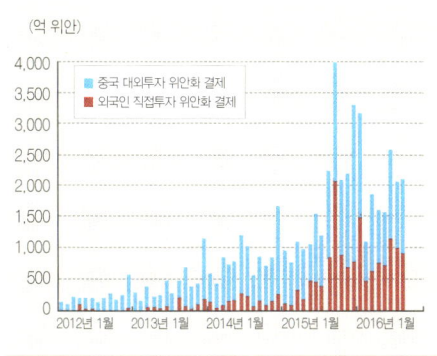

역외 위안화의 결제 용도별 비중 자료: 인민은행, 키움증권

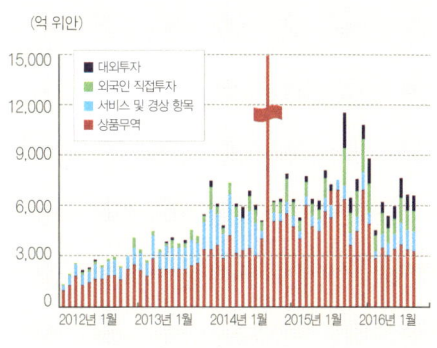

위안화의 국제 결제 비중 및 순위 자료: SWIFT, 키움증권

위안화의 국제화 지수 자료: 중국은행, SC, 키움증권

있다. 그러므로 위안화의 평가절하 우려는 외국인의 투자 수요를 위축시킬 수 있는 요인이다. 한편 중국은 경상수지 흑자 폭이 크고, 위안화가 SDR에 편입됨으로써 위안화 표시 자산의 수요가 커질 것으로 보인다. 중국 채권에 대한 수요, 중국 증시가 MSCI 신흥국 지수에 편입될 것이라는 기대도 위안화 표시 자산의 수요를 키울 수 있는 요인이다. 특히 위안화의 변동성이 커질 경우 외환당국이 개입할 가능성이 있기에, 그에 따른 경계감은 외환시장의 변동성을 완화할 것으로 보인다.

유동성에 민감한 신흥국 증시

2015년 중국 증시가 과도하게 상승했던 주요 원인은 정부의 확장적 통화정책과 함께, 신용팽창이 민간영역까지 활발하게 일어났기 때문이다. 과도하게 공급된 유동성은 주식시장에 급격히 유입되어 비이성적인 상승장을 연출했다. 2016년 연초 중국 증시가 급락한 것은 '서킷브레이커' 도입을 우려한 투자자들이 주식을 팔았던 요인도 있지만, 그보다 앞으로 유동성이 묶일 것에 대한 우려가 과도하게 커졌기 때문으로 볼 수 있다.

중국 증시의 상승 속도와 강도는?

저성장이 고착화되는 시대에 정부가 '온건한 통화정책'을 실시하면, 증시가 중장기에 걸쳐 추세적으로 상승할 가능성이 줄어든다. 특히 인민은행이 기준금리를 인하할 가능성은 희박해 보인다. 왜냐하면 기준금리 인하로 인한 부작용을 막기 위해 유동성을 관리하고 통제력을 강화할 가능성이 높기 때문이다. 즉 시중의 통화량이 늘어났지만 실물경기로 유입되지 못하고, 정부가 의도하지 않은 방향과 속도로 신용이 확대된 부작용이 나타났다. 이를테면 지나친 저금리 상황이 지속되자, 부채상환 부담이 줄어든 좀비기업이 살아남고 과잉산업의 구조조정이 지연되었으며, 자산가격, 특히 부동산 시장에 거품이 생겼다. 이에 중국 정부는 '온건한 통화정책'을 내세우고 있으며, 인민은행은 공개시장조작과 중기유동성지원창구(MLF), 담보보완대출(PSL)과 같은 다양한 통화조절 장치를 통해 시중 통화량을 조절하고 있다.

아울러 중국과 미국의 경제회복 주기의 차이로 인한 양국 통화정책의 불일치 때문에 위안화의 평가절하 압력이 커질 수 있다.

정부의 핵심 육성 산업에 주목

2015년 3월 리커창 총리는 정부공작보고에서 '중국 제조 2025'를 처음으로 공식적으로 언급했으며, 5월 18일 국무원 정식 문건을 발표했다. 2049년까지 총 3단계로 구분하여 장기 목표를 수립한 것이다. 이에 따르면 국가 전략산업에 대해서 국가적 지원을 통해 시장 기능이 강화되고, 금융 및 조세 지원이 실시되며, 적극적 인수·합병 등이 가속화될 것으로 보인다. 또한 정부가 조성하는 산업기금(펀드)은 성장 산업의 중장기 투자재원으로 활용되고 있다.

이제 정리해 보자. 중국은 기준금리 인하를 이용한 대규모 경기부양을 단행하기보다는 통화량을 적절히 통제하여 화폐유통 속도를 조절할 것이다. 총수요의 감소, 기업부채 리스크와 더불어 '온건한 통화정책'은 주식시장의 상승 탄력을 완화하는 요인이다. 특히 성장 프리미엄을 보유한 개별 종목에 대한 투자를 위축시킬 수 있다. 따라서 중국의 성장주는 다음의 요건을 갖춘 종목에 투자하는 것이 바람직하다.

주목할 만한 성장 기업의 요건

정부 지원 + 설비투자 확대를 통한 양적 성장 + 신성장 산업의 선두기업

중국의 제조업 육성 핵심 산업　　　　　　　　　　　　　자료: 키움증권

2010년 중국 7대 전략산업	중국 제조업의 2025년 10대 핵심 산업	
	7대 전략산업과 중복	신규 추가 항목
· 신에너지	· 차세대 정보화기술 산업	· 선진 궤도(철도) 교통장비
· 신소재	· 신소재	· 농기계 등 농업장비
· 신에너지 차량(전기차)	· 고급 디지털 제어 공작기계 및 로봇	· 항공, 우주장비
· 생물 종자	· 에너지 절약 및 신에너지 차량	· 해양 고정장비 및 선박기술
· 바이오(의약산업)	· 바이오(생물의약) 및 고성능 의료기기	· 전력장비
· 신흥 정보산업 및 첨단장비		
· 친환경, 녹색산업		

04 선강퉁 시장의 투자전략 및 종목 선택법

기관투자자는 소재, 금융, IT, 유틸리티 비중 확대

중국 기관투자자의 업종별 지분 변화에 따라 투자 유망업종을 선별할 수도 있을 것이다. 최근 기관투자자들은 성장주 선호 경향이 나타나고 있다.

중국 섹터별 기관투자자의 보유 비중 변화   자료: Wind(GICS), 키움증권

산업	기관투자자 지분율(%)			2분기 대비 증감(%p)	
	2015년 말	2016년 1분기	2분기	전년 말 대비 증감	전분기 대비 증감
에너지	88.7	88.1	88.6	-0.1	0.4
소재	50.7	49.6	50.9	0.2	1.3
산업재	59	57.7	58.9	0	1.2
경기소비재	48.4	47.2	48	-0.4	0.9
필수소비재	47.5	45.8	47	-0.5	1.2
헬스케어	47.7	45.1	47.4	-0.3	2.4
금융	82.5	84.4	84.6	2.1	0.2
IT	35.3	33.1	35.5	0.3	2.4
통신	71.5	70.6	70.8	-0.7	0.3
유틸리티	61.8	62.2	63.4	1.6	1.2

기관투자자의 보유 비중(A주 유통량)을 살펴보면, 2016년 1, 2분기 지분율이 지난해 말과 전분기에 비해 계속 상승한 업종은 소재, 금융, IT, 유틸리티이다. 특히 소재, IT 업종에 대한 기관의 투자 비중은 계속 증가 추세이다.

기관투자자의 보유 비중 증가 업종(세분화)　　　　　자료: Wind, 키움증권

산업	종목 수	기관투자자 지분율(%)			증감(%p)	
		2015년 말	2016년 1분기	2016년 2분기	전년 말 대비 증감	전분기 대비 증감
화학	254	38.6	37.3	38.5	0	1.2
건자재	49	44	43.7	45.9	1.9	2.3
컨테이너, 포장	20	31.9	29.6	29.9	-2	0.3
철금속, 비철금속	172	56.4	55.5	57.1	0.7	1.6
종이, 목재	30	31.8	30.9	33.3	1.5	2.4
은행	21	85.5	88.1	88.3	2.8	0.2
금융서비스	40	52.8	51.2	53.8	0.9	2.6
보험	5	74	74.3	74.8	0.8	0.4
부동산	149	53.6	51.9	53.7	0.1	1.7
소프트웨어	146	29.4	24.8	27.6	-1.8	2.9
하드웨어	266	31.1	29.6	32.1	0.9	2.5
반도체, 반도체 장비	47	33.5	33.5	35.3	1.8	1.8
전력	51	61.2	62.2	63.2	1.9	1
가스	12	46.9	46.5	47.8	0.9	1.3
복합 공공사업	11	46.1	42.4	42.3	-3.8	-0.2
수리(水利)시설	21	61.5	60.2	59.9	-1.6	-0.4
전력생산 및 무역	10	50.2	48.7	51.7	1.5	3

기관이 소재산업에 대한 투자를 늘리는 것은 미국 연방준비제도이사회(Fed)가 기준 금리를 점진적으로 인상할 것이라는 전망이 강해지고, 상품가격이 계속 상승하고, 이에 따라 생산자물가가 반등하면서 투자심리가 개선되었기 때문이다. 또한 낮은 기저로 인한 이익 모멘텀이 강화된 것도 업종별 차별화의 원인 중 하나로 보인다.

소비 변화에 따른 성장주, 정부 지원 성장산업에 관심

2016년 1, 2분기 업종별 보유 비중을 각각 직전 분기와 비교해 보면, 필수소비재, 헬스케어, IT 업종의 비중을 크게 늘린 것으로 나타났다. 특히 IT, 미디어, 헬스케어 업종은 높은 밸류에이션에도 불구하고, 기관투자자의 비중이 점진적으로 증가하고 있다. 즉 중국의 소득증가 및 소비구조의 변화로 인한 성장 동력을 보유한 업종(레저, 헬스케어, 미디어), 정부의 지원이 확대되는 고부가가치, 신성장 업종(IT, 바이오)의 투자는 지속되고 있다.

성장산업 투자는 지속

2016년 성장산업에 대한 외국인의 직접투자(FDI) 및 사모펀드의 투자도 계속 증가하고 있다. 외국인의 제조업과 부동산 산업에 대한 직접투자는 각각 10개월, 18개월 연속해서 줄어들고 있다. 반면 기저효과가 일부 작용했지만, 도소매(유통), 교통운수 업종에 대해서는 투자가 빠른 속도로 증가하고 있다. 특히 전체 외국인 직접투자의 증가율이 둔화되는 와중에도 IT, 헬스케어 관련 산업에 대한 투자는 2015년 중반 이후 계속 높은 증가세를 보이고 있다.

기관투자자의 소비재, 헬스케어 업종의 보유 비중 변화   자료: Wind, 키움증권

산업	종목 수 (개)	기관투자자의 지분 변화율(%p)		
		2016년 1분기 (전분기 대비) 증감	2016년 2분기 (전분기 대비) 증감	증감
자동차 부품	87	-2.3	2.1	4.4
자동차	31	-1.7	0.6	2.3
가정용 내구재	82	-1.4	1.4	2.8
레저	21	-2.6	2.2	4.8
섬유, 사치품	89	-2.4	1.7	4.1
호텔, 요식업	37	4.5	1.9	-2.6
미디어	83	-3.1	2.7	5.8
소매	71	-0.2	0.7	0.9
음식료	41	-2.2	-1.2	0.9
의료기기	33	-2.8	2.7	5.5
제약, 바이오	172	-2.3	2.1	4.4

성장산업의 사모펀드 투자규모   자료: ChinaVenture, 키움증권

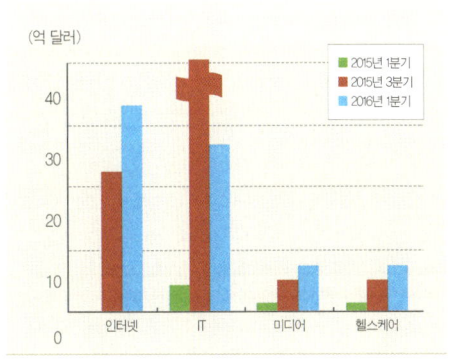

성장산업의 외국인 직접투자 증가율   자료: 상무부, 키움증권

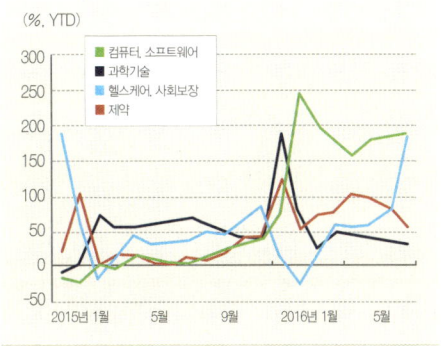

제약/바이오 업종의 시가총액 상위 종목 ①

종목 코드	종목명	시가총액 (억 위안)	PER (TTM)	ROE (2015년)	PSR (2016년 1분기 연율/TTM)	PER (12개월 선행)	PEG (12개월 선행)
제약/바이오 업종		26,609	45	12.24	5.9/5.8	-	-
002252.SZ	상해래사	1,110	88.1	15	49.6	65.8	6.8
000538.SZ	운남백약	721	24.8	22.5	3.3	20.7	1.5
002411.SZ	필강주식	412	39.3	18.8	12.1	33.8	0.7
000423.SZ	동아아교	384	22.9	25.1	6.9	18.3	1.2
002773.SZ	강홍약업	381	85.7	19.2	16.2	57.1	1.7
002007.SZ	화란생물	353	51.1	16.7	21.1	36.3	1.1
002294.SZ	신입태	317	23.6	30.3	8.5	18.5	1
300267.SZ	이강제약	304	35.9	20.8	13.3	26.6	0.6
000999.SZ	화윤삼구	258	20.5	17.4	3	17.6	1.7

기준: 2016년 10월 12일, 업종 평균 밸류에이션과 이익 추정치 감안 | 자료: Wind, 키움증권

2016년 예상 순익 증가율	2016년 예상 매출 증가율	비고
11.5	-2.2	
4.4	8.2	혈액제제 생산업체로서, 2015년 혈장 채취량이 약 820톤으로 시장점유율 1위이다. 적극적인 인수·합병과 혈액원 확대로 외형적 성장을 이루었다. 혈액제제 시장의 수요가 커짐에 따라 수혜가 예상된다.
13.1	12.5	전통 중의약, 생활용품의 연구개발, 제조 및 판매업체이다. 101개 항목의 특허를 가지고 있으며, 중국과 동남아 지역이 주요 매출처이다. 일본과 유럽, 미국 등 선진국으로 수출이 늘어나고 있다. 의약품 도소매 이외에 치약, 샴푸 등 공산품의 판매가 늘고 있으며, 온라인 진출 등 사업 다각화를 통해 안정적 성장이 지속되고 있다.
63.7	56.6	의약, 농산물 중간원료 생산과 신재생 에너지, 신소재 연구개발 및 생산업체이다. 중의약 소재 구매 및 제품 생산과 판매를 하고 있다. 2016년 2분기 매출은 제약, 화학공업, 신재생에너지, 신소재가 각각 62%, 17%, 16%, 4%로 구성되어 있으며, 제약 부문의 성장세가 두드러진다.
14.5	14	건강보조제품의 제조업체로 주요 상품은 보혈 기능을 강화하는 아교 제품이다. 주력 상품은 약국, 병원, 마켓, 건강식품 판매처, 전자상거래 등에서 판매되고 있으며, 아교 제품은 단일 품목으로서는 중국 건강제품 일반의약품(OTC) 중 규모가 제일 크다. 화윤그룹의 지분 투자 후 유통 채널과 제품 라인, 판매지역을 빠르게 확장 중이다. 아교 제품의 주요 소비자는 30~60대 여성인데, 이에 맞추어 건강음료 및 미용 관련 사업에도 진출하고 있다.
36.2	38.1	바이오 의약품, 합성 중의약 연구개발 및 생산·판매업체이다. 주력 상품은 안구용 주사액 Conbercep이며 그밖에 뇌혈관, 신경 관련 치료제 등의 제품이 있다.
33.6	35	중국의 첫 GMP 인증 혈액제제 업체이다. 상해래시에 이어 생산점유율 2위이다. 혈장 채취량이 매년 두 자릿수의 성장을 보이며, 안정적인 매출 증가세를 기록하고 있다. 또한 다양한 백신을 개발 중에 있으며 임상 단계에 돌입했다.
17	17	중국의 심혈관 관련 분야에서 독보적 기업이다. 심혈관 치료의 항생제, 항혈전제의 제조 및 판매를 한다. 주력 상품인 심혈관 치료제 '타이자'는 중국 최초의 제네릭 제품으로 시장점유율 14%를 기록 중(사노피 아벤티스사의 플라빅스는 86%)이다. 제품의 가격 민감도가 낮고(타이자 마진율 80% 상회), 심혈관 질병의 증가 추세로 이익 성장이 기대된다.
50.3	59.2	중국 최대의 의약품 보조제 제조업체이다. 약 121개 종류의 보조제와 더불어 신형 백신 항생제를 보유하고 있다. 의약품 보조제, 의약 완성품, 원료로 매출이 구성되어 있으며, 원재료 생산부터 제품 판매까지 밸류체인을 구축하고 있다. 중국의 3천 개 제약사와 긴밀한 협업 관계를 유지하고 있다. 2016년 4월 전자상거래 기업을 인수하며 B2B2C, O2O로 유통 채널을 다각화하는 데 성공했다.
4.7	6.1	일반의약품(OTC), 중의약 제품의 생산·판매업체이다. 특히 일반의약품 999 브랜드는 시장점유율이 높다. 소아질환·감기·피부·위장질환 치료제 등의 일반의약품을 보유하고 있다. 또한 전문의약품(ETC) 분야로도 사업영역을 확대하는 중이다.

제약/바이오 업종의 시가총액 상위 종목 ②

종목 코드	종목명	시가총액 (억 위안)	PER (TTM)	ROE (2015년)	PSR (2016년 1분기 연율/TTM)	PER (12개월 선행)	PEG (12개월 선행)
000513.SZ	여주그룹	242	35.1	15.5	3.3	26.6	1.1
002219.SZ	항강의료	241	62.2	13.6	15.7	54.6	2.9
000623.SZ	길림오동	233	13.1	17.3	9.6	-	-
000989.SZ	구지당	215	30.9	17.5	15.5	27.6	0.9
300199.SZ	한우약업	206	63.1	15.5	24.3	38.2	1
300026.SZ	홍일약업	193	32.2	14	5.3	23.9	1
002437.SZ	예형약업	192	27.6	21	6.9	20.5	1

기준: 2016년 10월 12일, 업종 평균 밸류에이션과 이익 추정치 감안 | 자료: Wind, 키움증권

2016년 예상 순익 증가율	2016년 예상 매출 증가율	비고
23.5	30.5	1985년에 설립된 의약품 개발업체이다. 뛰어난 의약 제조 기술력으로 '2011년 가장 경쟁력 있는 중국 의약 상장사 20위', '2014년 중국 500대 브랜드 가치' 기업에 선정된 바 있다. 현재까지 18개 특허와 21개 독자 브랜드의 의약품을 보유하고 있다. 2016년 20억 위안을 투자해 의약품 생산기지를 건설 중이다.
17	30.6	의약품 제조, 의료 서비스 제공, 의료제품 판매를 하는 업체이다. 종양 검사, 진료 부문에서 세계적인 선진기술을 보유하고 있다. 2016년 6월 종합병원에 지분을 투자하는 등 종합 의료기관으로 성장 중이다. 특히 간병산업의 정책과 성장에 맞추어 의료 서비스 제공에 주력하고 있다.
-	-	중의약, 합성의약품 제조업체이다. 불면증·두통·심혈관 등의 중약 치료 의약품을 보유하고 있으며, 특히 불면증 치료제는 시장점유율 1위이다. 광발증권(000776.SZ)의 지분 16.4%를 보유하고 있어 손익계산에 반영하고 있다(2016.6.30 기준).
49.5	-	핵심 중의약 기업으로 국가 핵심 첨단기술 기업 중 하나이다. 중의약과 바이오 의약품의 연구·생산·판매 및 제약품의 도소매 사업을 하고 있다. 현재까지 산하에 15개의 직간접 지주 계열사를 보유하고 있다.
40.5	46.7	폴리펩티드(아미노산 다중 결합물) 의약품 전문 제약업체이다. 3개 제품이 미국 FDA의 원료 의약품 등록제도의 승인을 받았으며, 세계적인 경쟁력을 확보하며 신제품을 출시하고, 미국에서 제네릭 의약품의 허가를 신청하는 등 대외수출에서 빠른 성장세가 기대된다. 또한 의료기기 업체를 흡수 합병하며 매출구조의 변화가 나타나고 있다.
31.5	38.1	중국에서 유일한 전인염증반응 증후군(SIRS) 치료제의 생산기업이다. 중의약, 합성의약품, 바이오 의약품, 의료기기 생산 및 연구개발을 한다. 적극적인 인수·합병으로 제조원료를 확보하고 있으며, 의료기관을 설립하고, 헬스케어 온라인 플랫폼을 구축해 성장동력을 확보하고 있다.
21.2	26.2	화학 의약품과 중의약 제품의 생산과 판매 및 연구개발을 하고 있으며, 심혈관·뇌혈관 부문에서 경쟁력을 보유하고 있다. 또한 정형외과(류마티스염 등) 및 근육 치료제와 보충제를 제조하고, 신약 개발을 강화하고 있다. 2016년 10월 4천만 위안의 펀드를 조성하여 제약/바이오 및 TMT 산업의 창업투자를 강화하겠다고 발표했다.

미디어 업종의 시가총액 상위 종목 ①

종목 코드	종목명	시가총액 (억 위안)	PER (TTM)	ROE (2015년)	PSR (2016년 1분기 연율/TTM)	PER (12개월 선행)	PEG (12개월 선행)
미디어 업종		**16,987**	**48.8**	**12.1**	**7.2/6.3**	–	–
002027.SZ	분중미디어	1,392.70	26.3	133.1	10.4	26.9	1
002739.SZ	만달원선 (완다 시네마 라인)	775.9	57	19.6	7.6	34.5	0.7
002624.SZ	완미세계	462.6	73.3	32.4	15.4	34.7	0.3
002555.SZ	삼칠호오	385.9	49.7	16.3	7.8	30.4	0.5
300027.SZ	화의형제	344.8	44.5	13	8.5	26.2	1.4
300251.SZ	광선미디어	318.3	49.6	8	17.4	38.4	0.8
300418.SZ	곤륜만유	296.3	65.2	22	13.9	51.4	2.7
002131.SZ	이구주식	287	83.6	5.8	5.2	30.3	0.3
300133.SZ	화책영시 (화책미디어)	240.5	45.5	10.3	7.3	29.2	0.8

기준: 2016년 10월 12일, 업종 평균 밸류에이션과 이익 추정치 감안 | 자료: Wind, 키움증권

2016년 예상 순익 증가율	2016년 예상 매출 증가율	비고
29.6	**21.6**	
30.3	23.1	중국 최대의 옥외 영상광고 운영기업이다. 위치기반서비스(LBS), O2O 미디어 서비스 분야의 선두업체로서 전국 250여 개 도시에서 미디어 광고 및 생활정보 플랫폼을 제공하고 있다. 2015년 9월 A주로 우회 상장했다(2005년 7월 나스닥 상장, 2013년 상장 폐지).
60.5	54.9	중국 최대의 영화관 사업자로서 2008년 중국 시장점유율 1위를 기록했다. 2015년 시장점유율은 13%이며 대도시를 중심으로 확장하고 있다. 부동산 디벨로퍼인 만달(완다)그룹의 부동산 개발과 함께 시너지를 창출하고 있다. 2015년 242개 사이트를 확보했으며, 2018년까지 647개를 목표로 확장 중이다.
276.9	424.4	드라마, 영화 제작과 배급을 주요 사업영역으로 하며, 웹과 모바일 게임에도 사업을 확장하고 있다. 그밖에 의류·공예품·생활용품 등에 대한 판매업도 하고 있다. 2016년 9월 3개 회사가 지분투자를 하여 영화관 설립 및 투자를 진행하고 있다.
121.5	37.6	웹, 모바일 게임 개발 및 운영 기업이다. 37.com, 6711.com 등 중국의 대규모 웹 게임 플랫폼을 보유하고 있다. RPG, ARPG, SLG, SIM, PUZ 등 다양한 장르의 게임을 개발한다. 기존 자동차 부품 제조 및 판매업체에서 2015년 4분기부터 미디어 산업으로 분류되었다. 8월 인터넷 문화 콘텐츠 플랫폼 회사를 인수했으며, VR 게임산업에도 진출했다.
13.7	31.2	종합 엔터테인먼트 그룹으로서 영화·드라마 등의 콘텐츠 제작과 기획사 운영 등 사업 다각화를 가속화하고 있다. 한국과 중국의 인적자원을 보유하고 있으며, 적극적 인수·합병과 알리바바, 텐센트 등 대형 IT기업의 투자 유치 등으로 외형이 계속 성장하고 있다.
67.7	37.5	중국 3대 민영 영화제작사로서 드라마·영화를 제작·투자·배급한다. 2016년 2월 개봉해 중국 박스오피스 사상 최대 매출(약 34억 위안)을 기록한 '미인어'를 출품했다. 2016년 다양한 기업을 인수, 투자하며 외형 성장을 지속하고 있다. 온라인 영화 방영, 음원 APP, VR, 온라인 전자상거래로 사업영역을 확대하고 있다.
42.3	31.5	인터넷 정보 서비스업체이다. 주요 사업영역은 온라인 게임, 소프트웨어 개발, 인터넷 금융이다. 2008년부터 해외 인력 개발에 나섰으며, 현재 동남아, 일본, 한국, 유럽, 미국 등 10여 개국의 소프트웨어 및 게임을 개발·운영하고 있다.
231	81.5	펌프·청소기기·모터·엔진·밸브·농업기계·환경시설 등의 부품 생산 및 판매업체이다. 그밖에 마케팅·미디어·전자상거래로 사업 부문을 다양화하고 있다. 디지털 마케팅을 주력 사업으로 관련 기업을 계속 인수·합병하고 있어서 양적 성장이 기대된다.
40.2	29.8	중국 드라마 시장점유율 1위 업체이다. 2013년 크로톤 미디어(Croton Media)를 흡수 합병하여 연간 1,000회 이상의 드라마 제작 역량을 보유하고 있다. 2014년 바이두(Baidu)는 이 회사에 지분투자를 통해 자회사 아이치이(iQiYi) 콘텐츠의 독점 공급 계약을 체결했다. 높은 수익성을 유지하는 가운데 온라인 서비스업체로 판매 채널을 확대하고 있으며, 영화·캐릭터·MD 등으로 사업을 다양화하고 있다.

미디어 업종의 시가총액 상위 종목 ②

종목 코드	종목명	시가총액 (억 위안)	PER (TTM)	ROE (2015년)	PSR (2016년 1분기 연율/TTM)	PER (12개월 선행)	PEG (12개월 선행)
002174.SZ	유족 네트워크	236.4	44.4	33.3	12.4	27.5	0.8
002354.SZ	천선오락	226.2	53.7	12.9	15.3	27	0.4
300058.SZ	람색광표	222.5	67	1.6	2.2	25	0.1
002400.SZ	성광주식	193.8	31.9	25.1	1.9	22.7	0.8
300291.SZ	화록백납	187.1	63.2	7.1	8.9	35.8	0.8
000681.SZ	시각중국	168.8	93.9	9.2	27.2	54.2	1.2
002445.SZ	중남문화	157.4	118.2	8.8	14.2	31.3	0.3
000802.SZ	북경문화	148.1	528	2.2	35.4	50.8	0.2
300269.SZ	연건광전	143.5	52	10.6	7.7	26.4	0.4

기준: 2016년 10월 12일, 업종 평균 밸류에이션과 이익 추정치 감안 | 자료: Wind, 키움증권

2016년 예상 순익 증가율	2016년 예상 매출 증가율	비고
34	58	인터넷 및 컴퓨터 소프트웨어의 기술개발 및 자문, 판매 기업이다. 해외수출이 점차 커지고 있다. 주된 사업영역은 웹, 모바일 게임의 개발과 운영이며, 자체 플랫폼을 가지고 있는 동시에 기타 플랫폼 연결방식을 채택하고 있다. 2016년 2월 3자배정 유상증자를 통해 44.5억 위안을 조달하여 게임 개발을 강화했으며, 빅데이터 부문까지 사업을 확대하고 있다.
85.9	85	웹, 모바일 게임 개발기업이다. 장시간 축적된 게임 개발기술로 국내외 소비자의 높아지는 니즈를 충족시켜서 동남아, 한국, 대만, 러시아, 유럽, 미국 등에서 게임을 런칭했으며, 좋은 성과를 내고 있다. 2016년 4~9월 게임 개발사를 인수·합병하며 장르를 확장하는 등 개발 능력을 강화하고 있다.
971.3	52.1	기업 브랜드 관리 및 마케팅 전문 기업이다. 자본력과 기술력을 바탕으로 규모의 경제를 구축하여 전자·부동산·금융·자동차 등의 대형 그룹 및 기업의 마케팅을 수주하고 있다. 2016년 6월 매드하우스(Madhouse)의 지분을 취득하여 인도 시장에 진출했으며, 한국의 이노션과 MOU(양해각서)를 체결하는 등 해외진출을 가속화하고 있다.
31	22.9	중국에서 최초로 설립된 광고회사이며, 현재 최대 규모의 마케팅 서비스를 제공하고 있다. 국내외 광고 부문에서 다양한 수상 경력이 있고, 풍부한 경험을 바탕으로 빅데이터를 활용하여 세계 300여 개 대기업에 마케팅 서비스를 제공하고 있다.
55.7	36.3	전형적인 '혼합 소유제' 기업(국영기업 내 국가 지분을 줄이고 외국 자본을 포함한 민간자본을 유치해 정부와 민간이 함께 경영하는 기업운영 방식)이다. 중앙정부의 국유기업 지분을 보유한 유일한 문화/미디어 회사이다. 민관 합자회사로서 정책 지원과 경영 효율성이 높아질 것으로 기대된다. 영화 투자, 드라마·광고·콘서트·전시회 제작 및 기획 등 종합 예술기업으로서, 2016년 5월 '폭풍마경' 회사와 전략적 제휴를 맺고 최대 VR 플랫폼을 구축하고 있다.
55.7	51.6	온라인 미디어, 여행산업이 주력 사업이다. 중국 최대 규모의 영상·이미지 저작권 거래 플랫폼(vcg.com)을 운영 중이다. 2014년 12월 관광 플랫폼을 런칭하여 빅데이터를 활용한 관광/여행 서비스를 제공하고 있다. 또한 이미지 제공업체 Tungstar, China Foto Press, Corbis Images를 인수했으며, Getty Images와 합작법인을 설립해 외형 성장을 가속화하고 있다.
186.7	40.8	영화·드라마 제작 및 방영·배급 등 종합 영상미디어 기업이다. 영상 제작과 관련된 모든 사업을 하고 있으며, 문화산업의 직접투자도 진행하고 있다. 한편 현재 중국의 최대 금속 제조업체이기도 하다. 제조업과 미디어 부문의 매출은 각각 55%, 45% 정도이다.
1008.7	141.5	주요 사업영역은 관광업과 영화 및 드라마 제작·투자업이다. 독특한 관광상품(자연경관)과 자원을 보유하고 있으며, 주요 관광지구에서 호텔 운영과 요식업 서비스도 제공하고 있다. 2015년 영화·드라마 제작·투자사업에 진출했다. 2015년 기준 매출 비중은 영상 제작, 관광 서비스가 각각 56%, 44%였으며, 2016년 6월 기준 비중은 5대 5를 기록하고 있다.
76.2	77.5	주요 사업영역은 LED 디스플레이 및 부품 생산과 광고업이다. LED 디스플레이 사업에 대규모 투자를 단행하며 기술력과 생산력을 확보하고 있다. 한편 2016년 8월 광고업체(사천분사)를 흡수 합병했으며, 티벳 지역의 옥외광고 매출 및 순익 기여가 커질 것으로 예상된다.

중국 연금과 사회보장기금의 6개월 보유 중복 종목

종목 코드	종목명	시가총액 (억 위안)	PER (TTM)	ROE (2015년)	PSR (2016년 1분기 연율/TTM)	PER (12개월 선행)	PEG (12개월 선행)
000417.SZ	합비백화	소비재	6.82	25.1	7.9	8	22.3
000708.SZ	대야특강	소재 (철강)	5.45	19.7	7.9	8.3	16.1
000925.SZ	중합파기	산업재	7.91	675.1	3.2	5	44.3
002229.SZ	홍박주식	산업재	8.27	-2751.4	1.1	1.5	289.2
002791.SZ	견랑오금	산업재	11.31	49.8	16.6	-	-
002792.SZ	통우통신	IT	12	54.6	25.9	18.5	39.3
300177.SZ	중해달	산업재	6.93	836.5	0.1	3.2	92.8
300345.SZ	홍우신재	산업재	5.35	270	4.2	5.7	73.8
300346.SZ	남대광전	IT (반도체)	5.53	207	3.8	4.2	74.4

기준: 2016년 10월 12일 | 자료: Wind, 키움증권

2016년 예상 순익 증가율	2016년 예상 매출 증가율	비고
8.6	0.1	안후이성의 대형 백화점 기업이다. 주력 사업은 생활소비재 소매판매와 농산품 유통이다. 구조조정과 경영 개선을 통해 안후이성 전역에서 광범위한 유통 네트워크망을 구축 중이다.
15.7	9.9	중국 최대 규모 수준의 순특수철강 생산업체이다. 연간 특수철강 생산량이 70만 톤 이상이다. 국가 첨단기술 기업으로서 우수한 생산시설 및 관련 장비를 보유하고 있다.
107.6	4.9	단결정 규소, 반도체 등 각종 소형 첨단기기 개발업체이다. 정부 지원 아래 '철도 건설＋환경보호' 프로젝트를 추진 중이다. 이 프로젝트와 관련된 제품과 소프트웨어를 개발하고 있다.
71.9	36	종합 인쇄기업으로 출판물·사무용용지·복권·티켓 등에 사용되는 제지제품을 판매하고 있다. 베이징, 충칭, 우시 등 주요 지역에서 인쇄시설을 운영하고 있다.
-	-	대형 건축 철물자재 업체로서 중국 최대 규모의 문, 창문, 커튼 월(벽) 생산업체이다. 중국에서 브랜드 인지도가 높은 편이며, 연구개발 역량, 기술수준, 생산규모 등은 산업 내 선두 수준이다.
7.9	7	이동통신 시스템의 기지국 안테나, 마이크로파 안테나 및 무선주파수 부품 등의 설비를 연구개발 및 생산·판매하는 업체이다. 이동통신 운영업체와 설비업체 등에 통신 안테나와 무선주파수 제품, 관련 솔루션을 제공한다.
3075.7	23.9	고정밀 GNSS 소프트웨어 제품의 개발과 생산·판매를 주력 사업으로 한다. 고정밀 GNSS 기술 시스템에 근거한 공정 솔루션 및 관련 서비스를 제공하고 있다.
54.9	22.7	신소재 연구개발 및 운용업체이다. 금속 부품의 표면 강화기술 부문에서 선두업체이자 영도업체이며, 중국 유일의 고에너지 볼밀링(Ball-Milling) 공정 솔루션 서비스업체이다. 내마모성 소재업종 기업으로는 중국에서 가장 먼저 상장되었다.
13.6	39.4	고순도 유기금속 화합물(MO)의 연구개발 및 생산·판매업체이다. 고순도 유기금속 화합물에 대한 자체 특허를 보유하고 있으며, 제품의 규모화 생산을 실현했다.

저금리, 중국의 기업 성장률 둔화 속에서 찾는 배당주

중국의 기업 성장률이 둔화되고 저금리 기조가 고착화되고 있다. 그러므로 1) 순익 증가율이 높고, 2) 배당수익률이 높을 것으로 예상되는 기업에 대해 관심을 가질 만하다.

3년간 배당수익률이 높고, 2016년 예상 순익 증가율이 상위인 종목 ①

종목 코드	종목명	업종	배당수익률			2016년 예상 손익(YoY)
			2013년	2014년	2015년	
000012.SZ	남파A	건자재	2.6	4.4	2.6	41.7
000157.SZ	중련중과	기계	3.3	1.1	3.3	124.3
000333.SZ	미적그룹	가전	7.4	3.7	4.5	17.2
000488.SZ	신명지업	제지	3.2	1.5	3.2	79
000540.SZ	중천성투	부동산	4.4	3	3	32.8
000568.SZ	노주노교	음식료	3.9	2.5	2.5	20.4
000600.SZ	건투에너지	전력	2.2	2.7	4.9	9.5
000630.SZ	동릉유색	비철금속	3.8	1.9	2.3	107.7
000651.SZ	격력전기	가전	6.8	13.6	6.8	12.3
000690.SZ	보신에너지	전력	3.7	3.7	2.5	24.2
000726.SZ	노태A	섬유	3.3	4.3	4.3	7.8
000786.SZ	북신건재	건자재	3.9	3.9	1.6	34.2

150~153쪽의 표는 최근 3년 동안 2차례 이상 배당수익률이 1년 만기 예금금리보다 높고, 2016년 순이익 증가율이 전년 대비 두 자릿수 수준을 기록할 것으로 예상되는 종목이다. 154쪽 표는 2015년 배당수익률이 약 3% 수준이거나, 그것을 초과하는 기업 중 2016년 순이익 전망치가 높은 기업이다.

기준: 2016년 10월 12일 | 자료: Wind, 키움증권

비고
대형 평판유리 및 태양광 모듈, 첨단 신소재 생산업체이다. 1984년 9월 설립되었으며, 에너지 절감형 유리 판매량은 중국 1위, 생산량은 세계 1위이다.
첨단장비, 농업기계, 환경보호 설비 분야에서 선도기업이다. 40여 개국에 자회사를 운영하고 있으며, 20년 이상의 연구개발로 73개 종류의 장비제품을 보유하고 있다.
세탁기·에어컨·TV 등 중국 최대의 가전제품 브랜드이다. 세계 가전시장 점유율은 4.6%로 세계 1위이며, 주력 제품인 에어컨은 중국 시장점유율 2위이다.
중국에서 유일하게 A/B/H주에 동시 상장한 종합 제지회사이다. 산하에 우한신명·강서신명·길림신명 등 생산기지 10곳을 운영하고 있다. 세계 최대의 제지 생산시설을 보유하고 있다.
구이저우성의 대표적인 부동산 개발 및 도시 복합시설 건설업체이다. 20년 이상의 업력을 가지고 있다. 현재까지 구이시 총면적의 1/3에 해당하는 부동산 개발을 담당해 왔다.
대형 백주 생산업체이다. 400년 이상의 전통을 가진 중국 4대 명주 '노주노교'를 판매한다. 중국 명주시장에서 시장점유율이 12% 이상이다.
하북 남부지역의 최대 전력발전소 등 각종 전력사업을 하고 있다. 1994년에 설립되었으며 약 4.3조원의 총자산을 보유하고 있다(2015년 기준).
중국 최초의 동(銅)공업 상장업체이다. 이 분야에서 중국 업계 최고의 생산라인을 보유하고 있으며, 제련·가공·무역 등도 하고 있다. 2015년 '중국 우수 제조기업 500' 중 23위에 선정되었다.
세계 최대의 에어컨 기업 중 하나이다. 연구개발·생산·판매·서비스 등 각 영역에서 세계적인 경쟁력을 갖추고 있다. 포춘이 선정한 '중국 100대 기업'에 여러 차례 선정되었다.
중국 신에너지 개발 부문의 선도기업이다. 중국 주요 매체로부터 '중국 신에너지 사업의 가장 영향력 있는 브랜드'로 인정받고 있다. 중국 최대의 신에너지 정화시설을 가지고 있다.
목화 육종부터 방직·염색까지 담당하는 종합적인 의류 생산업체이다. 중국 내 고급의류 브랜드로서 인지도가 높다. 면 소재 생산량은 세계 1위이다.
중국 최대의 건축재료 생산업체이다. 신식 소재와 친환경 소재 개발로 업계를 선도하고 있으며, 석고반 생산량은 세계 최대 수준이다.

3년간 배당수익률이 높고, 2016년 예상 순익 증가율이 상위인 종목 ②

종목 코드	종목명	업종	배당수익률			2016년 예상 손익(YoY)
			2013년	2014년	2015년	
000876.SZ	신희망	농업(사료)	3.1	3.1	6.7	45.7
000895.SZ	쌍휘발전	음식료	6.1	6	5.3	9.3
002004.SZ	화방건강	화학	-	6.1	2	28
002142.SZ	녕파은행	은행	2.6	2.9	2.9	18.1
002233.SZ	탑패그룹	건자재	2	3.2	2	19.3
002242.SZ	구양주식	가전	2.5	2.9	3.4	14.4
002275.SZ	계림삼금	제약(중약)	2.9	3.2	2.6	25.8
002372.SZ	위성신재	건자재	4.7	3.6	3.6	25.5
002546.SZ	신련전자	전기	4	3	3	11.9
002557.SZ	흡흡식품	음식료	2.7	3.8	2.7	16.4
002563.SZ	삼마패션	섬유	9.2	9.2	2.3	22.9
002588.SZ	사단리	화학	4	4	1.6	19.8
002701.SZ	오서금	출판(인쇄)	9.9	6.6	4.5	19.6
300124.SZ	휘천기술	전기	5.1	2.6	2.6	21.7
300146.SZ	탕신배건	음식료	7.8	3.9	4.7	6.6
300171.SZ	동부용	제약(기기)	2.9	2.9	1.8	10.4

기준: 2016년 10월 12일 | 자료: Wind, 키움증권

| 비고 |

사료 생산부터 농업 과학기술, 식품 가공, 시설 건설 등 현대 농업과 식품산업을 하는 민영업체이다. 그룹 산하에 은행, 증권, 인터넷 금융 등 금융 관련 자회사를 보유하고 있다.

육류 가공을 주력으로 하는 대형 식품업체이다. 중국 18개 지역에 가공시설을 운영하고 있다. 2013년 미국 돈육 가공업체 '스미스필드'를 인수하며 세계 최대의 육류 가공회사가 되었다.

의약품 제조 및 헬스케어 제품 생산기업이다. 피부 전문의약품 개발을 시작으로 혈관·호흡기·안구·소아질환 등의 분야까지 사업영역을 확대하고 있다.

1997년에 설립된 시중은행으로 중국 1대 증시 상장 은행 중 하나이다. '중소기업 및 개인 신용'에 중점을 두고 있다. 2013년 영국 잡지 '뱅커'에서 우수 은행으로 선정되었다.

중국의 대표적인 시멘트 생산업체이다. 산하에 원료 가공, 시멘트 생산 등을 하는 총 9개 자회사를 보유하고 있다. 광동성 동부 시멘트 시장에서 시장점유율이 40%이며, 총자산은 1.1조원이다(2015년 기준).

주방 가전제품 생산업체이다. 두유 제조기, 인덕션, 파즙기 등 100개 이상의 주방제품을 판매하고 있다. '구양두유제조기'는 1위 브랜드이며, 두유 제조기 시장에서 시장점유율이 80%이다.

중국 최초의 중의약 제조업체이다. 1967년 계림시중약창으로 설립되었고, 뛰어난 천연약품 제조기술로 '삼금편', '서과설윤후편' 등 업계 인지도가 높은 인후구강 치료제를 개발했다.

고품질, 고부가가치의 플라스틱 제조회사이다. 저장성, 상하이, 텐진 지역에 현대식 생산기지 4기를 운영하고 있다. 업계 상위 수준의 생산능력을 보유하고 있으며, 주력 제품은 PP-R 파이프, PE 파이프 등이다.

스마트 리모컨 등 원격 제어장치와 관련된 하드웨어 및 소프트웨어 생산업체이다. 뛰어난 기술력으로 항공센터의 원격 조정기술을 지원한다.

중국의 대표적인 견과류 식품기업이다. 해바라기 씨, 수박 씨 등 견과류 제품을 생산한다. 2006~2009년 '전국 견과류 식품 10대 브랜드'에 연속 선정되었으며, 2015년 말 견과류 시장에서 시장점유율이 10%를 기록했다.

유명 캐주얼 의류 제조업체이다. 5천 개 이상의 직영매장을 운영하고 있다. '삼마', '바라바라' 두 브랜드는 국가품질관리국으로부터 '중국 저명 상표'에 선정되었다.

니트록실 복합비료, 해조비료 등 차세대 복합비료의 개발 및 생산기업이다. 국가 핵심 과학기술 기업 중 하나로 선정되었다. 중국에서 가장 규모가 큰 고층 복합비료 생산기지를 운영하고 있다.

금속, 유리, 블로몰딩 플라스틱 등 각종 용기를 생산하는 포장 전문기업이다. 50여 개 기술특허를 취득했으며, 국제품질관리 기구로부터 '우수 제관업체'에 2회 선정되었다.

자동화 제어시스템 개발업체이다. 저압컨버터, 고압컨버터, Servo 시스템, PLC 등 자동제어 제품을 개발하고 생산·판매까지 담당한다. 중국 업계에서 상위 자동화 제어기업이다.

유명 생활보충제 제조기업이다. 중국에서 투명한 기업으로 인지도가 높다. 2015년 영업이익은 약 1,205억원으로, 2010년부터 지속적으로 증가하고 있다.

중국 최대의 동결 건조기 제조기업이다. 2011년 심천 증시 상장과 동시에, 중국 의료용 동결 건조기 부문에서 판매량 1위를 유지하고 있다. 이 기업은 설립 이후 전 세계 판매량이 3,000대를 넘어섰다.

2015년 배당수익률 3% 초과, 2016년 예상 순익 증가율 상위 종목

종목 코드	종목명	업종	배당수익률 (2015년)	예상 순익률 (YoY)
000402.SZ	금융가	부동산	3.6	23.9
000488.SZ	신명지업	제지	3.2	79
000525.SZ	홍태양	화학	3.1	16.3
000858.SZ	오량액	음식료	2.4	16.6
000861.SZ	해인주식	물류(상사)	3.9	21.6
000902.SZ	신양풍	화학	2.4	30.6
000957.SZ	중통객차	자동차	2.7	62.1
002002.SZ	홍달흥업	화학	3	62.5
002083.SZ	부일주식	섬유	3	23.5
002091.SZ	강소국태	무역	3.4	45.9
002146.SZ	영성발전	부동산	3.3	26.4
002183.SZ	이아통	운송	2.1	47.3
002202.SZ	금풍파기	전기	3	17.8
002206.SZ	해리득	화학	2.4	49.1
002408.SZ	제상등달	화학	3.3	81.3
002415.SZ	해강위시	컴퓨터	2.9	28.4
002554.SZ	혜박보	광업	2.8	77.8
002610.SZ	애강파기	전기	2.7	223.3
300433.SZ	남사파기	전자	4.1	10

기준: 2016년 10월 12일 | 자료: Wind, 키움증권

비고

부동산 개발업체로서 베이징, 톈진, 상하이, 광저우 등 중국 주요 도시를 중심으로 복합 비즈니스 지역에 투자하고 있다. 2015년 말 기준 총자산 규모는 약 17.7조원이다.

중국에서 유일하게 A/B/H주에 동시 상장한 종합 제지회사이다. 산하에 우한신명·강서신명·길림신명 등 생산기지 10곳을 운영하고 있다. 세계 최대의 제지 생산시설을 보유하고 있다.

친환경 농약품, 바이오 의약품, 비료 등 첨단 화학제품 생산기술을 보유한 종합 화학공업 기업이다. 녹색환경을 위한 무공해 약품, 환경시설 프로그램에 투자하고 있으며, 지식재산권 및 기술특허를 다수 보유하고 있다.

600년 이상의 전통을 가진 중국 고급 백주 브랜드이다. 2015년 중국 백주 판매량 부문에서 4위(13.7만 톤)를 기록했다. 2012년 세계브랜드평가사로부터 중국 우수 브랜드 19위에 선정되었다.

광둥성 100대 우수기업 중 하나이다. 주로 비즈니스 물류, 부동산, 호텔 사업을 하고 있는 민영기업이다. 물류 관리, 상업토지 개발 부문에서 업계를 선도하고 있다.

고농도 복합비료를 생산·판매하는 기업이다. 후베이성 지역에 현대화된 대형 생산기지를 운영 중이다. 중국 100대 화학공업 기업 중 하나로서 고농도 복합비료 생산량은 연간 60만 톤 이상이다.

대형버스 생산업체로서 중국 신에너지 자동차 산업을 선도하고 있다. 2015년 신에너지 자동차 판매량이 1만 498대이다. 중국의 전체 신에너지 차량 판매량 중 1/8을 차지한다.

중국의 대표적인 화학공업 기업이다. 산하에 폴리염화비닐(PVC), 시멘트, 염소가스 등 각종 화학원료 제조사를 운영한다. 전자 유통 플랫폼을 설립하여 '국가 첨단기술 기업'의 호칭을 얻었다.

고급 타월, 침구류, 장식품 등 가정용 직물 제조회사이다. 중국 직물산업 분야에서 시장점유율 1위이다. 미국, 일본, 유럽 등에 수출한다.

1998년에 설립된 종합 무역회사. 직물, 의류, 전자기기, 화학공업용품 등을 수출한다. 대외 의류 수출 분야에서 시장점유율이 높다.

대형 부동산 업체로서 2~3선 도시를 중심으로 부동산 투자·개발을 하고 있다. 중국 100대 부동산 업체 중 상위권이다. 2015년 말 총자산은 약 17.4조원이다.

중국 전역에서 원스톱 물류 서비스를 제공한다. 2009년 '380 플랫폼'을 출범했으며 중국 전역을 포괄하는 물류기업이 목표이다.

풍력설비 관련 특허가 많은 유망기업이다. 중국 풍력발전 설비 제조 부문에서 5년 연속 1위를 기록했다.

중국 최대의 산업용 폴리에스터 섬유 제조기업이다. '저장성 모범 녹색기업', '국가 주요 첨단산업기술 기업'에 지정되었다. 2016년 폴리에스터의 연간 생산량은 19만 톤으로 예상된다.

산둥성의 대표 화학공업 기업이다. 산하에 두 개의 자회사를 운영하고 있으며, 정밀 화학제품의 개발·생산·판매까지 산업구조화를 이루었다.

감시카메라 제조기업이다. 34개 도시에 지사가 있고, 해외로는 홍콩, 로스앤젤레스, 인도 등에 진출했다. 중국 내 시장점유율은 60%이다.

오일가스 유전 개발사업 솔루션을 제공한다. 오일가스·물 고효율 분리기술 분야에서 18개 항목의 특허를 보유하고 있다.

태양전지 판넬 생산기업이다. 태양에너지 시스템 설계 서비스도 제공한다. 2014년 전력발전 부문 수입은 약 335억원으로 전년 동기 대비 164.7% 증가했다.

휴대폰, 디지털카메라 표면의 유리렌즈, PMMA 렌즈 생산업체이다. 터치스크린 기능 향상과 렌즈 보호를 위한 연구개발도 하고 있다. 삼성, 화웨이, 샤오미 등이 주요 고객이다.

중국 산업구조와 소비구조에 따른 희소가치 보유 업종

상해거래소와 심천거래소에는 농업, 군수, 중의약, 공공사업과 관련된 기업들이 상장되어 있다. 이 종목들은 전방산업(최종 소비자가 주로 접하는 업종)의 동향과 정책노선에 따른 위험(시황 변동에 따라 노출되는 위험노출액)이 매우 높지만, 반대로 전방산업과 정책 모멘텀이 강화될 수 있는 측면이 있으며, 중국의 산업구조 및 소비에 따른 희소성과 특수성을 가지고 있다.

중국의 국방예산은 약 156조원으로 미국에 이어 세계 2위이다. 중국 정부는 인건비와 국익 보호를 위해 국방비를 계속 증액할 것이라고 밝혔으며, 국방안보 정보 제공업체인 제인스(IHS Jane's)는 2020년 중국의 군사 비용이 2,600억 달러로, 2010년의 2배에 달할 것으로 예상하고 있다.

군수산업의 국가적 지원은 1) 시진핑 정부의 지배력 강화, 2) 일본과 동남아 국가 간 영해 분쟁 등 첨예한 대립, 3) 중국 역내외의 테러 위협 등으로 인해 계속해서 확대될 것으로 보인다. 따라서 군수산업의 우주, 항공, 선박, 신소재 기업에 대한 관심을 가질 필요가 있다. 그밖에 중국의 백주와 중의약 등 희소가치를 보유한 업종 및 종목, 정부의 인프라 투자에 따른 수혜를 받을 수 있는 공공사업(산업재) 업종도 투자매력이 있다.

후강퉁, 희소업종 대표주의 상승세가 두드러진다

2014년 11월 후강퉁 실시 이후, 중국 증시에서 군수, 백주, 중의약의 업종지수가 상해종합지수보다 상승률이 높다. 하지만 개별 종목은 상당히 다른 주가 흐름을 보이고 있다.

가장 큰 특징은 업종 내 시가총액 상위주의 상승이 두드러진다는 점이다. 따라서 시가총액 1, 2위 기업의 강세가 그 업종지수의 상승을 이끌며, 상해종합지수보다 상승률이 더욱 높다. 이러한 후강퉁의 선례를 감안해 보건대, 업종 대표주(매출액, 시가총액), 그리고 매출과 주력 상품의 해당 업종에 대한 익스포저(위험 노출액)가 높은 기업이 유망하다. 참고로 상해 증시에서 군수업종 중 시가총액 1위 종목은 중항동력이고, 2위는 중국위성이다. 백주 업종의 시가총액 1위 종목은 마오타이(귀주모태), 2위는 영가공주이다. 그리고 중의약 업종에서 시가총액 1위는 강미약업이고, 2위는 동인당이다.

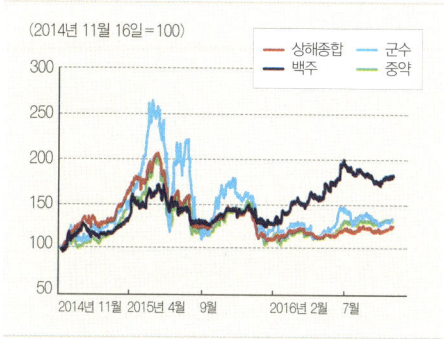

상해종합지수와 희소업종 지수의 상승률

후강퉁 후 '군수업종' 시총 상위주의 상승률

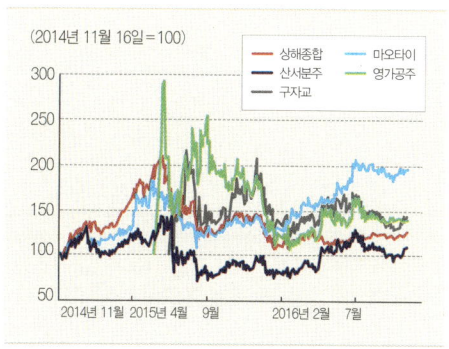

후강퉁 후 '백주업종' 시총 상위주의 상승률

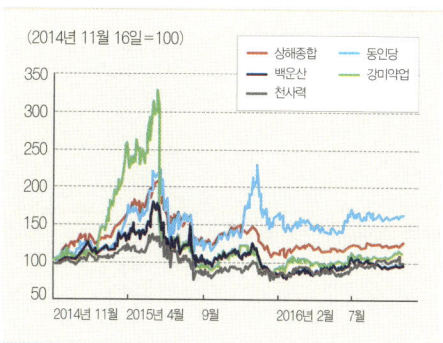

후강퉁 후 '중의약업종' 시총 상위주의 상승률

심천거래소의 군수산업 대표 종목

종목 코드	종목명	시가총액 (억 위안)	PER (12개월 선행)	ROE (2015년)	PSR (TTM)	2016년 예상 순익 증가율
000738.SZ	중항동공	30.76	118.8	4.2	11.7	13.1
000768.SZ	중항비행기	59.66	74.6	2.9	2.4	62.7
002013.SZ	중항기전	28.05	40.2	9.9	3.7	22.3
002023.SZ	해특고신	12.79	61.4	1.6	28.3	253.3
002151.SZ	북두성통	15.96	85.1	2.7	10.8	168.2
300101.SZ	진심과기	12.64	74.7	9.9	23.2	56
300424.SZ	항신과기	7.58	72.5	11.4	19.8	8.9
300456.SZ	내위과기	12.6	156.1	11.3	71.7	35.5

기준: 2016년 10월 12일 | 자료: Wind, 키움증권

2016년 예상 매출 증가율	비고
0.6	항공엔진 부품의 가공, 자동차 엔진 부품의 제조, 자동차 동력 조향장치의 생산과 판매, 기계제품의 가공무역 등의 부문에서 사업을 다각화하고 있다.
20	초대형 항공기의 연구개발 및 생산을 주 사업으로 하며, 중국 중대형 군·민용 항공기 연구 및 제조의 본거지로서 국가 1급 기업으로 꼽힌다. 특히 중국에서 전 시리즈에 걸친 항공 랜딩기어 및 제동 시스템 자원을 갖추고 있으며, 이들의 연구개발·제조·판매 및 수리 서비스를 담당한다. 현재 산하에 총 4개 계열사가 있다.
11.7	중항공업 그룹 산하의 항공전력 시스템 통합·발전 플랫폼이다. 현재 자산 100억 위안 규모의 대형기업으로 발전했으며, 항공 관련 제품뿐만 아니라 고정밀 자동조절 장치, 프레스 툴 등 비항공 제품의 연구제작 및 생산에도 참여하고 있다.
45.3	항공장비 수리 및 보수업체로 규모나 사용자 수 면에서 선도기업이며, 항공기 보수를 주력 사업으로 하는 유일한 상장기업이다.
71	위성 GPS 및 지리정보 시스템 제조업체이다. 지리정보 시스템을 기본 바탕으로 관련 제품 생산, 시스템 응용체계 구축, 서비스 등 전 부문에 걸쳐 사업을 진행한다. 중국 기계화 항만 컨테이너 작업 분야에서 시장점유율이 100%이며, 고정밀 수신기 핵심 부품 부문에서도 시장점유율이 90% 이상이다.
37.7	중국 베이더우(BeiDou, 중국 국가 차원에서 개발하는 독자적인 위성항법 시스템) GPS를 바탕으로 위성 시스템의 산업 체인을 형성하는 데 주력하고 있으며, 고성능/고안전성의 무선주파수, 기저대, 주파수 합성기 등의 설계 및 개발과 판매를 한다. 항공/전자/항만 등 산업단에 필요한 자국산 고성능 핵심부품을 제공한다.
19	항공장비 수리, ATE(자동 테스트 장비)의 연구제작 및 시스템 통합, 항공기 개조, 기계설비 제작 등의 사업을 한다. 중국민항총국(CAAC), 미국연방항공국(FAA), 유럽항공안전국(EASA) 등 세계 주요 기관으로부터 인증을 받았으며, 미국 보잉사의 중국 내 보수 및 수리 서비스를 위탁받아 운영하고 있다.
42.2	관성 GPS 및 위성 GPS 개발·생산 및 판매업체이다. 관성 GPS의 자체적 생산능력을 갖추고 있으며, 중국 내 위성 GPS의 핵심 부품인 고정밀 GNSS 보드를 공급한다.

심천거래소의 백주(酒) 대표 종목

종목 코드	종목명	시가총액 (십억 위안)	52주 신고가 /신저가	PER (12개월 선행)	PBR (2016년 예상)	ROE (2015년)	PSR (TTM)
000568.SZ	노주노교	43.97	34.1/19.0	20.9	4	14.7	5.9
000596.SZ	고정공주	21.78	54.2/26.0	22.7	3.9	15.9	3.9
000799.SZ	주귀주	6.42	26.3/12.1	46.3	3.6	5.2	11
000858.SZ	오량액	125.76	37.9/21.8	15.7	2.6	14.9	5.3
002304.SZ	양하주식	102.72	80.0/54.7	15.9	3.8	25.2	6.2

기준: 2016년 10월 12일 | 자료: Wind, 키움증권

2016년 예상 순익 증가율	2016년 예상 매출 증가율	비고
20.4	16.4	유명 백주 생산업체이다. 400년 이상의 전통을 가진 중국 4대 명주 '노주노교'를 생산 및 판매한다. 노주노교는 중국 명주시장에서 시장점유율이 12% 이상이다.
17.5	17.3	중국에서 가장 오래된 8대 명주업체 중 하나로, 중국 주류업체 중에서는 처음으로 A/B주에 동시 상장되었고, 수년간 중국 백주기업 10위권을 유지하고 있다. 백주의 생산과 판매를 주력으로 하며, 30%에서 60%까지 다양한 도수의 제품을 생산한다.
20	21.1	백주 제품의 생산과 판매를 주력으로 하며, 중국 30여 개 지역과 미국, 일본, 러시아, 한국, 동남아 등 20여 개 해외시장에 제품을 유통한다. 또한 자회사를 통해 백주 및 동물 사료의 소도매, 컴퓨터 소프트웨어·하드웨어 판매, 투자사업 운영 등 사업 다각화를 진행하고 있다.
16.6	13.9	600년 이상의 전통을 가진 중국 고급 백주 브랜드이다. 2015년 중국 백주 판매량 부문 4위(13.7만 톤)이다. 2012년 세계브랜드평가사로부터 중국 우수 브랜드 19위에 선정되었다.
9.2	10.7	대형 양조업체로 백주(97.8%), 와인(2.1%) 및 관련 제품의 생산 및 판매를 담당한다. 내수시장에 집중하고 있다.

심천거래소의 중의약(中藥) 주요 상장사

종목 코드	종목명	시가총액 (십억 위안)	52주 신고가/신저가	PER (12개월 선행)	PBR (2016년 예상)	ROE (2015년)	2016년 예상 순익 증가율
000423.SZ	동아아교	38.77	63.6/41.8	18.4	4.5	25.1	14.5
000538.SZ	운남백약	72.1	80.6/53.0	20.7	4.4	22.5	13.1
000650.SZ	인화약업	9.34	12.0/6.2	16	3	17.7	30
000919.SZ	금릉약업	7.25	19.2/10.9	24.5	2.4	8.7	18.3
002275.SZ	계림삼금	11.26	24.5/13.9	20.8	4.5	16.2	25.8
002287.SZ	기정장약	14.36	55.3/24.3	41.5	7.7	17	15
002317.SZ	중생약업	11.29	14.1/8.9	25.7	4.8	15.2	24.9
002433.SZ	태안당	8.77	17.1/8.6	27.7	1.9	4.7	39.5
002603.SZ	이령약업	18.77	19.4/11.7	27.8	3.4	9.2	32.7
300049.SZ	복서주식	6.39	36.3/17.5	36.9	4.3	8.4	47.8
300147.SZ	향설제약	9.4	27.4/13.0	36.8	2.8	6.9	10.4
300181.SZ	좌력약업	6.27	12.9/7.6	51.7	4.4	8.1	23.5

기준: 2016년 10월 12일 | 자료: Wind, 키움증권

2016년 예상 매출 증가율	비고
15.3	건강보조제품의 제조업체로 주요 상품은 보혈기능을 강화하는 아교 제품이다. 주력 상품은 약국, 병원, 마켓, 건강식품 판매처, 전자상거래 등에서 판매되고 있다. 이 회사의 아교 제품은 단일품목 단위로 중국 건강 OTC(일반판매의약품) 제품 중 판매규모가 가장 크다. 화윤그룹이 지분을 투자한 후 유통 채널과 제품 라인, 판매지역을 빠르게 확장 중이다. 아교 제품의 주요 소비 연령은 30~60대 여성인데, 이에 맞추어 건강음료 및 미용 관련 사업에도 진출하고 있다.
11.6	전통 중의약, 생활용품의 연구개발·제조·판매업체이다. 101개 항목의 특허를 가지고 있으며, 중국과 동남아 지역이 주요 매출처이다. 일본, 유럽, 미국 등 선진국으로 수출이 가속화되고 있다. 의약품 도소매 이외에 치약, 샴푸 등 공산품 판매가 늘어나고 있으며, 온라인 사업 진출 등 사업 다각화를 통해 안정적 성장이 지속되고 있다.
48.7	중의약 및 의약품 원료(90%), 건강제품(10%) 등의 생산·판매업체이다. 2000년 5월 설립 이후 현재까지 전국 30개 성·시·자치구에 걸쳐 서비스 네트워크를 보유하고 있다. 2004년 6월 국가 GSP 인증을 받았으며, 차별적 경영과 대규모 광고 지원, 사후 서비스 및 물류 보장 등을 바탕으로 설립 이후 매출이 꾸준히 성장하고 있다.
16.6	과학기술·공업·무역 일체화, 산학연 결합의 대형 상장업체이다. 생화학제 중의약, 건강음료 등의 생산과 판매, 의료 서비스를 주력 사업으로 한다.
16.9	중국 최초 중의약 제조업체이다. 1967년 계림시중약창으로 설립되었다. 천연약품 제조기술이 뛰어나 '삼금편', '서파설윤후편' 등 업계 인지도가 높은 인후구강 치료제를 개발·판매하고 있다.
13.2	중국 최대의 티베트 약제 생산업체이다. 신형 티베트 약제의 연구개발·생산·판매를 주력으로 하며, 호흡기·소화기·비뇨기·신경계통 및 부인과 질환 등 다방면의 상품을 생산한다.
23.9	건강사업에 주력하는 최첨단 의약업체이다. 4개의 완전 출자 자회사와 2개의 지주사가 있다. 안과·심혈관·호흡기 및 소화계통의 질병, 당뇨병, 종양 및 퇴행성 병변의 예방과 치료에서 우수한 성과를 나타내고 있다.
35.7	2000년 설립되었으며, 중의약 내·외용 피부 질환제, 심혈관 치료제, 부인과 치료제 등 특수목적 의약품을 연구·생산·개발하는 전문 제약업체이다. 연고, 환 등 10여 개 제형, 100여 개 약품 품종에 대한 생산 비준을 획득했다.
20.6	'국가 첨단기술 기업' 중 하나로 중의약의 연구개발과 생산·판매를 주 사업으로 한다. GMP 인증을 통과한 캡슐, 정제, 과립제, 주사제 생산라인, 유럽연합 인증을 통과한 화학약제 생산장을 보유하고 있다.
32.7	1998년 11월 설립되었으며, 간질환 치료 부문이 주요 사업영역이다. 의약품 생산과 판매, 의료 측정기기 연구개발 및 판매, 의료 서비스를 제공한다. 특히 핵심 사업인 '간섬유 진단치료' 분야에서 세계 1위이다.
8.4	중의약의 생산과 개발을 중심으로 하며, 양의약 제조, 생명공학 공정, 약재료 재배 등의 부문까지 다각화된 사업을 펼치고 있다. 항 바이러스 내복제, 판람근충제 등의 생산과 판매에 주력하며, 그중 항 바이러스 내복제는 천연식물로 조제되어 국가급 신약에 해당된다.
36.3	2000년 1월에 설립되었으며, 의약품 연구개발 및 생산·판매 전 부문을 일괄 담당하는 국가 첨단기술 제약기업이다. 약용 진균생물 발효기술에 입각해 중의약을 생산하고 있으며, 수년에 걸친 연구개발로 희귀성 중의약제인 '우링션(균류의 일종)'의 규모화 생산을 하고 있다.

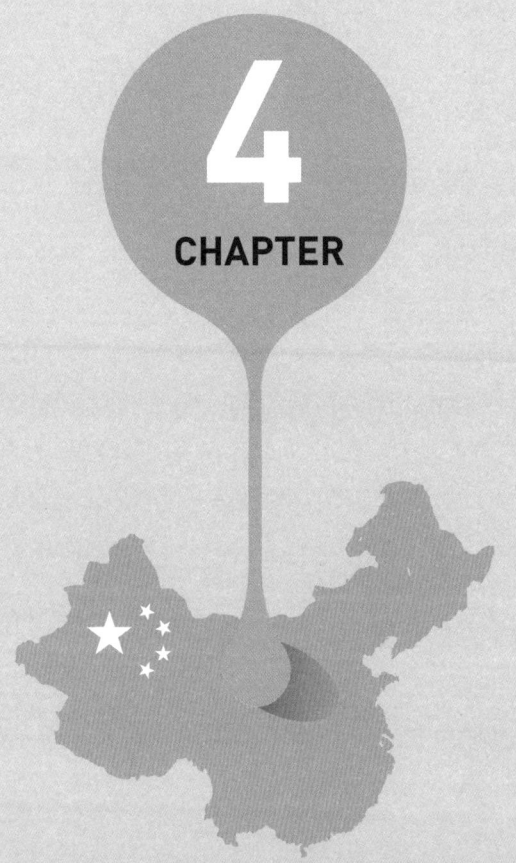

CHAPTER 4

중국 주식 실전투자 ②
– 유망업종 및 기업 분석

IT, 게임, 자동차, 운송/여행, 미디어, 제약 등 핵심 유망 업종의 산업현황 및 추천 이유를 설명하고, 각 업종별 핵심 수혜주를 소개한다.

세계 IT산업의 새로운 강자, 중국의 IT 업종

중국은 막대한 자금력을 바탕으로 세계적인 IT기업들을 인수하고 있다. 하이얼(Haier) 사의 GE 가전사업부 인수, 미디어(Media)전기의 도시바 가전사업부 인수 등이 대표적인 예이다.

또한 칭화유니그룹이 세계 3위의 D램 제조사이자 세계 4위의 낸드플래시 제조사인 미국 마이크론을 인수하려고 시도한 바 있다. 결과적으로 인수는 무산되었지만, 중국이 반도체 분야에 진출하려는 목표를 세웠다는 것은 세계 IT산업에 큰 변화가 올 수도 있다는 것을 암시한다.

스마트폰 분야에서는 화웨이와 오포(OPPO)의 성장세가 가파른데, 합리적인 가격의 프리미엄 스마트폰으로 시장에 빠르게 침투하고 있다. 샤오미는 미국 현지업체와의 제휴를 통해서 특허소송을 피하고 미국 시장에 진출하겠다고 발표했다.

중국은 반도체, 디스플레이, 휴대폰이라는 대표적인 IT제품에 막대한 자본을 투자하고 있으며, 높은 기술력을 바탕으로 빠르게 성장하고 있다.

중국 주요 IT업체의 분포도

자료: 키움증권

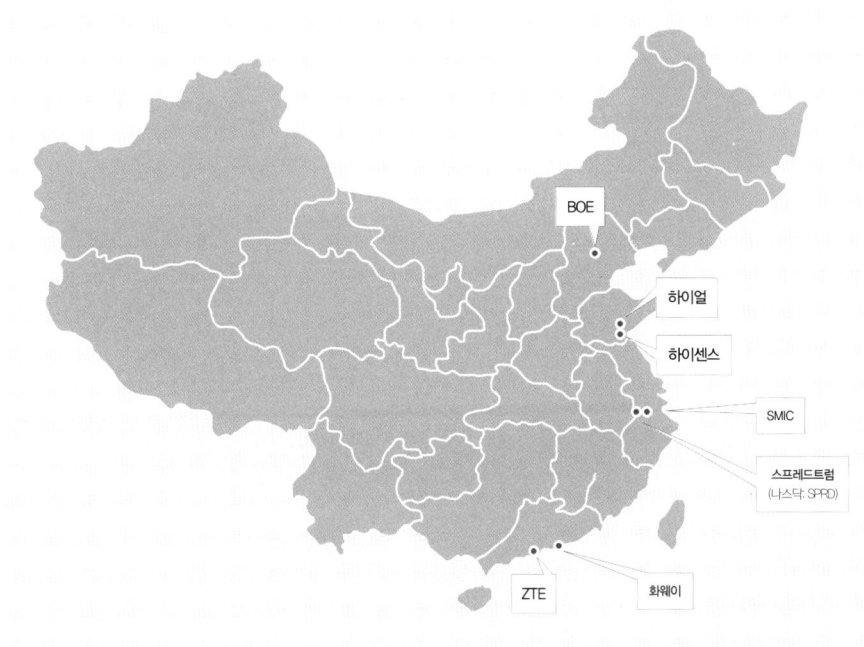

세부 산업별 주요 기업

자료: 키움증권

파운드리[1]	SMIC
팹리스[2]	스프레드트럼(Spreadtrum Communication), 하이실리콘(Hisilicon)
LCD 패널	BOE, CEC-판다(CEC-Panda), 티안마(Tianma)
백색가전/TV	하이얼(Haier, 海尔), TCL, 하이센스(Hisense, 海信)
통신장비	ZTE, 화웨이(Huawei, 华为)
휴대폰	ZTE, 화웨이, 오포(OPPO), VIVO

1) 파운드리: 반도체 위탁 생산업체
2) 팹리스: 반도체 설계 전문기업

01 정부의 막대한 지원, 중국 IT산업 현황

>>> 중국의 IT산업이 급격히 성장하고 있다. 중국 정부는 경제성장을 견인하던 기존 제조업의 성장이 둔화됨에 따라 IT산업을 새로운 경제성장 동력으로 보고, IT산업의 발전을 위한 토대를 마련하고 있다.

중국 IT산업의 성장세가 가파르다. 시장규모는 2014년 4,072억 달러(약 440조원)로 전 세계 IT시장의 11%를 차지하고 있다. 2013년 중국의 IT 수출액은 8,279억 달러(약 900조 원)로 전체 산업 수출액의 37%이며, IT 수출 부문의 무역흑자 역시 한국의 3배에 달하는 2,610억 달러(약 280조원)이다. 이로써 IT산업이 중국의 경제성장을 견인하고 있는 것을 알 수 있다.

전 세계 인터넷 기업의 시가총액 10위 안에 중국 IT기업이 4개 포진해 있으며, 최근 스마트폰 시장에서 화웨이, 오포(OPPO) 등 중국 업체의 성장이 돋보이고 있다.

새로운 경제성장의 동력

중국 정부는 기존 제조업의 성장속도가 느려짐에 따라 IT산업을 새로운 경제성장의 동력으로 판단하여 장기적 측면에서 국가정보화발전전략(2006~2020년)을 추진하며, IT산업의 발전을 위한 기반을 마련하고 있다.

또한 2013년 자국 IT기업들의 발전을 유도하기 위해 「중점업종기업 합병 구조조정 가속화에 관한 지도 의견」을 발표했다. 핵심기술, 혁신능력, 지명도, 글로벌 경쟁력을 갖춘 글로벌 IT기업을 육성하기 위해 노력을 쏟고 있는 것이다.

더불어 구글, 트위터, 라인과 같은 해외 서비스를 차단하는 만리방화벽을 구축하는 등 배타적, 암묵적 정책 지원을 통해, 자국 내 유사 서비스 기업들이 글로벌 서비스와 경쟁할 수 있는 성장의 토대를 마련하고 있다.

중국의 스마트폰 시장 전망   자료: Gartner, 키움증권

* 연도 옆의 E는 예상치란 의미이다.

세계 LCD TV업체의 시장점유율   자료: Gartnet, 키움증권

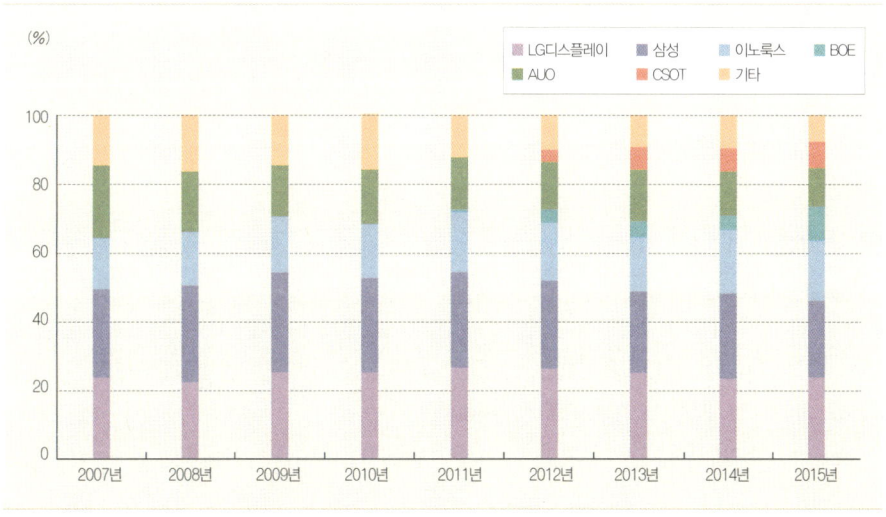

중국의 IT산업은 모든 영역에 걸쳐 발전하고 있다. 반도체, 디스플레이는 정부의 막대한 투자 속에서 기술 경쟁력을 빠르게 키우고 있으며, 이러한 기술력을 바탕으로 가전, 휴대폰과 같은 세트 업체의 실적도 성장하고 있다.

02 | IT산업의 주요 품목

>>> 중국의 IT산업은 모든 영역에 걸쳐 발전 중이다. 반도체, 디스플레이는 정부의 막대한 투자 속에서 기술 경쟁력이 빠르게 발전하고 있으며, 이러한 기술력을 바탕으로 가전, 휴대폰과 같은 세트 업체의 실적도 성장하고 있다.

반도체/디스플레이

현재 중국은 메모리 반도체의 경쟁력을 갖추기 위해 차세대 반도체 개발에 박차를 가하고 있다. 세계 반도체 수요에서 중국이 차지하는 비중은 40%를 넘고 있는데 반해, 공급률은 3%에 그치고 있다. 이에 정부의 반도체 기술에 대한 투자는 계속될 것으로 보인다.

디스플레이 분야에서는 BOE, CEC-판다 등이 약진하여 세계 LCD 패널 선두기업인 LG디스플레이를 위협하고 있다. 또한 대형 LCD 패널과 OLED 및 플렉시블 디스플레이 기술을 위한 투자가 확대되고 있다.

가전/휴대폰

전 세계적으로 스마트가전 시장의 성장률은 점차 둔화되는 추세지만, 중국의 스마트가전 시장은 계속 성장하고 있다. 중국산업망 자료에 의하면, 2018년 중국의 스마트가전 시장의 규모는 230억 달러를 웃돌 것으로 예상된다.

휴대폰 산업의 성장성도 주목할 만하다. 샤오미가 마이크로소프트와 특허권을 공유하며 미국 시장 진출을 선언했다. 화웨이와 OPPO는 합리적인 가격의 프리미엄폰을 출시하며 삼성전자를 위협하고 있다.

중국의 반도체 무역규모   자료: 중국해관

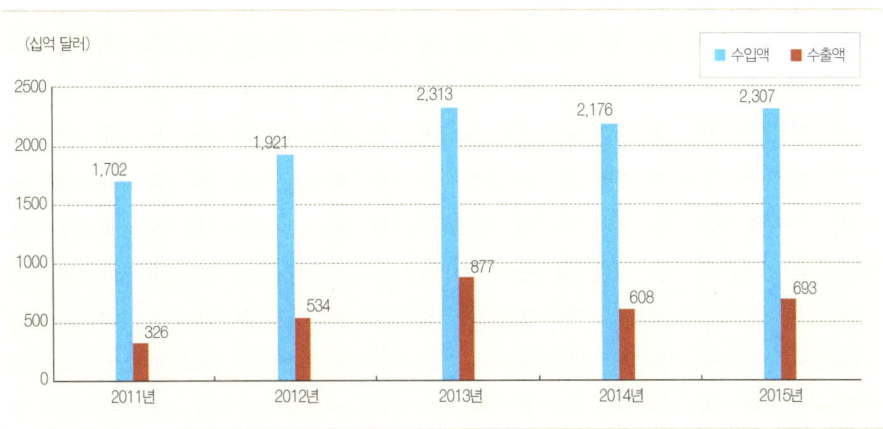

중국의 스마트가전 시장 전망   자료: 중국산업망

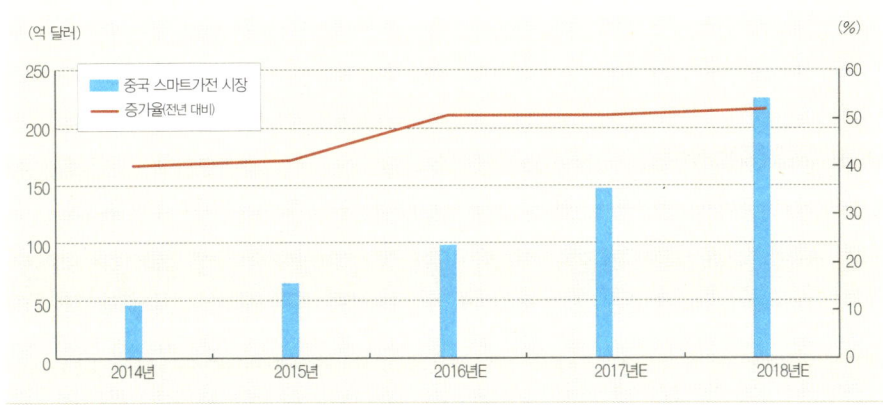

03 세계적인 디스플레이 생산업체 BOE

000725.SZ

>>> BOE는 반도체 기술, 상품 및 서비스 공급상으로 1993년 4월에 설립되어 1997년에 심천 B주, 2001년에 심천 A주에 상장되었다. 주력 사업은 디스플레이 생산이며, 이 제품들은 스마트폰, TV, 노트북 등에 탑재된다.

BOE는 중국 LCD 패널 판매 1위, 세계 3위를 기록하고 있는 기업이다. 출하량과 시장 점유율이 세계 5위 안에 든다. 2016년 TFT LCD의 생산능력이 24% 향상되었고, 특히 대화면 디스플레이 생산력의 연간 증가율은 28%에 달하고 있다. 2018~2019년 BOE의 디스플레이 관련 영업이익은 대폭 증가할 것으로 예상된다. 중소형 패널 역시 2015년 출하량이 3.2억 개로 전년 대비 22% 증가하며 출하량 1위를 유지하고 있다.

OLED 성장성도 주목

OLED의 성장성도 주목할 만하다. AMOLED의 색채, 화질, 명암비, 반응속도는 새로운 세대의 디스플레이 기술과 스마트 이동단말기 화면에서 가장 중요한 요소이다. BOE는 지속적인 투자로 OLED 관련 생산설비를 확대하고 있다. 성도에 건설 중인(1차 220억 위안, 2차 AMOLED: 245억 위안 투자로 건설 중) 6세대 LTPS/AMOLED 생산라인 공장(월 4.8만 개)이 빠르면 2017년 말 완공 예정이다.

2016년 2분기 말부터 디스플레이 가격이 상승할 것으로 예측되었으나, 상반기 실적에 미치는 영향은 크지 않았다. 삼성이 7세대와 5세대 생산을 중단함에 따라 디스플레이 공급이 축소되어 가격이 오를 가능성이 있다. 특히 40~43인치 디스플레이의 가격 상승이 뚜렷해 매출 성장 및 영업이익 개선이 지속될 것으로 예상된다.

BOE 테크놀로지(BOE Technology Group Co., Ltd., 京东方A)

홈페이지	www.boe.com.cn
직원수	42,837명
시가총액	825억 위안
	13조 6,232억원
주가	2.37위안
52주 최고/최저	3.2/2.2위안
상장주식수	24조 285억 주
유통주수/유동주	339억 5,100만 주 / 200억 5,200만 주
PER(2016E)	64.05배
5년 주가상승률	11.8%

밸류에이션	FY*2010	FY2011	FY2012	FY2013	FY2014	FY2015
EPS(위안)	-0.24	0.04	0.02	0.17	0.09	0.05
BPS(위안)	2.21	1.89	1.91	2.09	2.16	2.20
DPS(위안)	0.00	0.00	0.00	0.00	0.00	0.01
ROE(%)	-9.3	2.2	1.0	8.7	4.9	2.1
PER(배)	-195.5	-7.3	14.8	12.9	41.6	38.7
PBR(배)		1.4	1.0	1.2	1.1	1.6	1.3
배당수익률(%)	0.6	1.2	0.9	0.9	0.6	0.7

* FY는 회계연도를 말한다.

재무제표(백만 위안)	FY2010	FY2011	FY2012	FY2013	FY2014	FY2015
손익계산서						
매출액	8,025	12,741	25,772	33,774	36,816	48,624
영업이익	-2,320	157	-724	2,258	2,308	954
순이익	-2,268	694	184	2,972	2,716	1,638
지배지분 순이익	-2,004	561	258	2,353	2,562	1,636
매출액 증가율	28.4	58.8	102.3	31.1	9.0	32.1
순이익 증가율	-4,133.4	128.0	-54.0	811.7	8.9	-36.1
영업이익률	-28.9	1.2	-2.8	6.7	6.3	2.0
대차대조표						
자산총계	54,230	68,769	67,105	92,538	136,240	152,593
부채합계	19,970	33,724	31,841	54,384	59,281	74,242
자기자본	34,260	35,045	35,265	38,154	76,959	78,351
현금흐름표						
영업현금흐름	-1,053	-779	3,089	8,956	8,096	10,493
투자활동 현금흐름	-13,137	-15,375	-2,177	-18,156	-23,754	-19,594
재무활동 현금흐름	18,050	9,979	-298	12,264	35,641	8,129

04 액정 관련 신소재, 렌즈 테크놀로지

300433.SZ

>>> 핸드폰 화면보호 유리, 컴퓨터 화면보호 유리 등 액정 관련 신소재를 생산·판매 및 연구하는 회사이다. 이 제품들은 전 세계의 프리미엄 스마트폰, 평면 모니터 등의 부속품으로 쓰인다.

렌즈 테크놀로지는 지속적인 연구개발 투자를 통해 화면 필름 설계부터 생산, 가공상품 생산을 하며, 세계 선두기업으로 자리매김하고 있다. 최근 OLED 화면 선호 추세는 직접적인 수혜가 될 것이다. 미래 3D유리는 평면유리와 2.5D유리를 대체할 것이며, 이는 연간 2,700만 개의 3D유리 생산량을 보유한 렌즈 테크놀로지가 규모를 확장시킬 수 있는 좋은 기회가 될 것이다.

사파이어를 응용한 화면 제품은 광학 성능이 뛰어나고 강도와 내구성 등이 높아서 앞으로 스마트웨어가 증가함에 따라 수혜를 입을 것이다. 또한 스마트폰 분야에서 아이폰의 크리스털 응용보호액정의 보급만으로도 시장규모가 현재의 40배까지 성장할 수 있으며, 이는 60억 달러 이상의 규모가 될 전망이다. 현재 이 회사의 소형 크리스털 액정 상품은 카메라 보호액정, 지문인식 보호액정 및 스마트웨어러블 기기의 액정으로 사용될 전망이다.

렌즈 테크놀로지는 유리와 크리스털뿐만 아니라 도자기 소재를 이용한 상품시장에도 기회가 있을 것으로 보고 인수·합병 기금을 조성했다. 이 기금은 신기술, 신소재와 신설비 분야의 사업을 확장하는 데 쓰일 것이다.

2016년 중국에서 3D유리 생산량 1위 업체가 되었고, 고객사와의 긴밀한 네트워크와 업계 선두기술로 진입장벽을 만들었다. 지금은 3D유리 가공생산에 필요한 원자재를 일본과 미국에서 수입하고 있지만, 앞으로는 국내로 바꿀 가능성이 높아 원가 경쟁력을 확보할 것으로 보인다.

렌즈 테크놀로지(Lens Technology Co., Ltd., 蓝思科技)

홈페이지	www.hnlens.com
직원수	69,581명
시가총액	527억 위안
	8조 6,993억 원
주가	24.16위안
52주 최고/최저	32.86/19.033위안
상장주식수	20.56억 주
유통주수/유동주	21억 8,200만 주 /2억 2,900만 주
PER(2016E)	37.23배
상장 후 주가상승률	-27.0%

밸류에이션	FY2011	FY2012	FY2013	FY2014	FY2015
EPS(위안)	2.05	3.30	4.03	1.94	2.35
BPS(위안)	2.95	6.19	10.27	12.23	15.48
DPS(위안)					1.00
ROE(%)	69.1	72.2	49.0	17.3	17.3
PER(배)					38.1
PBR(배)					5.6
배당수익률(%)					1.2

재무제표(백만 위안)	FY2011	FY2012	FY2013	FY2014	FY2015
손익계산서					
매출액	6,030	11,163	13,352	14,497	17,227
영업이익	1,410	2,206	2,769	1,137	1,356
순이익	1,236	1,996	2,440	1,176	1,542
지배지분 순이익	1,236	1,999	2,444	1,177	1,543
매출액 증가율	0.0	85.1	19.6	8.6	18.8
순이익 증가율	0.0	61.8	22.3	-51.9	31.1
영업이익률	23.4	19.8	20.7	7.8	7.9
대차대조표					
자산총계	6,940	11,407	13,284	18,238	20,492
부채합계	5,152	7,628	7,055	10,820	10,059
자기자본	1,788	3,780	6,229	7,418	10,433
현금흐름표					
영업현금흐름	468	1,593	3,521	2,558	3,420
투자활동 현금흐름	-2,802	-2,288	-2,342	-5,293	-3,346
재무활동 현금흐름	2,590	1,113	-747	2,830	13

05 통신장비업체 ZTE

000063.SZ

>>> ZTE는 유/무선 통신장비(핸드폰) 제조 및 네트워크 솔루션 공급업체이다. 100여 개국에서 500여 개 운영상에게 서비스를 제공하며, 미국, 인도 등에서 15개의 연구소를 운영 하고 있다.

ZTE는 유/무선 통신장비(핸드폰) 제조 및 네트워크 솔루션 공급업체로, 4가지 핵심 역량은 무선상품(CDMA, GSM, 3G, WiMAX 등), 인터넷 상품(xDSL, NGN, 광통신 등), 핸드폰 터미널(CDMA, GSM, 3G 등), 그리고 데이터 상품(공유기, Lan-Switch 등)이다.

정부 통신사업 추진으로 수요 증가

중국 정부의 각종 통신사업 추진으로 4G LTE 등 광대역 네트워크에 대한 수요가 증가하고 있다. 이는 ZTE의 통신장비 사업에서 매출 성장의 요인이 될 전망이다. 또한 네트워크 사업부는 무선상품 등의 세계적인 수요에 발 빠르게 대응하여 높은 매출 성장률을 기록하고 있다.

하지만 2016년 3월 미국 상무부는 ZTE가 이란, 북한 등 금수조치국과 거래한 정황을 포착하고, 미국산 부품 수출을 금지하겠다고 발표했다. 현재 ZTE는 미국과 협상 중이나 국제정치적인 문제가 심화되어 어려움이 클 것으로 예상된다.

재무적으로 살펴보면, 2015년 미수금이 대폭 감소하면서 현금흐름이 개선되었다. 이를 통해 회사의 운영관리 시스템에 적극적인 변화를 도모하고 있음을 알 수 있고, 현금흐름과 영업이익 모두 상방향 흐름을 이어가고 있다.

ZTE는 최근 데이터 상품, 사물인터넷에도 큰 관심을 가지고 있다. 특히 중국에서 가장 많은 사물인터넷 특허권을 가진 회사로서 미래에 다양한 시장영역에 진출할 수 있을 것으로 예상된다.

ZTE(ZTE Corporation, 中兴通讯)

홈페이지	www.zte.com.cn
직원수	84,622명
시가총액	576억 위안
	9조 5,000억원
주가	14.78위안
52주 최고/최저	19.87/13.07위안
상장주식수	3조 3,899억 주
유통주수/유동주	33억 9,900만 주 /18억 1,100만 주
PER(2016E)	16.15배
5년 주가상승률	-6.2%

밸류에이션	FY2010	FY2011	FY2012	FY2013	FY2014	FY2015
EPS(위안)	1.17	0.61	-0.83	0.39	0.77	0.78
BPS(위안)	8.24	7.06	6.26	6.55	7.24	7.15
DPS(위안)	0.30	0.20	0.00	0.03	0.20	0.25
ROE(%)	16.3	8.7	-12.4	6.2	11.1	11.8
PER(배)	29.8	19.7	-47.3	-76.3	23.5	22.7
PBR(배)	3.7	2.5	1.5	2.1	2.6	2.2
배당수익률(%)	0.9	1.5	2.6	1.9	1.4	1.3

재무제표(백만 위안)	FY2010	FY2011	FY2012	FY2013	FY2014	FY2015
손익계산서						
매출액	70,264	86,254	84,219	75,234	81,471	100,186
영업이익	2,590	430	-5,002	-1,493	60	320
순이익	3,476	2,243	-2,605	1,434	2,728	3,740
지배지분 순이익	3,250	2,060	-2,841	1,358	2,634	3,208
매출액 증가율	16.6	23.4	-2.4	-10.6	8.3	23.0
순이익 증가율	32.2	-36.6	-237.9	147.8	94.0	21.8
영업이익률	3.7	0.5	-5.9	-2.0	0.1	0.3
대차대조표						
자산총계	84,152	105,368	107,446	100,080	106,214	120,894
부채합계	59,190	79,079	84,808	76,454	79,922	77,545
자기자본	24,962	26,289	22,639	23,626	26,293	43,349
현금흐름표						
영업현금흐름	942	-1,812	1,550	2,575	2,513	7,405
투자활동 현금흐름	-3,113	-3,419	-1,603	-1,662	-1,623	-1,575
재무활동 현금흐름	3,038	11,400	2,086	-2,682	-3,726	3,582

Section 02

세계 1위, 중국의 게임 업종

중국의 게임산업은 큰 변혁기에 놓여 있다. 그동안 중국은 게임의 수요처였지 공급처가 아니었다. 하지만 2004년부터 시작된 게임 성장정책으로 현재 세계 1위의 게임산업 현장으로 발전하고 있다. 반면 같은 시기 한국의 게임산업은 셧다운제 등 다양한 규제를 받기 시작했다. 한국은 2003년 중국 온라인 게임시장의 80%를 차지했지만, 지금은 중국뿐만 아니라 한국에서도 외산 게임에 점유율이 밀리고 있는 실정이다. 이 기간 동안 오히려 중국 게임 산업은 다양한 인력자원과 막대한 재원으로 세계 게임시장에서 막강한 힘을 가지게 되었다.

이러한 중국 게임산업의 성장 이면에는 판호(서비스 라이선스) 정책이 자리잡고 있다. 중국은 판호 심의과정에서 외국산 게임의 경우 심의 통과를 어렵게 하고, 자국산 게임을 장려하는 정책을 폈다. 이로 인해 외국산 게임의 점유율은 크게 낮아졌고, 중국 게임업체는 블리자드, EA 등과 비교해도 크게 밀리지 않는 매출을 달성하게 되었다. 이때 탄생한 업체가 잘 알려진 텐센트, 넷이즈 등이다.

현재 중국의 상위 게임 플랫폼, 퍼블리셔(유통업체)와 개발업체는 지속적으로 성장하고 있다. 중국은 세계에서 가장 큰 게임시장 중 하나가 되었으며, 거대시장인 미국, 일본에 비해 여전히 높은 성장률을 기록할 것으로 전망된다. 그 중심에서 모바일 게임시장이 자리잡을 것이기 때문에 관련 기업에 대한 관심이 필요한 시점이다.

앞으로 소개할 쿤룬완웨이, 아워팜과 같은 기업들은 세계 최고 기업(global top tier)은 아니지만, 견실한 성장을 바탕으로 꾸준히 기업 규모를 키우고 있다. 게임산업의 특성상 히트 게임의 출시가 중요하다. 이 두 업체는 히트 게임을 출시한 경험이 있으며, 뛰어난 개발력, 자금력을 바탕으로 성장 가능성이 높을 것으로 보인다.

중국 모바일 게임산업의 가치사슬

자료: Metaps Inc.

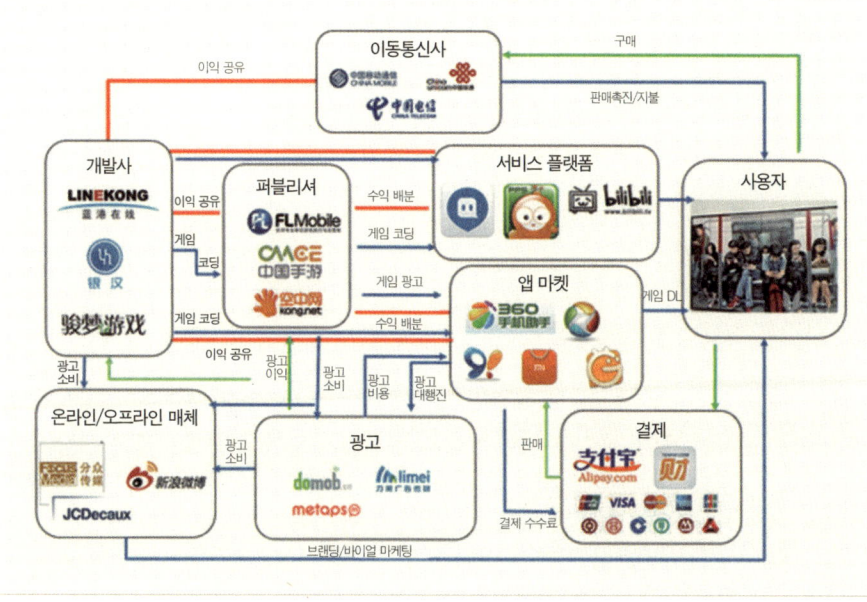

중국의 모바일 게임 퍼블리셔 순위

기준: 2016년 6월 매출 | 자료: App Annie, 키움증권

순위	대표업체	국가	보유 앱 개수
1	텐센트(Tencent)	중국	301
2	넷이즈(NetEase)	중국	258
3	G-bits	중국	4
4	퍼팩트월드(Perfect World)	중국	43
5	DeNA	일본	171
6	룽투게임(Longtu Game)	중국	12
7	슈퍼셀(Supercell)	스웨덴	4
8	치후360(Qihoo360)	중국	37
9	바이두(Baidu)	중국	177
10	산돈(Sendon)	중국	6

01 세계 게임산업의 동향

> 2013년까지 선진시장(미국, 일본) 위주로 확대되던 세계 게임시장은 중국 등 신흥시장에서 스마트폰 사용이 늘어남에 따라 가파른 성장을 지속하고 있다. 특히 중국은 2016년 세계 1위 시장으로 성장하며, 세계 게임시장의 중심으로 자리잡고 있다.

아시아 시장을 중심으로 성장 지속

세계 게임산업은 미국, 일본과 같은 선진시장을 중심으로 꾸준한 증가세를 보여왔다. 2010년까지는 온라인 게임, 콘솔 게임이 시장의 성장을 주도했다면, 스마트폰 시장이 커지면서 이후에는 모바일 게임이 중심이 되었다.

모바일 게임산업은 예전에는 소득이 높은 미국, 일본과 같은 지역에서 성장했으나, 2013년부터 신흥국 시장에서 스마트폰이 활발하게 보급되면서 성장의 중심이 바뀌었다. 특히 중국은 스마트폰 보급과 더불어 네트워크 환경이 개선되면서 무서울 정도로 높은 성장세를 보여왔다. 그 결과 2016년에는 전 세계 게임시장에서 중국이 미국, 일본 등을 제치고 규모 1위를 달성할 것으로 예상된다.

이외에 동남아시아 시장도 소득수준이 개선됨에 따라 점차 중요한 지역으로 부상하고 있다. 앞으로도 게임산업은 중국, 일본, 한국, 동남아시아 등 아시아 시장을 중심으로 성장을 지속할 것이다.

모바일 게임이 성장 주도, VR 게임은 태동기

앞으로 모바일 게임이 전체 게임시장의 성장을 이끌 것으로 전망된다. PC 온라인 게임과 웹 게임은 소폭 성장할 것이며, 콘솔 게임은 중국 지역 출시로 인해 예년보다는 높은 성장이 예상된다. 그럼에도 불구하고 모바일 게임은 중국, 동남아, 인도 시장의 성장성을 바탕으로 여전히 높은 성장세를 유지할 것이다.

최근 이슈가 되고 있는 VR(가상현실) 시장은 아직까지는 태동기에 불과하지만, 콘텐

세계 게임시장의 전망

자료: Newzoo, 키움증권

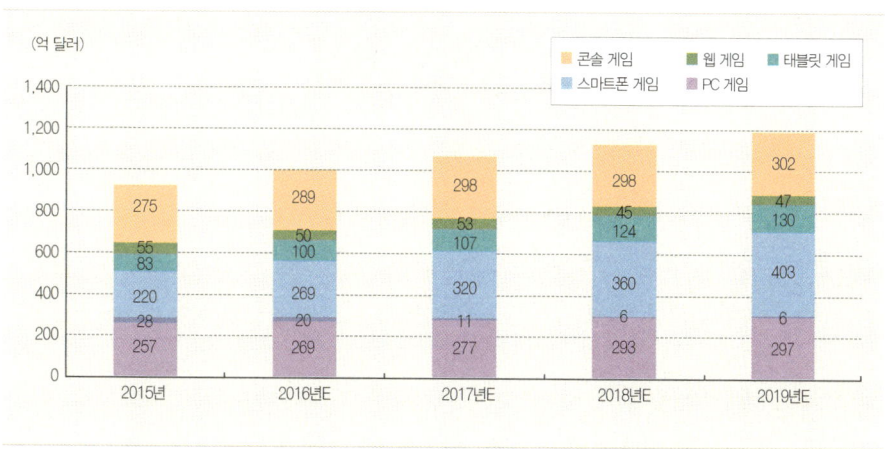

전 세계의 지역별 게임시장 규모 전망

기준: 2016년 | 자료: Newzoo, 키움증권

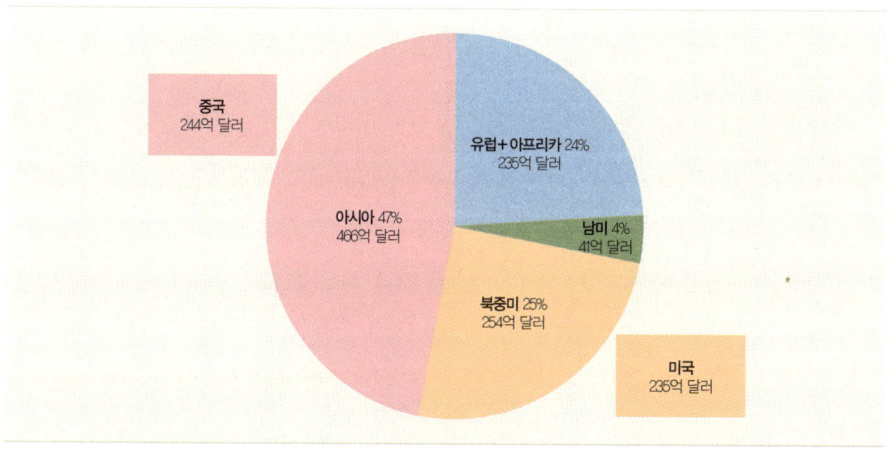

츠가 확보되는 내년, 내후년에는 급속도로 커질 것이다. 특히 중국과 미국에서 디바이스 및 콘텐츠가 빠르게 개발되고 있기 때문에, 현재의 체험용 수준의 콘텐츠가 아니라 본격적인 BM(비즈니스 모델)이 탑재된 게임들이 출시될 전망이다.

02 | 중국 게임산업의 현황

>>> 2004년 이후 중국의 게임 개발력은 정부 주도의 게임 성장정책과 판호 심의 차등화 등으로 성장했다. 소득수준 향상과 더불어 높은 성장세를 보였으며, 이를 통해 확보한 자금력으로 해외시장 공략에 나서고 있다.

중국 게임산업의 성장

2003년 온라인 게임시장의 80%가 한국 게임이었을 정도로, 중국의 게임산업은 미약했다. 하지만 2004년부터 게임 성장정책을 도입하며, 자국 게임의 개발 및 유통 부문에서 성장을 꾀했다. 이에 따라 중국의 게임산업은 기존의 수입 위주에서 개발산업으로 변모하기 시작했다.

이와 더불어 판호(서비스 라이선스)를 받기 위한 심의에서 외국산 게임들의 경우 라이선스가 늦게 나오기 일쑤였고, 덕분에 카피캣(copycat) 중국 게임들의 점유율이 높아지게 된다. 그 결과 넷이즈, 창유, 퍼펙트월드 등의 메이저 중국 게임 개발사들이 등장하기 시작했고, 크로스파이어, 던전앤파이터와 같은 한국 게임들이 시장에서 런칭에 성공했음에도 불구하고 중국산 게임의 점유율은 점차 높아졌다.

중국 게임업체들은 소득수준 향상으로 높은 성장세를 기록하며 큰 수익을 얻자, 해외로 눈을 돌리기 시작했다. 그리고 양질의 게임을 찾아 한국 등에 지사를 설립하고, 해외 게임업체를 인수하는 등 세계 게임시장에서 광폭 행보를 펼치고 있다.

여전히 비중이 높은 온라인 및 웹 게임

중국의 게임시장은 여전히 웹 게임과 온라인 게임이 높은 비중을 차지하고 있다. 웹 게임의 비중이 10%가 넘을 정도로 높은 것이 특징인데, 이는 중국 게임시장이 성장할 때 인터넷 네트워크 환경이 낙후되어 있었기 때문인 것으로 보인다. 이에 모바일 게임시장이 성장하기 전까지는 온라인 게임과 웹 게임이 시장을 양분했고, 아직까지도 높은

중국의 게임시장 전망   자료: Newzoo, 키움증권

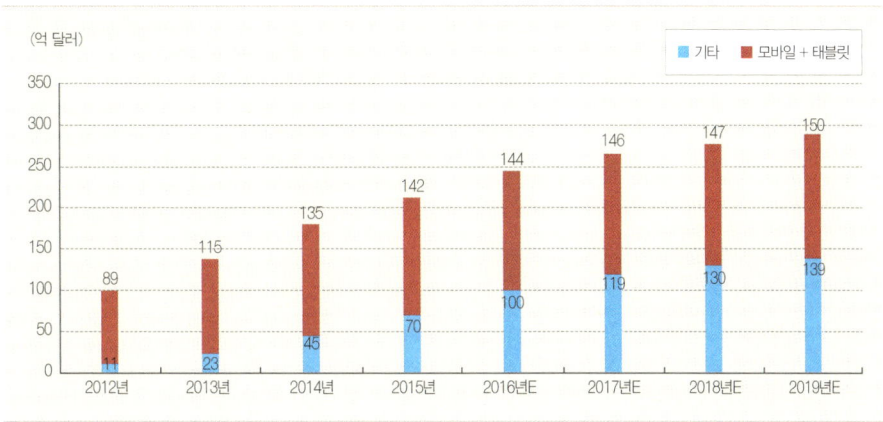

중국의 디바이스별 시장 분포   기준: 2015년 | 자료: 키움증권

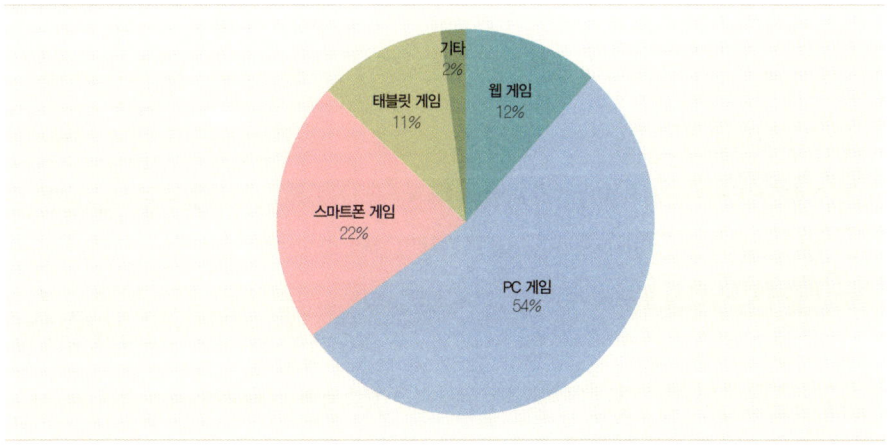

점유율을 보이고 있다. 하지만 온라인 및 웹 게임시장에서 성장한 업체들이 모바일 게임으로 전환을 시도했으며, 최근에는 모바일 게임 중심의 성장전략을 펼치고 있다.

앞으로 중국의 게임업체들은 온라인/모바일 게임 전 분야에 걸쳐 세계 게임시장에서 주도적인 역할을 할 것으로 보인다.

03 주목해야 할 모바일 게임산업

>>> 중국의 모바일 게임산업은 세계 1위로 성장했고, 막대한 자금으로 인수·합병과 제휴를 진행하며 큰 영향력을 발휘하고 있다. 풍부한 인력과 자금, 블랙홀처럼 빨아들이는 IP 등, 앞으로 중국의 모바일 게임산업을 주목해야 한다.

모바일 게임의 폭발적인 성장, 세계 1위 시장

중국은 소득수준이 향상되며 스마트폰이 활발하게 보급되고, 아울러 네트워크 환경이 개선됨에 따라 2013년부터 모바일 게임시장이 폭발적으로 성장했다. 2016년에는 시장규모가 100억 달러에 달할 것으로 예상되며, 2019년까지 139억 달러 시장으로 성장할 전망이다.

중국의 모바일 게임시장은 시장규모가 커짐에 따라 경쟁이 치열해졌고, 경쟁에서 우위를 점하기 위해 IP(지적재산권: 특허권, 상표권, 디자인권을 총칭)를 확보하기 위해 힘쓰고 있다. 그 결과 중국의 특색이 짙었던 게임들이 보편적인 성격을 가지게 되었고, 이를 바탕으로 해외시장 공략에 나서고 있다.

다만 시장규모가 전 세계 Top3에 들어가는 미국과 일본에 비해, 상위 게임의 매출 점유율이 크게 높아 상위 독식 형태로 진행되고 있는 점이 특징이다.

안드로이드 시장의 자생적 생태계 구축

중국 모바일 게임시장의 한 가지 특이점은 안드로이드(Android) 시장의 자생적 생태계가 구축되었다는 점이다. 한국만 하더라도 구글 플레이의 안드로이드 생태계가 압도적인 점유율(80% 이상)을 차지하고 있다.

하지만 중국에서는 2010년에 구글이 철수하면서 안드로이드 시장이 무주공산이 되었다(애플은 중국 정책을 수용하면서 유지). 그 결과 한국의 원스토어와 같은 자국 플랫폼들이 자생하기 시작했고, 현재는 10여 개가 넘는 플랫폼들이 자리잡고 있다. 여러 플랫

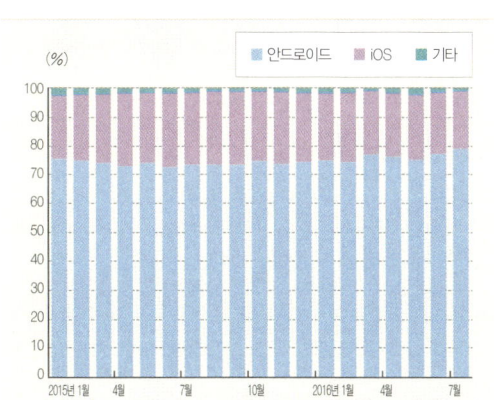

중국의 안드로이드 및 iOS의 점유율
기준: 기기 / 자료: Statista, 키움증권

중국 게임 플랫폼 점유율

순위	앱스토어	점유율
1	마이앱(텐센트)	24%
2	360마켓	21%
3	바이두 마켓	19%
4	미유아이 앱스토어(샤오미)	13%
5	완도우지아	7%

중국의 온라인 게임 순위
자료: 바이두

순위	중국명	한국명	개발사
1	英雄联盟	리그오브레전드	라이엇게임즈
2	穿越火线	크로스파이어	스마일게이트
3	地下城与勇士	던전앤파이터	네오플
4	魔兽世界	월드오브워크래프트	블리자드
5	梦幻西游	몽환서유	넷이즈
6	qq飞车	QQ스피드	텐센트
7	传奇	전기	샨다
8	逆战	역전	텐센트
9	炉石传说	하스스톤	블리자드
10	剑灵	블레이드앤소울	엔씨소프트

중국의 모바일 게임 순위
자료: App Annie

순위	중국명	한국명	개발사
1	梦幻西游	몽환서유	넷이즈
2	王者荣耀	영광의 왕	텐센트
3	诛仙	주선	완미세계
4	大话西游	대화서유	넷이즈
5	倩女幽魂	천녀유혼	넷이즈
6	剑侠情缘	검협정연	텐센트
7	仙剑奇侠传	선검기협전	가이아모바일
8	天堂2：血盟	리니지2:혈맹	스네일게임즈
9	御龙在天	어룡재천	텐센트
10	火影忍者	화영닌자	텐센트

폼들이 있지만, 현재 4개 플랫폼이 75%가 넘는 점유율을 차지하면서 시장이 과점 형태로 재편되고 있다.

그중 텐센트가 QQ메신저를 바탕으로 플랫폼 점유율을 높이며, 2015년 2위 플랫폼에서 2016년 1위 플랫폼으로 성장했다.

공격적인 인수 · 합병을 통해 세계 시장으로

중국 iOS(아이폰에 사용되는 애플의 운영체제) 시장도 규모가 매우 크지만, 실제 시장규모는 iOS 대 안드로이드가 3대 7 정도로 추정되고 있다. 이는 화웨이, 샤오미와 같은 저가 스마트폰의 보급이 확대되었기 때문이다.

중국 게임업체들은 이처럼 플랫폼을 확보하고 시장점유율을 높임으로써, 게임시장의 규모가 커짐에 따라 생기는 과실을 온전히 누릴 수 있게 되었다. 그들은 여기서 확보된 자금으로 해외 IP를 흡수하고 있으며, 한편으로는 해외 유수 게임업체들과 인수 · 합병을 진행하고 있다.

텐센트는 최근 세계 1위의 게임 개발회사인 슈퍼셀을 인수했으며, 알리바바는 미국 카지노 게임산업의 최고 기업인 플레이티카를 인수했다. 특히 텐센트는 2011년에 201 LOL(리그오브레전드)의 개발사인 라이엇게임즈를 인수하며, 온라인/모바일 양대 게임시장의 선두업체들을 보유하게 되었다(블리자드에도 지분 투자).

거대 게임업체들뿐만 아니라 중형 이상의 게임 개발사들도 막대한 자금으로 해외 거점지역을 늘리고 있으며, IP업체와의 제휴를 늘리고 있다. 2015년에 룽투게임즈와 로코조이가 한국의 상장사를 인수했던 것도 그러한 부분 중 하나였다.

중국의 해외시장 진출은 아직까지는 아시아권에 한정되어 있지만, 이처럼 거점지역을 확보하고, 인수 · 합병 · 제휴 등을 통해 점차 북미, 유럽시장까지 진출할 것이다. 중국 게임업체들은 앞으로 커져가는 중국 시장뿐만 아니라 세계 게임시장에서 영향력이 커질 가능성이 높다는 점에서 주목할 필요가 있다.

돈을 번 중국 게임업체들…, 그 이후는?

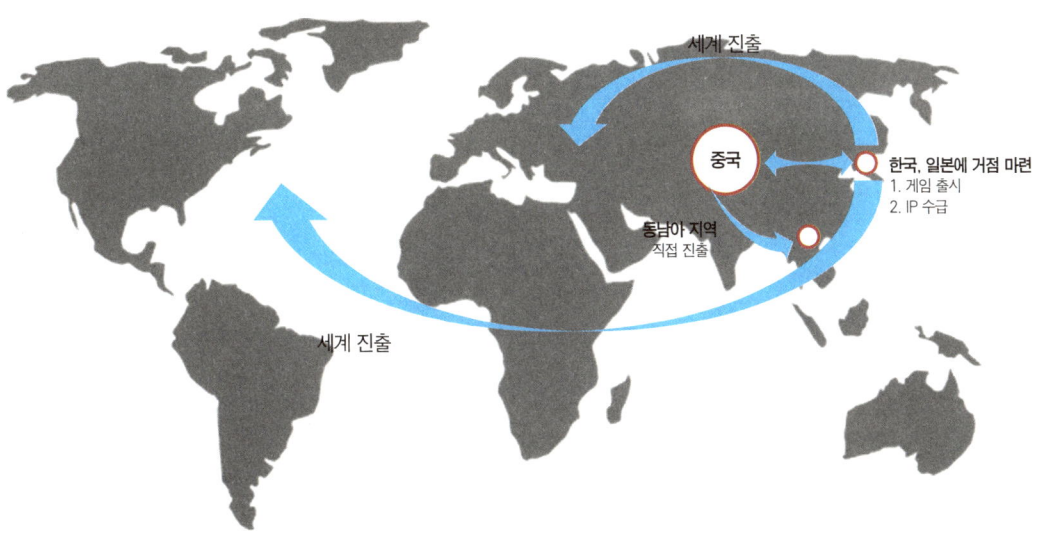

중국의 모바일 게임업체 인수 · 합병 목록

자료: 각사, 키움증권

기업명	시기	대상 기업	지역	투자액
텐센트	2011년	라이엇 게임즈	미국	2,690억원
텐센트	2011년	에픽 게임즈	미국	1,348억원
텐센트	2014년	4:33	한국	1,200억원
텐센트	2013년	블리자드	미국	1조 6,300억원
텐센트	2014년	넷마블	한국	5,300억원
텐센트	2014년	피티 게임즈	한국	200억원
알리바바	2014년	카밤	미국	1,340억원
텐센트	2014년	에이밍	일본	미공개
룽투게임즈	2015년	아이넷스쿨	한국	217억원
텐센트	2015년	레벨업	싱가포르	614억원
텐센트	2015년	글루모바일	미국	1,463억원
텐센트	2015년	미니클립	스위스	미공개
텐센트	2016년	패러독스	스웨덴	243억원
알리바바	2016년	플레이틱카	미국	4조 9,000억원
아워팜	2016년	웹젠	한국	2,000억원
텐센트	2016년	슈퍼셀	핀란드	9조 6,300억원

04 중국 게임산업의 핵심 지표

>>> 게임산업을 예측할 때 핵심 지표는 소비자의 소득과 관련된 GDP, 스마트폰 보급률, 네트워크 환경, 각 게임 디바이스별 순위 지표 등이다. 소득, 보급률, 네트워크는 산업 예상, 게임 순위는 기업별 실적 전망에 활용된다.

경제성장률과 스마트폰 보급률

게임은 자유소비재이다. 필수소비재가 아닌 자유소비재는 경기활성화와 개인소득의 성장과 관련이 깊다. 그래서 경제성장률 및 실업률은 게임시장의 성장을 예상할 때 중요한 지표다. 중국 주요 게임의 매출이 상위 1%에 집중되어 있다는 점을 감안하면, 1인당 GDP의 성장률은 앞으로 게임시장의 성장을 가늠하는 중요한 지표가 될 것이다.

스마트폰 보급률

모바일 게임시장은 2013년부터 급격하게 성장했는데, 이는 스마트폰 보급률과 상관관계가 깊다. 한국은 스마트폰이 90% 이상 보급되면서 Q(물량)의 성장이 둔화되었다. 모바일 게임시장의 성장은 스마트폰 보급(Q)의 성장과 통한다. 중국의 스마트폰 보급률은 53% 수준으로 올라왔는데, 아직까지 성장 여력이 있다고 볼 수 있다.

네트워크 구성

스마트폰의 보급률이 Q에 해당한다면, 네트워크 구성은 P(가격)에 해당한다. 중국은 한국과 다르게 아직까지 2G, 3G 이용자가 많다. 이처럼 2G, 3G 의존도가 높으면, 이용자의 사용 패턴이 네트워크 사용시간과 ARPU(Average Revenue Per User, 가입자당 평균 매출)가 높은 코어 게임들로 변화하기 어렵다. LTE 이용률이 더 높아질 여지가 있으므로, 게임의 가격(P)이 상승할 가능성이 있다.

중국의 1인당 GDP 자료: IMF

중국의 인터넷 보급률 자료: CNNIC

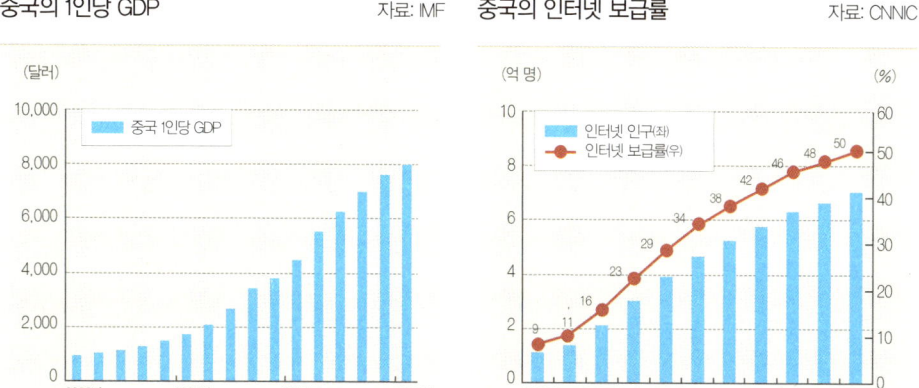

중국의 네트워크 이용자 자료: Data driven Industry

중국의 스마트폰 보급률 및 전망 자료: Statista

온라인/모바일 게임 순위

게임 순위 지표는 산업지표가 아니라 개별 기업의 매출지표로서 활용된다. 게임시장이 고도화될수록 순위권 게임들의 일평균 매출은 일정하게 유지되는 경향이 있다. 일반적으로 이용자의 자연 감소가 나타나기는 하지만, 안정기에 접어들게 될 경우 순위 변동에 따른 매출 변화를 가늠할 수 있다.

300418.SZ

05 종합 플랫폼 업체로 탈바꿈, 쿤룬완웨이

>>> 쿤룬완웨이는 초기에는 모바일 게임사업으로 성장했으나, 최근에는 포털 및 동영상 스트리밍, SNS 등 사업 부문을 확장하고 있다. 또한 핀테크 업체들에도 투자를 진행하는 등 텐센트 등과 같은 종합 플랫폼 업체로 탈바꿈하고 있다.

모바일 게임으로 성장

쿤룬완웨이는 중국 게임 퍼블리셔(유통업체)로 2008년에 설립되었다. 초기 사업전략은 '게임+핀테크+해외시장'의 융합이었다. 이는 정부의 지원정책과 맞물려 성과가 나타났고, 모바일 게임 분야에서 경쟁사와 비교했을 때 한발 앞서 해외진출에 나섰다. 현재 쿤룬완웨이는 모바일 게임 분야가 매출에서 가장 큰 비중을 차지하고 있으며, 핀테크는 신흥국을 중심으로 사업을 진행 중이다.

SNS, 동영상 스트리밍으로 확장

최근 쿤룬완웨이는 기존의 사업전략 이외에도, '브라우저+SNS+동영상 스트리밍' 부문으로 사업을 추가하면서 독자 생태계를 구축하기 위해 노력하고 있다. 브라우저의 경우 1Mobile, Brothersoft, Opera를 보유하고 있으며, SNS는 Grindr과 XProject를 보유하고 있다. 앞으로 5년 안에 브라우저와 SNS를 통해 5억 명의 월간 실사용자(MAU)를 확보하는 것이 목표이며, 2020년까지 10억 달러의 순이익을 달성하겠다고 발표했다.

독자 생태계를 구축하기 이전까지는 현재처럼 게임 부문과 금융 부문이 매출의 상당부분을 담당할 것이며, 앞으로 게임 부문의 매출이 단기실적 전망에 중요한 요소가 될 것으로 보인다. 한편 해외 게임의 퍼블리싱, 자사가 개발한 게임 출시 등도 계획하고 있다. 그중 슈퍼셀(Supercell)의 신작인 크래시로얄(Crash Royale)의 안드로이드 시장을 담당할 것으로 보여 관련 성과가 기대된다.

쿤룬완웨이(Beijing Kunlun Tech Co., Ltd., 昆仑万维)

홈페이지	www.kunlun.com/index.html
직원수	742명
시가총액	289억 위안
	4조 7,755억원
주가	25.67위안
52주 최고/최저	64.38/25.11위안
상장주식수	4,129억 주
유통주수/유동주	11억 2,700만 주 /3억 7,700만 주
PER(2016E)	41.40배
상장 후 주가상승률	-12.2%

밸류에이션	FY2011	FY2012	FY2013	FY2014	FY2015
EPS(위안)	0.87	1.04	2.08	1.55	0.37
BPS(위안)	2.48	3.33	4.06	4.82	2.38
DPS(위안)	0.00	0.00	0.00	0.25	0.11
ROE(%)	34.9	35.8	56.2	35.0	22.0
PER(배)					137.0
PBR(배)					16.8
배당수익률(%)					0.3

재무제표(백만 위안)	FY2011	FY2012	FY2013	FY2014	FY2015
손익계산서					
매출액	642	806	1,510	1,934	1,789
영업이익	187	216	420	324	403
순이익	182	218	436	326	405
지배지분 순이익	182	218	436	326	405
매출액 증가율	0.0	25.5	87.3	28.1	-7.5
순이익 증가율	0.0	20.2	99.6	-25.1	24.2
영업이익률	29.1	26.8	27.8	16.7	22.5
대차대조표					
자산총계	649	844	1,250	1,468	3,888
부채합계	128	144	396	456	1,208
자기자본	521	699	853	1,012	2,680
현금흐름표					
영업현금흐름	110	122	370	397	192
투자활동 현금흐름	-45	-32	149	-190	-1,644
재무활동 현금흐름	221	-41	-282	-167	1,719

06 | 모바일 게임의 강자 아워팜

300315.SZ

>>> 아워팜은 2012년 5월에 상장한 기업으로 모바일 게임 및 웹 게임의 개발, 퍼블리싱 등을 하고 있다. 특히 2015년에 천마시공 등의 지분을 인수하면서 모바일 게임사업을 강화하고 있다. 현재 대표 게임으로 킹오브파이터즈, 전민기적, 집장강산 등이 있다.

대표적인 중국 게임 개발사이자 퍼블리셔

아워팜은 2004년 이동통신사 SP(서비스 제공업체)에서 출발했다. 이후 웹 게임 시장에 진출했으며, 2013년 중국 DOVO GAME, 상유정보를 인수하며 성장했다. 2011년부터는 모바일 게임사업에 본격적으로 뛰어들면서 매출 비중이 커졌으며, 2015년에는 천마시공 등의 회사 지분을 인수하면서 대표적인 중국 게임 개발사 및 퍼블리셔로 부각되었다.

아워팜은 중국에서 지속적인 인수·합병을 통해 커온 기업으로, 2015년에는 중국 5위 퍼블리셔가 되었다. 2016년은 신작의 실패, 히트작의 매출 감소 등으로 전년에 비해 부진한 모습을 보이고 있지만, 중국 시장의 최근 트렌드에 발맞추어 IP 확보에 힘을 쏟은 결과, 유명 IP를 확보하여 서비스를 하고 있다.

영상 미디어 부문 진출

아워팜은 당분간은 모바일 게임사업에 계속 집중할 것이다. 2016년 하반기에는 10개의 IP 게임을 순차적으로 출시하고 있다. 그중 Free Style, Rakshasa Street, Chinese Paladin 게임은 출시되었거나 조만간 출시될 예정이며, Assassin's Creed Unity도 곧 선보일 것이다. 이외에도 지금까지 확보된 IP를 바탕으로 영상 미디어 부문에도 진출할 계획이다. 이를 위해 영상 미디어 부문에서는 환루이세기(欢瑞世纪), 애니메이션 및 2D 부문에서는 Bilibili(B站), 전자게임 대회에서는 왕위뎬징(网鱼电竞), VR 영역에서는 러커(乐客) 등과 제휴를 맺고 있다.

아워팜(Ourpalm Co., Ltd., 掌趣科技)

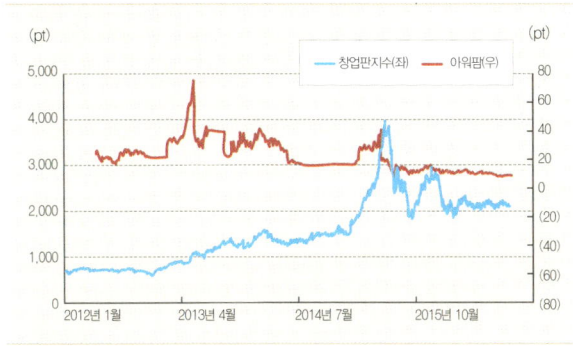

홈페이지	www.ourpalm.com
직원수	1,746명
시가총액	261억 위안
	4조 3,080억원
주가	9.42위안
52주 최고/최저	16.32/9.3위안
상장주식수	1조 8,073억 주
유통주수/유동주	27억 7,100만 주 /17억 1,300만 주
PER(2016E)	33.64배
상장 후 주가상승률	-60.8%

밸류에이션	FY2010	FY2011	FY2012	FY2013	FY2014	FY2015
EPS(위안)	0.35	0.45	0.56	0.23	0.27	0.19
BPS(위안)	1.37	1.82	5.39	2.16	3.08	2.40
DPS(위안)	0.00	0.00	0.10	0.06	0.03	0.02
ROE(%)	40.3	28.4	14.9	12.8	12.0	9.1
PER(배)			52.3	164.9	77.4	93.2
PBR(배)			4.4	13.8	5.3	5.8
배당수익률(%)			0.1	0.1	0.1	0.1

재무제표(백만 위안)	FY2010	FY2011	FY2012	FY2013	FY2014	FY2015
손익계산서						
매출액	117	184	225	381	775	1,124
영업이익	46	63	91	159	347	512
순이익	41	56	82	154	350	501
지배지분 순이익	41	56	82	154	331	470
매출액 증가율	99.2	56.6	22.7	68.8	103.6	45.1
순이익 증가율	201.2	34.7	47.8	86.7	115.2	42.3
영업이익률	39.2	34.1	40.5	41.9	44.7	45.5
대차대조표						
자산총계	180	239	914	1,927	5,023	7,878
부채합계	12	15	32	403	992	1,456
자기자본	168	224	882	1,524	4,031	6,423
현금흐름표						
영업현금흐름	42	55	52	140	409	485
투자활동 현금흐름	-14	-87	-24	-242	-1,098	-1,002
재무활동 현금흐름	93	-1	577	238	788	64

07 신흥 게임 퍼블리셔 킹넷 네트워크

002517.SZ

>>> 킹넷은 중국의 신흥 퍼블리셔로, 한국에서는 전민기적(웹젠의 MU)의 중국 퍼블리싱 업체로 잘 알려져 있다. 2014년 전민기적의 퍼블리싱 사업이 호조를 보여 성장의 발판을 마련했고, 최근에는 VR 부문에 집중하고 있다.

전민기적의 빅 히트가 성장의 발판

킹넷 네트워크는 중국의 게임 퍼블리셔로 2008년에 설립되었고, 2009년부터 본격적인 웹 및 소셜 게임의 퍼블리싱을 시작했다. 초기에는 웹 게임과 소셜 게임을 중심으로 서비스를 시작했고, 모바일 게임은 2013년부터 퍼블리싱을 진행했다. 2014년 12월 웹젠의 뮤 IP를 활용한 전민기적이 빅히트를 하기 전까지는 중국 게임시장에서 두각을 나타내지 못했으나, 전민기적으로 매출이 급등(1년간 5,500억원 매출)하면서 2015년 중국 Top10 퍼블리셔로 성장할 수 있는 기틀을 마련했다. 실제로 2013년에는 모바일 게임을 4개 출시했지만, 2015년에는 13개까지 늘어났다.

VR, AR 사업 확장

전민기적은 매출이 예전에 비해 감소하긴 했으나, 최근까지 중국과 한국에서 여전히 안정적인 매출을 올리고 있어 캐시카우(cash cow, 수익 창출원) 역할을 담당하고 있다. 신작으로는 웹 게임인 Haolanyue과 레전드성스(传奇盛世)를 준비 중이다. 또한 IP 확보에 힘쓰고 있는데, 한국 게임업체인 위메이드와 미르의 전설 IP 계약(웹, 모바일)을 체결했고, 일본에서 드레곤 파이터(Dragon fighter) IP도 계약을 맺었다. 한편 미래 성장동력을 가지기 위해 VR(가상현실), AR(증강현실, 사용자가 눈으로 보는 현실세계에 가상 물체를 겹쳐 보여주는 기술) 게임 분야에서 기술력을 확보하고, 사업을 확장하기 위해 투자를 계속하고 있다. 다만 주요 게임들의 매출이 감소 추세에 있다는 점은 단기적인 부담으로 작용할 것으로 보인다.

킹넷 네트워크(Kingnet Network Co., Ltd., 恺英网络)

홈페이지	www.kingnet.com
직원수	985명
시가총액	292억 위안
	4조 8,245억원
주가	43.19위안
52주 최고/최저	66.61/31.9위안
상장주식수	1,613억 주
유통주수/유동주	6억 7,700만 주 /1억 2,400만 주
PER(2016E)	42.98배
5년 주가상승률	399.3%

밸류에이션	FY2010	FY2011	FY2012	FY2013	FY2014	FY2015
EPS(위안)	0.56	0.45	0.35	0.03	-0.30	1.17
BPS(위안)	6.64	6.79	3.65	3.69	3.39	1.14
DPS(위안)	0.30	0.20	0.00	0.00	0.00	0.00
ROE(%)	10.4	6.7	10.1	0.7	-8.4	95.7
PER(배)	47.82	41.07	24.80	263.33	-	51.74
PBR(배)	4.1	2.8	2.4	2.2	4.1	6.6
배당수익률(%)	0.0	0.0	0.0	0.0	0.0	0.0

재무제표(백만 위안)	FY2010	FY2011	FY2012	FY2013	FY2014	FY2015
손익계산서						
매출액	354	392	339	348	335	2,339
영업이익	46	49	30	6	-46	646
순이익	38	40	63	5	-53	653
지배지분 순이익	38	40	63	5	-53	655
매출액 증가율	8.5	10.6	-13.5	2.7	-3.9	221.4
순이익 증가율	12.1	4.8	57.9	-93.0	-1,252.9	947.0
영업이익률	13.0	12.5	8.9	1.6	-13.9	27.6
대차대조표						
자산총계	633	634	693	845	828	1,355
부채합계	45	34	47	192	228	587
자기자본	587	600	645	653	600	768
현금흐름표						
영업현금흐름	9	-33	77	13	-7	643
투자활동 현금흐름	-12	-26	-170	-146	-37	-525
재무활동 현금흐름	289	-27	-18	38	31	27

세계 최대 시장, 중국의 자동차 업종

중국 자동차 시장은 2007년 연간 판매량이 600여 만 대 수준이었지만, 2011년 1,400만 대를 넘어서며 세계 최대 시장으로 부상했다. 2015년에는 2,082만 대를 기록하여 전 세계 시장의 25%를 차지하게 되었다.

최근 중국 자동차 시장의 주요 이슈는 경제성장률 하락에 따른 1) 판매 증가율의 둔화, 2) SUV 판매 돌풍, 3) 로컬 자동차 업체들의 판매 돌풍, 4) 전기차 시장의 확대 등으로 요약할 수 있는데, 이를 이해하기 위해서는 중국 자동차 시장의 특성에 대해 알아야 한다.

중국의 경우 1선 도시들의 자동차 보급률은 이미 선진국 수준에 거의 도달한 것으로 추정된다. 1선 도시의 경우 환경오염을 막기 위해 차량 구매를 쿼터제로 운영하고 있는데, 차량 구매 시 차량 가격뿐만 아니라 그에 육박하는 번호판 가격도 지불해야 한다. 예를 들어 상하이의 번호판은 수만 위안에 달한다. 하지만 배기가스를 배출하지 않는 순수 전기차는 이런 규제와 상관없이 구매(번호판 지급)할 수 있으며, 번호판 가격도 지불할 필요가 없다. 또한 지역마다 다르지만, 차량 구매 시 약 6만 위안 내외의 보조금도 지급된다.

한편 일반 내연기관 차량의 판매는 2~4선 도시들이 주도하고 있다. 하지만 2~4선 도시는 1선 도시에 비해 중국의 경제성장률 변화에 영향을 더 크게 받는다. 또한 1선 도시에 비해 구매력이 적고 도로 사정도 열악하다. 이에 따라 2~4선 도시는 외제차 수요가 과거 1선 도시의 수요에 비해 적고, 세단보다 과거에 비해 저렴해진 로컬 자동차 업체의 SUV를 선호하는 경향이 강하다. 최근 몇 년 동안 세단 수요가 계속 감소하고 있는데 반해, SUV 수요는 연평균 30~40% 이상 급증하는 것은 이러한 이유 때문이다.

중국 주요 자동차 업체의 분포도

자료: 키움증권

중국 주요 완성차 업체의 판매량과 시장점유율

기준: 2015년 | 자료: 한국자동차산업연구소

순위	대표업체	판매 대수(만 대)	시장점유율(%)
1	상해VW(폭스바겐)	180	8.69
2	상해GM울링	180	8.66
3	상해GM	171	8.25
4	이치VW	165	7.97
5	북경현대	106	5.12
6	동풍닛산	101	4.89
7	창안포드	87	4.19
8	동풍PSA(푸조)	71	3.40
9	동풍위에다기아	62	2.97
10	이치도요타	61	2.92
11	광저우혼다	58	2.79
12	BYD(비야디)	43	2.08
13	동풍혼다	41	1.97
14	광저우도요타	40	1.95
15	체리(치루이)	38	1.81

01 1선 도시의 강력한 지원책, 중국 전기차

>>> 중국 전기차 시장이 빠르게 성장하고 있다. 하지만 충전 인프라가 여전히 부족하기 때문에, 전기차 시장은 상대적으로 충전 인프라를 구축하기 쉬운 전기버스, 전기택시, 관용차, 경찰차 등이 주도하고 있다.

중국에서 전기차 시장이 부각되는 이유

중국의 경우 1선 도시들의 자동차 보급률은 이미 선진국 수준에 이른 것으로 추정된다. 1선 도시들은 배기가스에 따른 환경오염을 줄이기 위해 차량 구매를 쿼터제로 운영하고 있다. 예를 들어 상하이의 경우 2,400만 명에 달하는 인구에도 불구하고, 자동차 번호판은 월 5천 개만 할당된다. 즉 연간 6만 대 정도의 승용차를 구매할 수 있다는 말이다. 인구가 약 5천만 명인 한국의 연간 차량 판매대수가 160만 대 수준인 점을 감안하면, 중국 정부가 1선 도시에서 구매 억제책을 매우 강하게 실시하고 있음을 알 수 있다.

또한 1선 도시의 경우 차를 살 때 차값뿐만 아니라 그와 거의 비슷한 번호판 값도 내야 한다. 예를 들어 상하이의 번호판은 8만 위안에 달한다.

그런데 순수 전기차는 배기가스를 배출하지 않으므로 환경오염이 거의 없다. 그래서 순수 전기차는 이런 규제와 상관없이 구매할 수 있으며, 번호판 값도 낼 필요가 없다. 그리고 전기차를 사면 지역마다 다르지만, 대략 6만 위안 내외의 보조금도 준다. 즉 1선 도시는 강력한 전기차 보급정책을 펴고 있는 것이다.

중국 전기차 시장의 특징

앞에서 말한 것처럼, 중국 전기차 시장은 1선 도시의 강력한 지원책에 힘입어 빠르게 발전하고 있다. 이에 따라 중국 최대의 전기차 업체인 BYD가 가장 큰 수혜를 입을 것으로 기대된다.

또한 중국 정부의 강력한 보급정책에도 불구하고 여전히 충전 인프라 등이 부족하

중국 주요 자동차 업체의 분포도

자료: 키움증권

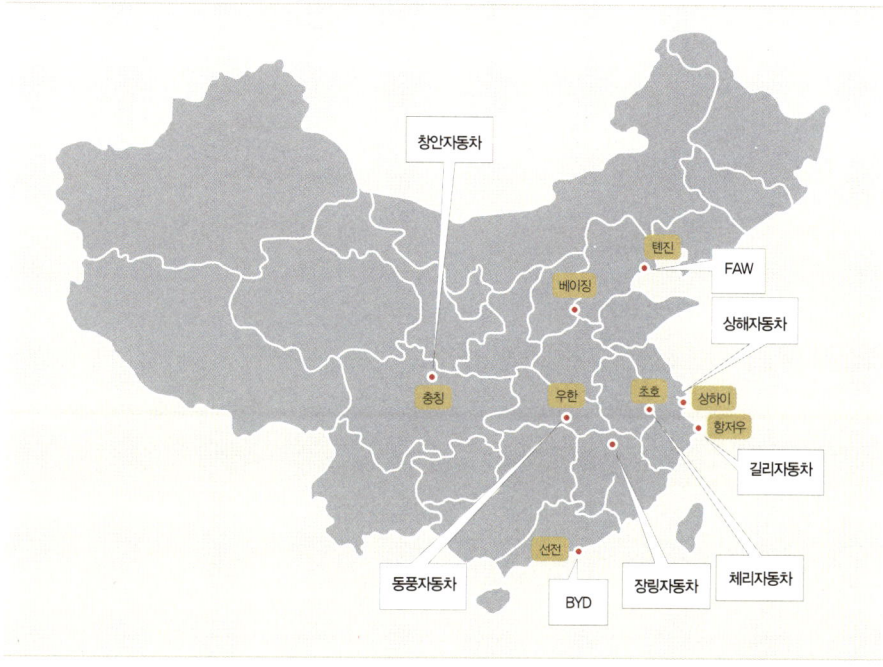

중국 주요 완성차 업체의 판매량과 시장점유율

기준: 2015년 | 자료: 한국자동차산업연구소

순위	대표업체	판매 대수(만 대)	시장점유율(%)
1	상해VW(폭스바겐)	180	8.69
2	상해GM울링	180	8.66
3	상해GM	171	8.25
4	이치VW	165	7.97
5	북경현대	106	5.12
6	동풍닛산	101	4.89
7	창안포드	87	4.19
8	동풍PSA(푸조)	71	3.40
9	동풍위에다기아	62	2.97
10	이치도요타	61	2.92
11	광저우혼다	58	2.79
12	BYD(비야디)	43	2.08
13	동풍혼다	41	1.97
14	광저우도요타	40	1.95
15	체리(치루이)	38	1.81

01 | 1선 도시의 강력한 지원책, 중국 전기차

>>> 중국 전기차 시장이 빠르게 성장하고 있다. 하지만 충전 인프라가 여전히 부족하기 때문에, 전기차 시장은 상대적으로 충전 인프라를 구축하기 쉬운 전기버스, 전기택시, 관용차, 경찰차 등이 주도하고 있다.

중국에서 전기차 시장이 부각되는 이유

중국의 경우 1선 도시들의 자동차 보급률은 이미 선진국 수준에 이른 것으로 추정된다. 1선 도시들은 배기가스에 따른 환경오염을 줄이기 위해 차량 구매를 쿼터제로 운영하고 있다. 예를 들어 상하이의 경우 2,400만 명에 달하는 인구에도 불구하고, 자동차 번호판은 월 5천 개만 할당된다. 즉 연간 6만 대 정도의 승용차를 구매할 수 있다는 말이다. 인구가 약 5천만 명인 한국의 연간 차량 판매대수가 160만 대 수준인 점을 감안하면, 중국 정부가 1선 도시에서 구매 억제책을 매우 강하게 실시하고 있음을 알 수 있다.

또한 1선 도시의 경우 차를 살 때 차값뿐만 아니라 그와 거의 비슷한 번호판 값도 내야 한다. 예를 들어 상하이의 번호판은 8만 위안에 달한다.

그런데 순수 전기차는 배기가스를 배출하지 않으므로 환경오염이 거의 없다. 그래서 순수 전기차는 이런 규제와 상관없이 구매할 수 있으며, 번호판 값도 낼 필요가 없다. 그리고 전기차를 사면 지역마다 다르지만, 대략 6만 위안 내외의 보조금도 준다. 즉 1선 도시는 강력한 전기차 보급정책을 펴고 있는 것이다.

중국 전기차 시장의 특징

앞에서 말한 것처럼, 중국 전기차 시장은 1선 도시의 강력한 지원책에 힘입어 빠르게 발전하고 있다. 이에 따라 중국 최대의 전기차 업체인 BYD가 가장 큰 수혜를 입을 것으로 기대된다.

또한 중국 정부의 강력한 보급정책에도 불구하고 여전히 충전 인프라 등이 부족하

1, 2, 3선 도시별 차량수 증가 추이(전년 대비)   자료: 키움증권

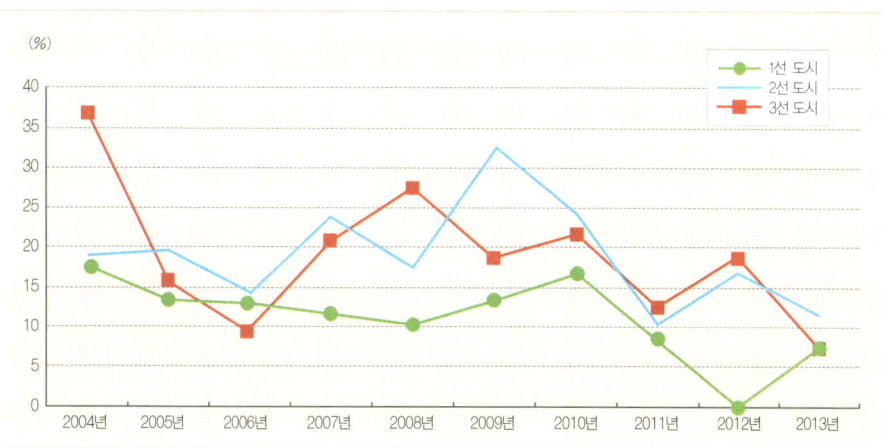

중국의 PHEV(플러그인 하이브리드)¹⁾와 EV(전기 자동차)²⁾ 판매 추이   자료: 중국 자동차공업협회

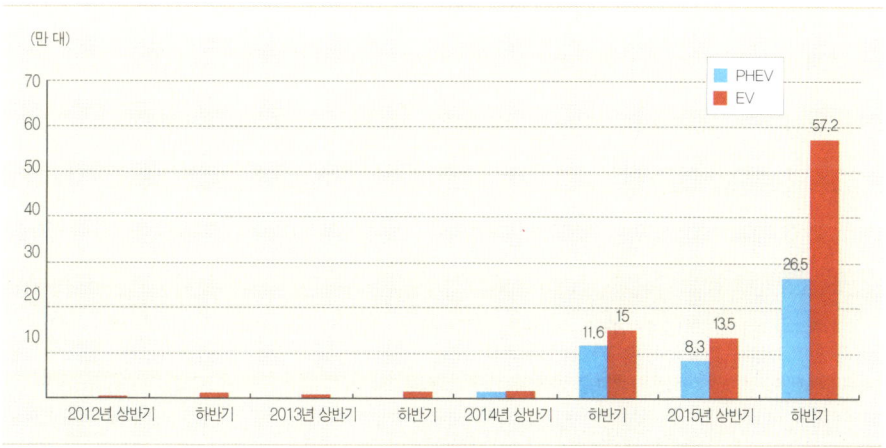

1) PHEV는 가정이나 충전소에서 쉽게 충전할 수 있는 전기 플러그가 장착된 하이브리드 자동차.
2) EV는 내연기관 없이 모터와 배터리가 엔진과 휘발유 등의 역할을 하는 전기 자동차.

기 때문에, 전기차 시장은 상대적으로 충전 인프라를 구축하기 쉬운 전기버스, 관용차, 경찰차 등이 성장을 주도하고 있다. 중국에서 전기버스 관련주를 눈여겨보아야 하는 이유가 바로 이것이다.

02 | 로컬 업체 및 SUV의 판매 돌풍

>>> 중국은 경제개발계획의 핵심 산업인 자동차 산업에서 2015년까지 3,500만 대의 생산체제 구축이라는 내부 계획을 가지고 있었다. 이로 인해 생산과잉에 대한 우려가 제기되고 있지만, 자동차 산업구조가 재편되며 과잉공급에 대한 우려는 해소될 전망이다.

로컬 자동차 업체와 SUV 차량이 주목받는 이유

전기차가 1선 도시 위주로 판매되는 것과 반대로, 일반 내연기관 차량의 판매는 2~4선 도시들이 주도하고 있다. 하지만 2~4선 도시는 1선 도시에 비해 중국의 경제성장률 변화에 영향을 더욱 크게 받는다. 이들 도시는 중국의 경제성장률이 1% 변동될 경우, 1선 도시보다 최대 10배까지 영향을 더 받는 것으로 알려져 있다. 2~4선 도시는 1선 도시와 달리 특정 산업(철강, 조선, IT, 섬유 등)에 집중하는 경향이 크기 때문이다.

또한 2~4선 도시는 1선 도시에 비해 구매력이 약하고 도로 사정도 열악하다. 이에 따라 외제차에 대한 수요가 과거 1선 도시의 수요에 비해 적고, 세단보다는 SUV를 선호하는 경향이 강하다.

최근 몇 년간 세단의 수요는 계속 감소하고 있는데 반해, SUV의 수요는 연평균 30~40% 이상 급증하고, 특히 과거에 비해 저렴해진 로컬 SUV에 대한 수요가 크게 증가하고 있는 것이 이런 이유 때문인 것으로 보인다.

중국에서 판매되는 SUV 차종 1~10위까지의 순위를 보면, 한 개 정도를 제외하면 모두 로컬 자동차 업체가 제작한 차들이다. 즉 로컬 업체 및 SUV 돌풍은 일시적인 현상이 아니라 근본적인 판매 변화라고 보아야 한다.

로컬 업체들의 성장에 주목

로컬 자동차 업체들의 차가 돌풍을 일으키는 것은 단순히 가격이 싸기 때문은 아니다. 중국 로컬 업체들은 해외 유수의 자동차 회사와 합자를 통해 얻은 자본과 기술을 바탕

중국의 승용차 및 세단, SUV의 판매량   자료: 중국 자동차공업협회

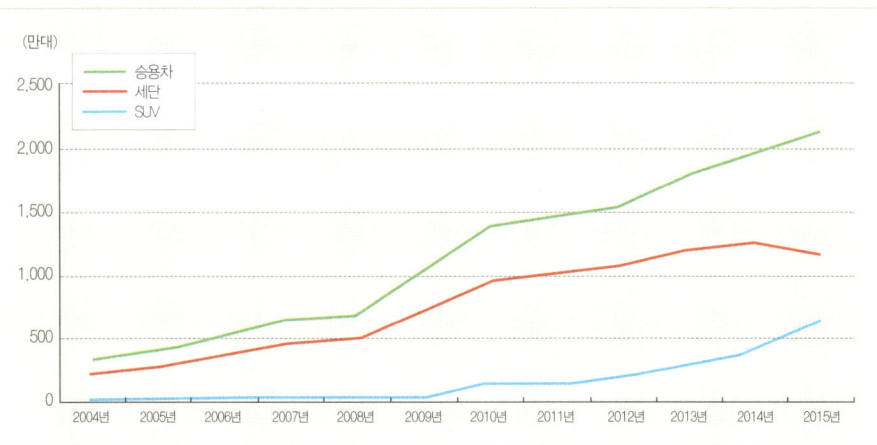

중국 내 승용차 브랜드의 국가별 판매량   자료: 중국 자동차공업협회

으로 별도의 로컬 법인을 설립하여 자체 브랜드를 생산하는 경향이 높다. 합자를 통해 얻은 브랜드 인지도도 로컬 자체 브랜드의 판매량이 증가하는 데 한 몫을 하고 있다. 이것이 중국 로컬 업체들에 주목해야 하는 이유이다.

03 | 전기차 판매 세계 1위 BYD

002594.SZ

>>> BYD(비야디)는 배터리 회사로 시작하여 전기차 완성차 업체로 성장했고, 일반 내연기관차도 생산하고 있다. 또한 단순한 전기차를 넘어 IT 기술과 융합한 자동차를 출시하기 위해 노력하고 있다.

배터리 회사였던 BYD는 2003년부터 전기차를 생산하기 시작했다. 2007년 전기차 부문에서 중국 1위 회사로 도약했고, 2008년 워런 버핏도 투자했다(2008년 9월 2억 3천만 달러 투자로 지분 10% 매입). 2011년 6월에는 상해 A주에 상장했고, 2015년 5월에는 전기차 판매 세계 1위로 도약했다. 현재 매월 전기차를 6천여 대 이상 판매하고 있으며, 이 중 5천여 대가 승용차이다. 생산능력은 연 30만 대이며, 총 12개 공장(해외 4개 포함)을 가지고 있다.

BYD는 브라질, 미국, 인도, 일본에 해외공장이 있으며, 일본 공장은 완성차가 아닌 자동차 모듈을 생산하고 있다. 전 세계 공장을 합하면 총 80만 대의 생산능력을 가지고 있다. 이 중 전기차 생산능력은 최대 20~30만 대 정도이다(참고로 테슬라는 2016년 생산 목표 5만 대). 일반차와 전기차를 혼류 생산하고 있어 생산량을 조절할 수 있다.

전기차 일관 생산체제를 갖춘 세계 유일의 회사

BYD의 매출은 완성차가 55%, IT 관련 제품이 35%, 나머지 10%가 배터리로 구성되어 있다. IT 관련 제품으로는 핸드폰 배터리, 핸드폰, 패드류(일본계 OEM) 완제품, 그리고 태양전지(solar cell), 자동차 전장 관련 부품(내비게이션 등) 및 완제품을 생산하고 있다. IT 기술력이 높은 편이다.

BYD는 전기차의 배터리부터 완성차까지 일관 생산체제를 갖춘 세계 유일의 회사이며, 화석연료 엔진, 변속기, 터보 엔진 생산기술도 가지고 있다. 그래서 높은 밸류에이션에도 불구하고 성장성이 높다고 할 수 있다.

BYD(BYD Company Limited, 比亚迪)

홈페이지	www.byd.com.cn
직원수	196,026명
시가총액	1,408억 위안
	23조 2,429억원
주가	55.59위안
52주 최고/최저	74.83/45.01위안
상장주식수	8,404억 주
유통주수/유동주	18억 1,300만 주 /5억 5,600만 주
PER(2016E)	28.77배
5년 주가상승률	188.0%

밸류에이션	FY2010	FY2011	FY2012	FY2013	FY2014	FY2015
EPS(위안)	1.11	0.60	0.03	0.23	0.18	1.12
BPS(위안)	8.11	8.97	9.00	9.22	10.46	13.04
DPS(위안)	0.00	0.00	0.00	0.05	0.00	0.00
ROE(%)	14.4	7.0	0.4	2.6	1.8	9.8
PER(배)		121.0	45.5	168.8	198.1	79.5
PBR(배)		2.7	2.3	4.1	3.7	5.5
배당수익률(%)		0.0	0.0	0.0	0.0	0.0

재무제표(백만 위안)	FY2010	FY2011	FY2012	FY2013	FY2014	FY2015
손익계산서						
매출액	48,448	48,827	46,904	52,863	58,196	80,009
영업이익	2,768	1,410	-304	107	-179	3,176
순이익	2,919	1,595	213	776	740	3,138
지배지분 순이익	2,523	1,385	81	553	434	2,823
매출액 증가율	17.8	0.8	-4.0	12.8	10.1	37.5
순이익 증가율	-33.5	-45.1	-94.1	579.6	-21.6	551.3
영업이익률	5.7	2.9	-0.6	0.2	-0.3	4.0
대차대조표						
자산총계	52,963	65,624	68,710	76,393	94,009	115,486
부채합계	31,812	41,644	44,566	51,536	65,114	79,457
자기자본	21,151	23,980	24,144	24,856	28,894	36,029
현금흐름표						
영업현금흐름	3,139	5,985	5,555	2,436	38	3,842
투자활동 현금흐름	-12,672	-8,923	-4,610	-5,651	-7,962	-10,606
재무활동 현금흐름	9,178	4,736	-1,217	4,508	7,271	8,750

04 로컬 자동차 업계 1위 장안자동차

000625.SZ

>>> 중국 국영 완성차 업체인 장안자동차는 1984년 자체 소형 상용차 생산을 시작한 이래 오늘날 중국의 빅4 완성차 업체 중 하나로 성장했으며, 스즈키, 포드, PSA(푸조) 그룹 등과 JV를 설립했다.

장안자동차는 1862년 설립된 중국 최초의 국영회사이자 서구식 엔지니어링 회사가 모태이다. 1950년대에 중국 정부에 지프차를 조립·생산·납품한 이후 1984년 중국 최초의 소형 상용차인 Star를 자체 생산하기 시작했다. 2006년부터 창안(Changan)을 정식 브랜드명으로 채택하고, 2007년 심천거래소에 상장되었으며, A주와 B주에 모두 상장되어 있다. 소형 트럭과 미니밴 등 소형 상용차 생산에 강점이 있으며, 2012년 190만대 생산을 돌파하며 중국 완성차 업체 4위로 도약했다.

자국 브랜드 선호 추세의 수혜주

장안자동차는 이처럼 소형 상용차로 출발했지만 승용차의 비중을 점차 늘려왔으며, 2012년 SUV인 CS35를 출시했다. 2015년 JV와 관계사를 통틀어 278.1만 대의 완성차를 생산했으며, 판매량은 277.7만 대로 중국 시장점유율은 11.3%였다. 이 중 자체 브랜드 차량 판매량은 약 100만 7천 대로, 중국 로컬 자동차 업계 1위로서 최초로 연 판매대수 100만 대를 돌파했다. 중국에 6개의 생산거점, 해외에 4개의 기술연구소(이탈리아, 일본, 미국, 영국)를 두고 있으며, 60개국 이상에 약 6천여 개의 판매 및 서비스망을 갖추고 있다.

2016년 판매 목표는 295만 대이며, 2020년까지 친환경차 부문의 목표는 투자 80억 위안, 판매량 40만 대이다. 장기적으로는 2025년까지 친환경차 부문에서 180억 위안 투자, 34종 출시, 200만 대 판매가 목표이다. 소형 상용차 제작 노하우와 친환경 기술의 접목, 중국의 자국 브랜드 선호도 증가세로 인한 수혜가 기대된다.

장안자동차(Chongqing Changan Automobile Company Limited, 长安汽车)

홈페이지	www.changan.com.cn
직원수	37,457명
시가총액	695억 위안
	11조 4,684억원
주가	15.87위안
52주 최고/최저	18.36/13.37위안
상장주식수	3조 3,875억 주
유통주수/유동주	37억 6,100만 주
	/16억 4,100만 주
PER(2016E)	6.54배
5년 주가상승률	268.2%

밸류에이션	FY2010	FY2011	FY2012	FY2013	FY2014	FY2015
EPS(위안)	0.87	0.20	0.31	0.75	1.62	2.13
BPS(위안)	4.57	3.05	3.33	4.03	5.50	7.37
DPS(위안)	0.08	0.04	0.05	0.10	0.25	0.64
ROE(%)	20.9	7.6	9.6	20.4	34.0	33.2
PER(배)	11.3	15.2	37.6	17.9	11.5	8.9
PBR(배)	2.1	1.2	2.1	3.0	3.3	2.5
배당수익률(%)	6.7	16.9	9.6	5.6	3.9	3.8

재무제표(백만 위안)	FY2010	FY2011	FY2012	FY2013	FY2014	FY2015
손익계산서						
매출액	33,072	26,552	29,463	38,482	52,913	66,772
영업이익	1,978	753	922	3,131	7,177	9,587
순이익	2,006	926	1,415	3,468	7,518	9,923
지배지분 순이익	2,027	968	1,446	3,506	7,561	9,953
매출액 증가율	29.2	-20.8	11.0	30.6	35.2	26.2
순이익 증가율	80.9	-52.4	49.4	142.4	124.5	31.6
영업이익률	6.0	2.8	3.1	8.1	13.6	14.4
대차대조표						
자산총계	30,456	36,532	46,118	53,365	69,687	89,414
부채합계	19,873	21,883	30,727	34,725	44,232	55,240
자기자본	10,584	14,649	15,391	18,640	25,455	34,174
현금흐름표						
영업현금흐름	2,695	207	512	1,833	3,780	5,415
투자활동 현금흐름	-1,179	-3,761	-3,680	-2,092	5,220	4,268
재무활동 현금흐름	-888	3,578	2,515	452	-3,578	-1,319

성장 여력이 큰 운송/여행 업종

2015년 해외여행을 한 중국인은 전년 대비 9.7%가 증가한 1억 2천만 명에 달했다. 이 중에서 홍콩과 마카오로 출국한 사람은 전체 출국자의 51.8%인 6,600만 명이다. 그런데 홍콩과 마카오는 육로로 이동할 수 있고 출퇴근하는 사람도 많으므로, 운송업 지표로는 출국자 수가 아니라 항공기 이용객 수를 참고하는 것이 바람직하다. 같은 기간 중국인의 국제선 항공기 이용객은 전년 대비 33.3%가 증가한 4,200만 명이며, 홍콩과 마카오 노선의 경우 전년 대비 1.5%가 증가한 1천만 명이었다.

항공 수요는 소득수준과 여가 일수 등도 중요한 변수지만, 항공사의 공급(노선 및 운항 편수)이 가장 중요한 변수이다. 항공사가 노선을 만들지 않으면 이용 수요 자체가 발생할 수 없기 때문에, 공급이 선행해서 증가한 이후 수요가 후행해 따라가는 구조이다. 항공사의 공급에서 가장 중요 변수인 항공기 주문 목록을 살펴보면, 앞으로 중국 항공사로 인도될 항공기는 에어버스가 193대, 보잉이 309대이다. 이로써 중국인의 항공기 이용객은 꾸준히 증가할 것으로 전망된다.

한편 2015년 중국의 국내선 항공기 이용객은 전년 대비 9.4%가 증가한 3억 9천만 명을 넘어섰다. 이는 중국 항공사가 지금까지 경쟁에서 자유로운 국내선 중심으로 영업을 해왔기 때문이다.

앞으로 중국 국내에서 고속철도와 같은 육로 수단이 확대되면, 중국 항공사는 기존의 국내선 중심의 영업에서 국제선 항공 쪽으로 노선과 영업을 강화할 것으로 보여 국제선 수요 및 해외여행이 늘어날 여지가 많다. 또한 중국인의 해외여행 수요 못지 않게, 중국으로 입국하는 관광객도 꾸준히 증가하고 있고, 이를 위한 호텔 건설도 늘어나고 있다. 결과적으로 중국 운송/여행 산업의 성장 가능성은 매우 높다고 할 수 있다.

중국의 주요 도시별 인구　　　　　　　　　　　　　　자료: CEIC, 키움증권

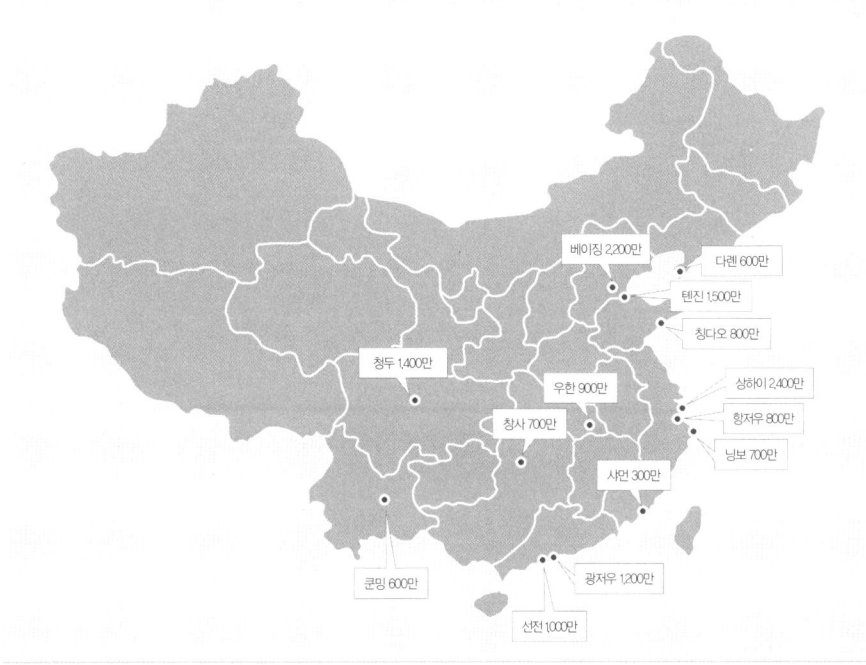

중국인의 주요 출국 국가와 출국자 수　　　　　기준: 2015년 | 자료: CEIC, 키움증권

순위	출국 국가	출국자 수(명)	비율(%)
1	홍콩	4,580만	35.9
2	마카오	2,040만	16.0
3	태국	790만	6.2
4	한국	590만	4.7
5	일본	490만	3.9
6	미국	260만	2.0

01 국제선 증가 여력이 큰 중국 항공업계

>>> 중국인의 해외여행은 빠르게 증가하고 있다. 특히 아직 국내선 비중이 88.3%로 높다는 점에서, 국제선 여객수는 빠르게 증가할 것으로 보인다.

중국의 해외 출국자 수는 2015년 1억 2천만 명을 기록했으며, 지난 5년 동안 연평균 17.5%의 높은 성장률을 기록하고 있다. 이와 함께 총인구의 9.3%가 해외여행을 경험하게 되었다. 수년 동안 이어지는 높은 성장률은 당연히 추가 성장에 대한 기대로 연결되고 있다.

또한 중국인 해외 여행객의 소비 여력이 높아짐에 따라 한국은 물론이고, 일본과 태국 등 인접국들도 이들을 유치하기 위해 편의성을 강화하고 있다. 이 또한 중국인의 해외여행을 늘리는 요인이 될 것이다.

출국자 수보다 중요한 항공기 이용객 수

중국인의 주요 출국 국가를 살펴보면, 홍콩과 마카오가 각각 4,500만 명과 2천만 명으로 두 나라의 비중이 전체 출국자 수의 51.8%를 차지한다. 그런데 홍콩과 마카오는 중국에서 육로로 이동할 수 있고 출퇴근 수요까지 포함되어 있기 때문에, 그 모두를 실제 해외 여행객으로 분류하기는 어렵다. 따라서 1천만 명 정도의 중국-홍콩, 중국-마카오 노선 '항공기'의 이용객 수 정도만 중국인 해외 여행객으로 감안해야 한다.

반면 홍콩과 마카오를 제외한 주요 출국 국가는 출퇴근 수요일 가능성이 적고 육로로 이동하기 어렵다는 점에서 해외 여행객 수로 보아도 무리가 없다. 따라서 중국인의 실제 해외 여행객 수는 6,500만 명 내외로 추정된다.

중국인 출국자 수와 증감률   자료: CEIC, 키움증권

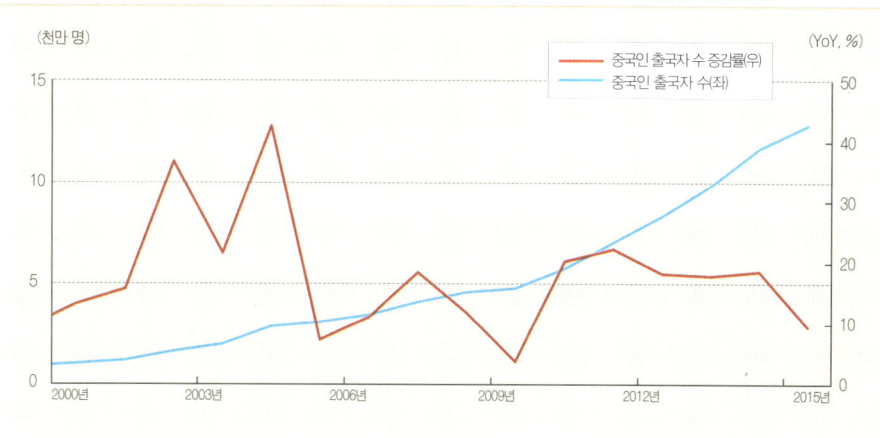

중국의 국내선 항공기 이용자 수와 국제선 항공기 이용자 수   자료: 중국민항총국, 키움증권

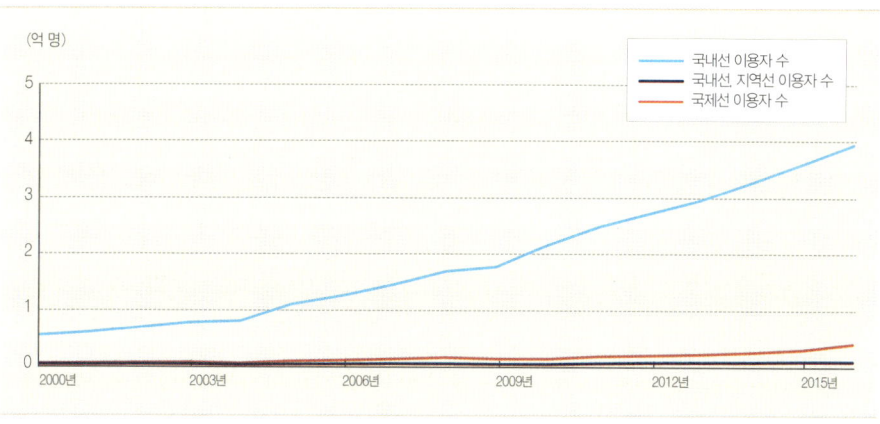

국내선 3억 9천만 명 vs 국제선 4,200만 명

2015년 중국인의 국제선 항공기 이용자는 전년 대비 33.3%가 증가한 4,200만 명으로, 지난 5년 동안 연평균 17.2%의 높은 성장률을 보였다. 하지만 국내선의 이용자는 9.4%가 증가해서 3억 9천만 명에 바짝 다가선 것을 감안하면, 국제선의 추가 성장 여력이 충분하다. 국내선 이용자는 항공기 이용에 부담을 느끼지 않아서 잠재적인 국제선 이용자로 전환될 수 있기 때문에, 국내선 이용자의 증가 추이가 중요하다.

항공 수요는 철저히 공급에 후행해서 움직일 수밖에 없다. 항공사가 노선을 증편하기 전에는 그 노선의 수요가 발생할 수 없기 때문이다. 따라서 중국 항공사들이 고속철도 같은 육상 운송수단과 경쟁이 심화되어 국제선으로 눈을 돌리기 시작하면, 3억 9천만 명에 달하는 국내선 이용자는 국제선 이용자로 전환될 가능성이 높다.

중국 항공사의 국제선 취항은 늘어날 전망

해외 항공사가 중국의 국내선에 진출하는 것은 사실상 불가능하다. 그래서 중국 항공사들은 충분한 운항거리와 수요만 확보할 수 있다면 국내선부터 공급을 늘려왔다. 또한 국제선 취항은 상호관계이기 때문에, 중국 항공사가 해외에 취항하면 해외 항공사가 중국에 취항하게 됨으로써 수요 확보를 위한 경쟁이 치열해질 수 있다. 따라서 중국 항공사들은 안정적인 수요가 보장되는 국내선 중심으로 공급을 확대하며 수익을 창출해 온 것이다.

그러나 국내선 수요의 성장률이 점차 둔화되고 있기 때문에, 앞으로는 국제선으로 눈을 돌릴 가능성이 높다. 특히 중국 항공사는 누적으로 보잉과 에어버스에 각각 1,457대와 1,061대의 항공기를 주문해 왔는데, 이는 전체 보잉 주문목록의 5.4%, 아시아 국가 주문목록의 29.2%이며, 에어버스의 경우도 각각 6.4%와 23.9%를 차지하고 있다. 이에 따라 앞으로 중국 항공사의 국제선 이용자 수는 크게 증가할 것으로 보인다.

중국 항공사의 연도별 운항 편수

자료: 중국민항총국, 키움증권

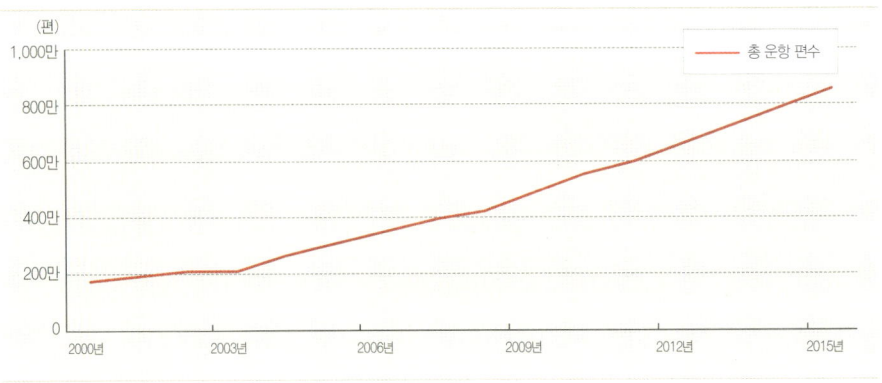

중국 3대 항공사의 항공기 현황과 도입 예정 항공기

단위: 대 | 자료: 각사 홈페이지, 키움증권

		2015년	2016년 예상	2017년 예상	2018년 예상
동방항공 *in&out 포함	B777-300ER	9	7	4	
	A330 시리즈	51		7	
	B737 시리즈	211	23	9	
	A320 시리즈	243	22	14	
	A340-600				
	B767	6			
	B757				
	중형기	6	-6		
에어차이나 (중국국제항공) *delivery 기준	A319	33			
	A320/A321	91	10	11	8
	A330	53			
	A340	1			
	A350			1	3
	B737	140	12	14	12
	B747	11			
	B757	1			
	B777	30	3	3	
	B787		7	6	2
중국남방항공 *in&out 포함	A319	43	-6		
	A320 시리즈	207	22	23	15
	A330 시리즈	35	3	5	5
	A380-800	5			
	B737 시리즈	293	24	40	43
	B757-200	17	-7	-5	-1
	B777 시리즈	11	3		
	B787	16			

02 | 종합 여행기업 등방국제

300178.SZ

>>> 항공사와 직거래만 하는 항공권 판매 대행회사로, 오프라인 대리점뿐만 아니라 사업 영역을 금융 분야, 온라인으로 확대하고 있다. 주력 사업은 항공권 판매 대행, 호텔 및 관광·레저, 출장 관리, 금융 서비스 등이다.

등방국제는 씨트립(Ctrip) 다음의 중국 2위 항공권 판매 대행회사이다. 오프라인 대리점을 기반으로 최근 사업영역을 금융 분야까지 확대했으며, 흔흔여유(欣欣旅遊)와 성도팔천익(成都八千翼)을 인수해 온라인으로도 확장하는 등 '오프라인 항공권 판매+금융+온라인'을 목표로 하고 있는 종합 여행기업이다.

관광산업에서 중요한 수직계열화

등방국제는 항공사와 직거래를 통해 항공권 판매시장을 선점하고 가격 경쟁력을 강화하며 거래처를 늘리고 있고, 호텔과 버스로도 사업 범위를 넓히는 등 전문 여행사로 발전하고 있다. 또한 온라인에 강점이 있는 흔흔여유를 인수해 온라인 플랫폼 사업에 진출했으며, 관광상품 판매, 각종 여행사와 최종소비자를 연결해 주는 B2B, B2C, B2B2C 등 플랫폼도 다양화되고 있다. 관광산업에서 중요한 수직계열화된 사업구도와 자금력을 갖추어 거래규모가 급속히 성장하고 있다.

이와 함께 금융사업도 확대하고 있다. 주요 고객인 항공권 판매 대리점과 온라인 판매업자들은 자금력이 부족한 경우가 많으므로, 온라인 금융사업을 펼치는 데 유리할 전망이다. 관광업계에서 중요한 수직계열화된 사업구도를 갖추고 있고, 여기에 관광자원을 접목하고, 금융 부가 서비스를 제공해 중소 여행사와 공동 성장을 위한 플랫폼도 마련했다. 앞으로 3~5년 이후의 전략은 기존 오프라인 항공권 판매를 기반으로 '온라인 여행사+금융 서비스+호텔과 버스' 등, 자금력을 바탕으로 규모를 확대하며 수익성을 개선하는 것이다.

등방국제(Shenzhen Tempus Global Business Service Holding Ltd., 腾邦国际)

홈페이지	www.tempus.cn/
직원수	2,295명
시가총액	101억 위안
	1조 6,640억원
주가	18.15위안
52주 최고/최저	36.36/16.68위안
상장주식수	5,276주
유통주수/유동주	5억 5,500만 주 /2억 8,400만 주
PER(2016E)	49.32배
5년 주가상승률	347.9%

밸류에이션	FY2010	FY2011	FY2012	FY2013	FY2014	FY2015
EPS(위안)	0.91	0.50	0.55	0.74	0.53	0.27
BPS(위안)	3.66	8.23	8.55	9.24	5.06	2.49
DPS(위안)	0.00	0.20	0.10	0.15	0.06	0.03
ROE(%)	28.5	8.8	6.5	8.4	11.0	11.1
PER(배)	0.0	25.5	35.6	44.6	52.1	110.4
PBR(배)	0.0	1.9	1.7	3.3	5.3	11.8
배당수익률(%)	0.0	0.2	0.2	0.1	0.1	0.1

재무제표(백만 위안)	FY2010	FY2011	FY2012	FY2013	FY2014	FY2015
손익계산서						
매출액	170	181	258	357	464	928
영업이익	94	66	78	108	153	204
순이익	82	58	66	91	134	157
지배지분 순이익	82	58	66	91	130	146
매출액 증가율	37.2	6.3	43.0	38.2	29.9	100.1
순이익 증가율	53.9	-29.5	14.0	38.7	42.7	17.2
영업이익률	55.2	36.6	30.1	30.1	33.0	21.9
대차대조표						
자산총계	492	1,088	1,215	1,397	2,129	3,284
부채합계	164	104	157	251	870	1,845
자기자본	327	984	1,058	1,146	1,259	1,438
현금흐름표						
영업현금흐름	99	42	50	-53	-249	-117
투자활동 현금흐름	-116	-103	-35	-131	-76	-305
재무활동 현금흐름	-47	552	-2	59	202	629

03 원스톱 물류 서비스 이아통

002183.SZ

>>> 중국 전역을 망라한 유통·구매·배송 등 원스톱 물류 서비스를 제공하고 있다. 초기에는 IT기업을 대상으로 한 물류 관리 서비스가 주요 사업이었지만, 2009년 '380 플랫폼'을 선보이면서 중국 전역을 포괄하는 물류기업을 목표로 성장하고 있다.

전국 380개의 지점을 통해 물류는 물론이고, 금융과 마케팅 서비스도 확대할 계획이다. 매장관리, 마케팅, 금융 서비스를 추가함으로써 구매·물류·판매·대금회수 등 물류 체인 전반에 관한 서비스를 제공하는 것을 목표로 성장하고 있다.

종합 물류기업 이아통의 특징

첫째, 현재 화장품과 같은 소비재 분야를 중심으로 B2B, O2O 플랫폼을 구축하고 있다. 2018년까지 500만 개의 소비제품과 14만 개의 기업을 연결하는 초대형 오프라인 물류·자금·정보·인력관리 시스템을 만들 계획이다.

둘째, 화장품, 식료품, 유아용품, 가전 등 기존 소비재 시장에서 경쟁력을 강화하고 있다. 이아통이 직접 운영하는 생활용품 구매 사이트인 허러통(www.365hele.com)을 통해 가격 및 배송을 차별화하며 소비재 시장에서 영향력을 높이고 있다.

셋째, 2008년부터 '380 플랫폼'을 통해 중국 전역에 시장·판매·정보·물류·비즈니스·결제까지 원스톱 공급 체인 서비스를 제공하고 있다. 현재 200여 곳에 진출했으며, 전국 25개 성급 행정지구, 200개 도시의 100만 개가 넘는 매장을 통해 전국 380개 지역에 거점을 확보하는 것이 목표이다.

마지막으로 기존 물류사업의 성장을 기반으로 대형은행과의 제휴를 통해 금융 대출 심사 서비스를 제공하고, 주요 거래처와 광고 제휴를 통해 오프라인 화상 마케팅 사업도 확대하고 있다. 이들 사업은 초기 수익성은 낮지만, 이미 확보한 전국적인 물류 거래망을 활용할 경우 앞으로 높은 수익성이 기대된다.

이아통(Eternal Asia Supply Chain Management Ltd., 怡亚通)

홈페이지	www.eascs.com
직원수	14,753명
시가총액	238억 위안
	3조 9,329억원
주가	11.35위안
52주 최고/최저	32.92/10.605위안
상장주식수	2조 981억 주
유통주수/유동주	20억 9,900만 주 /12억 9,200만 주
PER(2016E)	22.43배
5년 주가상승률	202.7%

밸류에이션	FY2010	FY2011	FY2012	FY2013	FY2014	FY2015
EPS(위안)	0.24	0.16	0.15	0.21	0.32	0.48
BPS(위안)	2.61	1.61	1.78	2.71	3.18	4.82
DPS(위안)	0.11	0.08	0.05	0.07	0.00	0.25
ROE(%)	9.4	9.7	8.9	9.6	10.7	12.0
PER(배)	53.1	28.2	28.8	44.0	51.1	111.4
PBR(배)	4.7	3.0	2.7	3.1	5.1	10.1
배당수익률(%)	2.1	5.4	5.3	3.6	1.7	0.5

재무제표(백만 위안)	FY2010	FY2011	FY2012	FY2013	FY2014	FY2015
손익계산서						
매출액	6,054	7,025	7,555	11,623	22,142	39,939
영업이익	166	136	149	268	392	550
순이익	121	115	130	208	324	469
지배지분 순이익	131	135	125	200	312	492
매출액 증가율	128.5	16.1	7.5	53.9	90.5	18.1
순이익 증가율	66.2	2.9	-7.1	59.6	55.9	57.7
영업이익률	2.7	1.9	2.0	2.3	1.8	1.4
대차대조표						
자산총계	12,861	12,860	10,465	14,521	21,853	32,813
부채합계	11,374	11,504	8,937	11,554	17,948	26,195
자기자본	1,487	1,356	1,528	2,966	3,904	6,619
현금흐름표						
영업현금흐름	-739	-178	268	-2,719	-3,280	-1,805
투자활동 현금흐름	29	-297	-159	46	-54	-1,714
재무활동 현금흐름	506	494	252	2,858	3,751	5,601

디지털 소비로 주목받는 미디어 업종

미디어 산업은 방송·영화·음악·광고 등 범위가 매우 다양하고, 국가의 경제발전 속도 및 수준과 연관성이 높으며, 정부의 정책방향에 민감한 규제산업이다. 중국 콘텐츠 시장의 규모는 2014년 1,493억 7,300만 달러에서 2019년까지 연평균 10.6%가 성장해서 2,475억 4,500만 달러 규모로 증가할 것으로 예상된다.

중국의 미디어 산업은 소비자들의 소득수준이 향상되고 디지털 소비가 늘어남에 따라 크게 발전하고 있다. 중국의 1인당 GDP는 2015년 7,990달러에서 2020년 10,416달러를 돌파할 것으로 예상되는데, 이에 반해 GDP 대비 콘텐츠 시장의 비중은 아직 1.4~1.5% 수준에 불과하다. 이는 미국과 일본의 약 3.8%, 한국의 3.1~3.3%와 비교했을 때 낮은 수치여서 앞으로 성장 잠재력이 높다.

중국은 인터넷 인프라 환경이 개선되고 스마트폰이 활발하게 보급되면서 디지털 콘텐츠의 소비가 급격하게 증가하고 있으며, 미디어 시장에서 그 영향력이 커지고 있다. 온라인을 통한 미디어 이용시간은 전통매체인 TV를 추월했고, 2016년 온라인 동영상 업체들의 콘텐츠 구매액은 위성TV의 콘텐츠 구매액을 약 1.9배 웃돌 전망이다.

중국 정부는 규제를 통해 자국의 콘텐츠 산업을 보호하고 있다. 성장 초기에 글로벌 사업자들의 중국 진출을 제한하고 통제하여, 자국의 콘텐츠 산업이 경쟁력을 키울 수 있는 기회를 마련해 주었다. 또한 정부가 강력한 불법 콘텐츠 억제정책을 실시함으로써 시장이 정상화되고 있는데, 이는 저작권에 대한 인식을 높이는 계기가 될 것이다.

중국의 1인당 GDP 추이

자료: IMF

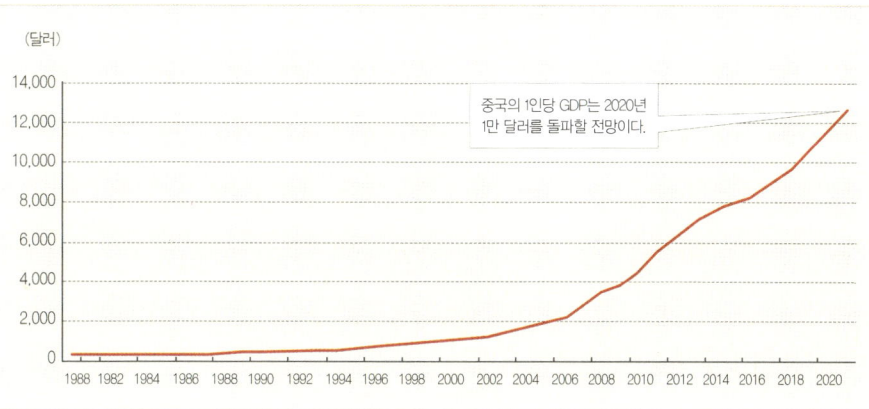

중국의 1인당 GDP는 2020년 1만 달러를 돌파할 전망이다.

중국의 콘텐츠 시장규모 및 전망

단위: 백만 달러 | 자료: PwC(2015), ICv2(2014, 2015), MDRI(2014), Box Office Mojo(2015), Digital Vector(2014), EPM(2013, 2014)

	2010년	2012년	2014년	2015년	2016년	2017년 예상	2018년 예상	2019년 예상	2014~2019년 (CAGR)*
출판	26,392	29,517	32,467	33,839	35,226	36,663	38,190	39,853	4.2%
만화	325	402	362	357	352	346	339	332	-1.7%
음악	619	682	790	860	917	970	1,015	1,049	5.9%
게임	4,712	6,464	8,431	9,148	9,848	10,548	11,309	12,156	7.6%
영화	2,135	3,359	5,065	5,807	6,649	7,611	8,709	9,965	14.5%
애니메이션	378	540	748	867	983	1,113	1,257	1,418	13.6%
방송	13,548	17,497	23,087	26,095	29,256	32,060	34,691	36,864	9.8%
광고	22,517	31,206	40,481	45,798	51,527	57,082	62,453	67,061	10.6%
캐릭터 라이선스	3,452	5,036	6,248	7,100	8,067	9,166	10,415	11,834	13.6%
지식정보	31,242	41,902	55,403	62,839	70,883	79,916	89,455	100,112	12.6%
산술합계	105,320	136,605	173,082	192,710	213,708	235,475	257,833	280,644	10.1%
합계	88,697	116,172	149,373	167,332	186,464	206,409	226,690	247,545	10.6%

* CAGR은 Compound Annual Growth Rate의 약자로 연평균 성장률을 뜻한다.

01 | 콘텐츠 수요 증가

>>> 중국은 소득수준이 향상되면서 콘텐츠 구매력이 높아지고 있다. 영화시장은 5년간 연평균 33%가 성장했고, 드라마 시장도 고성장이 예상된다. GDP 대비 콘텐츠 수요의 비중을 감안할 때, 중국 미디어 산업의 성장 잠재력은 높다.

소득 증가에 따른 콘텐츠 수요 증가

미디어 산업의 성장성은 경제발전 속도 및 소득수준과 높은 상관관계를 보인다. 중국의 경제가 발전하고 소득수준이 향상되면서 자연스럽게 문화 콘텐츠 소비가 증가하고 있다.

중국의 1인당 GDP는 지난 5년 동안 연평균 12.3% 성장했고, 2015년에는 7,990달러를 기록했으며, 2020년에는 10,416달러를 돌파할 것으로 예상된다. 지난 5년 동안 중국 콘텐츠 시장의 규모는 연평균 13.5% 성장해서 1,494억 달러를 기록했을 것으로 추정된다.

중국 정부는 문화산업 육성에 대한 의지가 강하다. 2009년부터 문화산업을 국가 전략산업으로 지정하고 투자와 지원을 늘리고 있으며, 다양한 산업과의 융합을 통한 부가가치 창출을 유도하고 있다. 중국 문화산업의 부가가치는 2009년부터 5년 동안 연평균 19.3% 증가해서 2013년 2조 위안을 돌파했다.

성장 잠재력이 높다

중국 콘텐츠 시장의 규모는 GDP 대비 약 1.42%이다. 일본의 GDP 대비 콘텐츠 시장의 비중은 3.77%, 미국은 3.76%, 한국은 3.08%인데, 이들과 비교했을 때 아직 현저하게 낮은 수준이다. 1인당 콘텐츠 소비량도 110달러로 한국의 1,011달러에 비해 매우 낮다. 중국의 콘텐츠 시장은 이처럼 성장 초기 단계에 있기 때문에 앞으로 성장 잠재력이 높다.

중국 콘텐츠 시장의 규모   자료: PWC

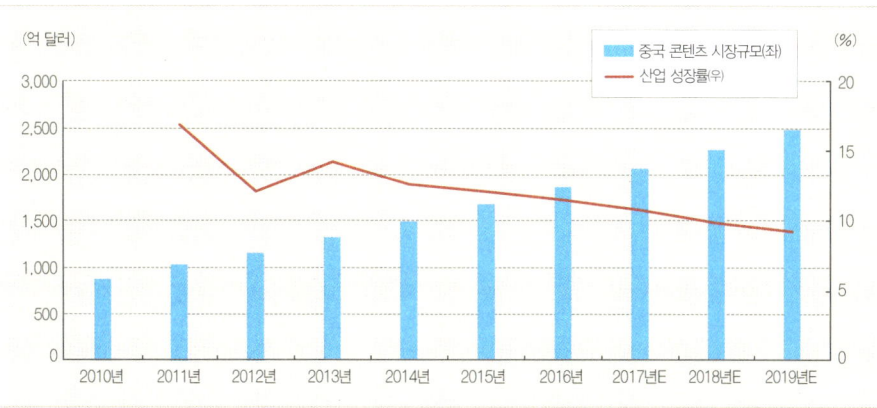

국가별 GDP 대비 콘텐츠 시장의 비중   자료: IMF, PWC

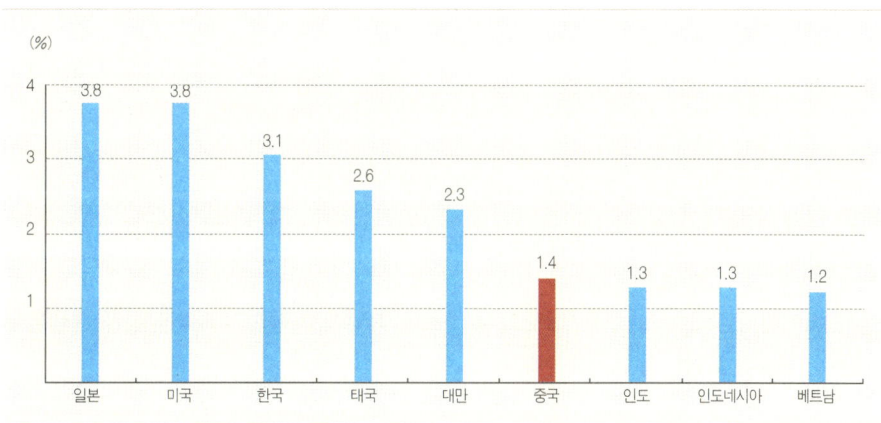

중국의 콘텐츠 시장규모는 2016년 일본을 추월해서 세계 2위 시장을 달성할 것으로 예상되며, 2019년까지 연평균 10.6% 성장하고, 이후에도 높은 성장률을 이어갈 것으로 예상된다.

대표적인 고성장 미디어 콘텐츠, 영화시장

중국의 영화시장은 고성장을 거듭하고 있다. 지난 5년 동안 연평균 33%가 성장해서 2015년 67.8억 달러를 기록했으며, 2018년에는 현재 세계 최대 시장인 미국 시장을 추월할 것으로 전망된다.

중국의 영화시장은 2002년 이후 정부가 본격적으로 정책 개선에 나섬으로써, 현재의 제작·배급·상영으로 통일된 하나의 시스템으로 발전하게 되었다. 중국 정부는 영화산업의 체질을 개선하기 위해 국영기업이 독점하던 제작 및 배급 시스템에 민간기업의 진출을 허가함으로써 투자를 촉진하고, 배급 및 상영 부문에서는 '원선제(院線制)'를 도입해 영화 배급 절차를 간소화하여 효율성을 높였다. 엄격한 통제 속에 제한되었던 수입영화 쿼터제는 점차 완화되어 2012년 연간 분장제 수입 편수를 기존 20편에서 34편으로 늘렸고, 영화 공동제작 협정을 통해 중국과 해외의 합작영화 제작 요건을 완화하고 있다.(분장제는 중국의 영화 수입 방식으로, 양국이 정한 일정 비율에 따라 흥행 수입을 나누어 갖는 구조이다. 주로 할리우드 대작에 적용되며 연간 배급 편수도 제한된다.)

2015년 중국의 현지 영화 제작 편수는 총 686편이었으며, 제작역량이 강화되어 상영비율(상영/제작)이 크게 개선되고 있다. 이는 중국 영화의 콘텐츠가 질적으로 향상되고 있음을 의미한다. 최근에는 중국 업체들이 글로벌 기업을 인수하고 해외시장에 진출함으로써 기술력이 향상되고 있다.

중국 영화의 배급시장은 수입영화에 대해 독점적인 배급권을 가지고 있는 국영기업 CFG(China Film Group, 차이나필름)가 압도적으로 주도하고 있다. 또 다른 국영기업 화샤필름(Huaxia film)은 CFG의 외화 배급을 대행하고, 국산영화의 경우 민영영화사와 공동 배급을 하고 있다. 2002년 보나필름(Bona Film)과 뉴픽쳐스(New Pictures)를 포함한 7개 민영회사가 국산 영화 배급권을 획득함으로써 민간기업이 배급시장에 진출했고, 최근 화이브라더스(Huayi Brothers), 인라이트 미디어(Enlight Media), 보나필름 등 다수의 민영기업들이 공격적으로 점유율을 높이며 경쟁이 심화되고 있다.

중국과 북미의 영화시장 규모   자료: Ent Group, 키움증권

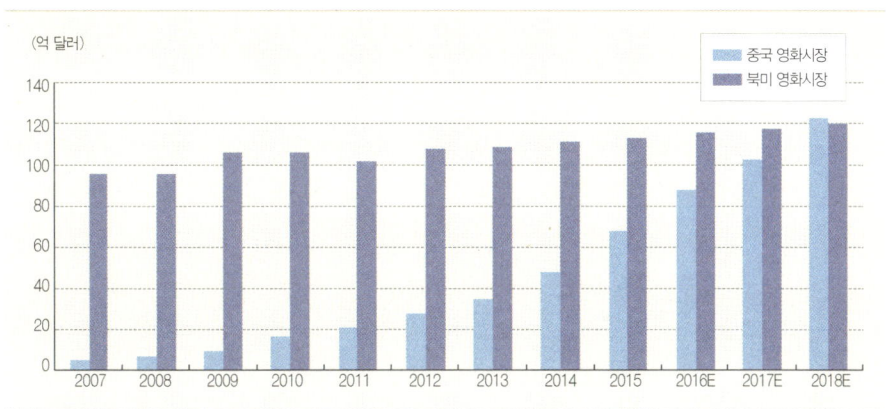

중국의 영화 제작 편수   자료: 광전총국, 키움증권

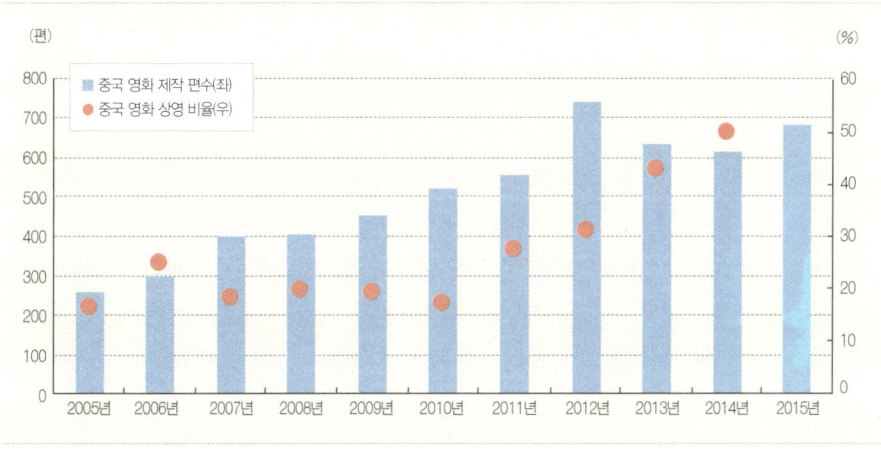

중국의 상영관과 스크린 수는 2002년부터 2014년까지 각각 연평균 28.1%, 38.8%가 증가했으며, 2010년까지 베이징, 광저우, 상하이, 선전 등 1선 도시 중심으로 성장했고, 최근에는 2~4선 도시로 성장세가 빠르게 확산되고 있다.

4장 중국 주식 실전투자 ② – 유망업종 및 기업 분석 **221**

세계 1위의 제작 편수, 드라마 시장

2013년 중국의 드라마 시장규모는 전년 대비 20%가 증가한 17억 달러를 기록했다. 대부분의 중국 드라마는 독립제작사가 제작하여 방송국에 판매하는 형태인데, 300개의 방송국과 2,200개 이상의 TV 채널에서 유통된다.

예전에는 다수의 방송 채널들이 공동으로 드라마 판권을 구매해 동시에 방영했지만, 최근에는 시청률 경쟁이 치열해지면서 한 채널이 독점적인 판권 계약을 요구하는 경향이 나타나고 있다.

중국 TV 프로그램의 장르별 점유율은 드라마(31.5%), 뉴스/시사(14.2%), 예능(11.4%) 순으로, 드라마에 대한 시청자들의 선호도가 높고 광고 수입 기여도도 크다. 따라서 고품질 드라마에 대한 수요가 커짐에 따라 방송국들이 드라마 구매에 대한 투자를 더욱 늘리고 있다.

2005년 이후 중국은 세계에서 가장 많은 드라마를 제작하는 국가로 성장했다. 2013년의 경우 드라마 441편, 15,770회가 국가신문출판광전총국(광전총국, SAREF)으로부터 발행 허가증을 받았다. 같은 해에 신규 드라마는 209편이 방영되었고, 지난 3년 동안 연평균 8천~9천 회의 신작 드라마가 방영되었다.

2012년 137개 회사가 드라마 제작 허가증을 발급받았으며, 6,175개 회사가 방송 프로그램 제작 경영 허가증을 받았다. 민영 제작사는 5천 개가 넘어 방송영상 산업에서 프로그램 제작의 핵심 역량이 되고 있다.

2015년 중국 드라마의 평균 제작비는 190만 위안으로 매년 3~5%씩 상승하고 있으며, 최근에는 프리미엄 드라마의 제작비용이 크게 증가하고 있다. 드라마 제작비가 상승하는 이유는 위성TV와 온라인 동영상 서비스 시장에서 콘텐츠를 확보하기 위한 경쟁이 치열한 가운데, 드라마 장르에 대한 선호도가 높아 외부 투자자금이 유입되고, 유명 스타 배우의 출연료가 급등하고 있기 때문이다.

중국의 드라마 시장규모   자료: Ent Group

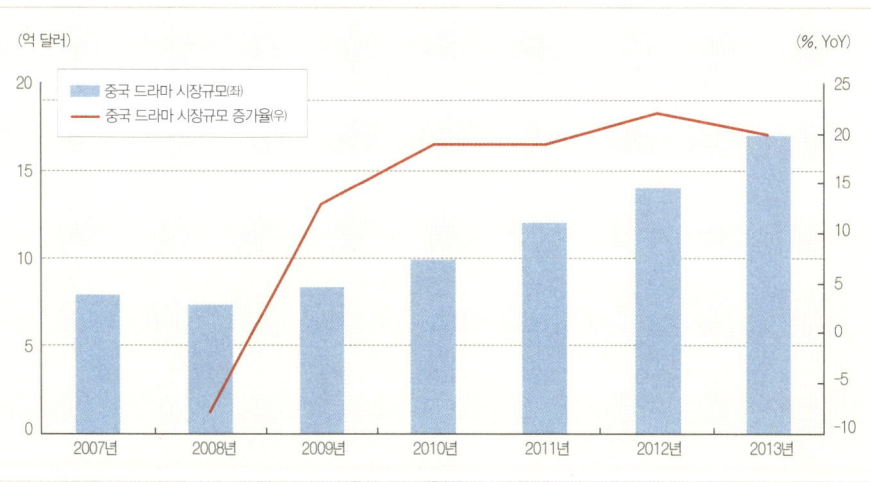

중국의 드라마 제작 허가 편수   자료: 광전총국, 키움증권

02 고속 성장하는 온라인 미디어 시장

>>> 중국의 온라인 서비스 시장은 폭발적인 성장세를 보이고 있다. 디지털화가 가속화되며 온라인 이용자가 급격히 증가했고, 공룡인 B.A.T.가 막대한 자본력을 이용해 온라인 서비스 시장의 성장을 이끌고 있다.

디지털 산업혁명

중국인들은 온라인을 통해 음원을 구입하는 소비 형태에 익숙하고, 온라인 스트리밍으로 드라마와 영화를 실시간으로 감상하고 있다. 중국의 온라인 미디어 시장은 인터넷과 모바일 인프라 개선과 함께 급속도로 발전하고 있으며, 2010년 이후 정부가 문화 콘텐츠의 저작권 보호정책을 강화하려는 움직임을 보임으로써 산업적으로도 성숙하고 있다.

한편 인터넷과 모바일 환경의 발전에 따라 온라인 미디어 시장도 커지고 있다. 2014년 온라인 광고 시장의 규모는 전년 대비 35%가 증가한 1,483억 위안으로, 이는 전년 대비 6%가 증가한 TV 광고의 시장규모인 1,190억 위안을 처음으로 추월한 것이다. 미디어 매체별 하루 이용시간을 살펴보면, 인터넷과 모바일이 각각 46%, 18%로 TV 시청 시간인 14%를 크게 웃돌고 있다.

중국은 인터넷 이용자의 73.2%인 5.0억 명과 모바일 이용자의 65.4%인 4.1억 명이 온라인 동영상 서비스를 이용하고 있다. 미디어 매체별 하루 이용시간도 2014년 디지털 미디어 비중이 TV를 넘어 50%를 차지하고 있으며, 이에 따라 매체 이용시간과 비례하여 광고 및 사업수익이 커지고 있다.

중국 정부가 추진한 온라인 콘텐츠 불법유통 근절 정책에 맞추어 온라인 동영상 사업자들은 국내외 드라마, 영화, 예능 프로그램의 전송권을 구매해 인기 있는 콘텐츠를 중국의 인터넷 가입자 수   자료: 중국국가통계국, 키움증권

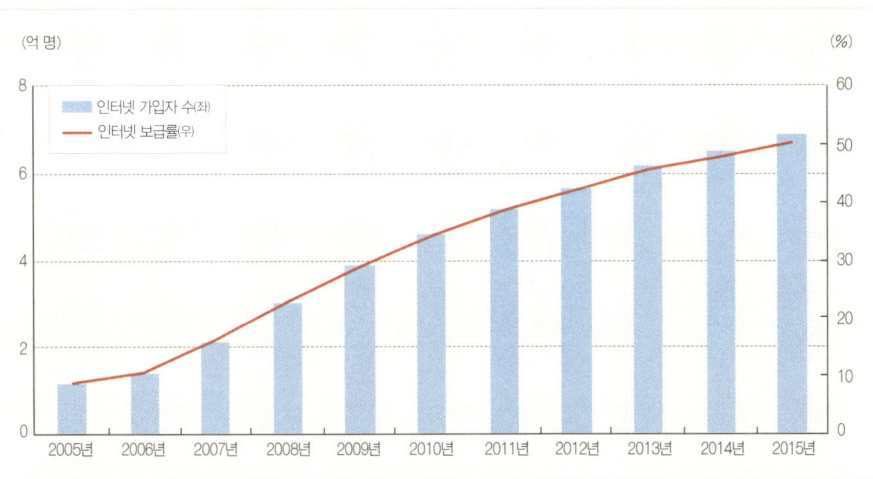

중국의 모바일 가입자 수   자료: UN 세계인구전망(2015), 키움증권

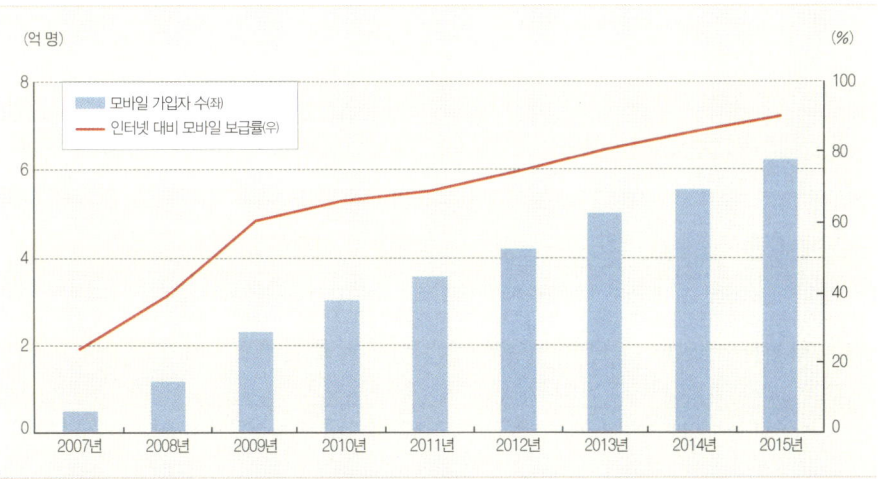

무료로 제공하여 광고수익 기반의 비즈니스 모델을 구축했으며, 2015년부터는 서비스 영역을 유료 정액제로 본격적으로 확대하고 있다.

온라인 동영상 시장의 고속 성장

중국의 온라인 동영상 서비스 및 광고 매출은 2015년 각각 400억 위안, 230억 위안을 돌파했고, 2018년까지 각각 연평균 41%, 32%가 성장할 것으로 예상된다. 2015년 3분기 모바일 동영상 광고는 총매출에서 차지하는 비중이 40%에 달했다. 모바일 동영상 광고가 온라인 동영상 광고의 매출 증가를 이끌고 있는 것이다.

온라인 동영상 서비스 시장의 성장 초기에는 사업자들이 무료로 콘텐츠를 제공하며 광고수익 모델을 기반으로 이용자를 늘렸던 반면, 2015년부터 본격적으로 유료 서비스 모델이 프리미엄 콘텐츠 중심으로 성장하면서 프로그램 PPL, 디지털 PPL 등으로 사업영역을 확대하고 있다.

유료 서비스 매출은 2014년 14억 위안, 2015년 51억 위안으로 연평균 138%가 증가했고, 2018년에는 188억 위안에 달할 것으로 예상된다. 또한 유료 서비스 가입자 수는 2014년 790만 명, 2015년 2,880만 명에서 2018년에는 8,950만 명으로 늘어날 것으로 전망된다. 이로 인해 유료 서비스는 안정적인 매출을 확보할 수 있고, 유튜브와 넷플릭스(Netflix)를 조합한 통합적 생태계를 구축할 수 있을 것이다.

2015년부터 유료회원 서비스 시장이 본격적으로 성장해 전체 서비스 매출에서 차지하는 비중이 2014년 5.6%에서 2015년 12.8%까지 성장했다. 앞으로도 수년 동안 고성장을 해서 광고 매출과 함께 가장 중요한 수익원으로 성장할 것이다.

유쿠(Youku)의 유료 서비스 매출은 2014년 3분기 418억 위안에서 2015년 3분기 2,562억 위안으로 513%나 증가했으며, 같은 기간 전체 매출에서 차지하는 비중은 4%에서 14%로 늘어났다.

온라인 동영상 서비스는 전통매체에 비해 여러 가지 장점이 있다.
첫째, TV 채널에 비해 규제적 제한이 적어 콘텐츠 장르가 다양하다.
둘째, 원하는 드라마를 개인 시간에 맞추어 찾아서 볼 수 있다.
셋째, 유료 서비스를 통해 광고 없이 볼 수 있다.
넷째, 다른 이용자들과 소통하며 콘텐츠를 즐길 수 있다.

막대한 자본력으로 공격적인 투자 지속

중국의 대형 온라인 플랫폼 업체인 바이두, 알리바바, 텐센트는 막대한 자본력과 안정적인 플랫폼을 기반으로 직간접적으로 온라인 동영상 시장에 진출해 지배력을 키우고 있다.

알리바바는 2015년 10월 유쿠의 지분 81.7%를 추가로 인수하겠다고 발표했다. 바이두는 2013년 5월 3억 7천만 달러에 인수한 PPS와 2010년 자체 설립한 아이치이(iQiYi)를 합병하고, 동영상 검색 결과를 자사 검색엔진에 우선적으로 노출시켜 플랫폼 간의 시너지를 창출하고 있다. 텐센트는 온라인 메신저 큐큐(QQ), 모바일 메신저 위챗(WeChat)과 플랫폼 연동이 가능한 동영상 플랫폼을 자체적으로 운영하고 있다.

2016년 온라인 동영상 서비스업체의 콘텐츠 투자규모는 처음으로 위성TV를 넘어설 것으로 전망된다. 위성TV의 콘텐츠 투자규모는 전년 대비 10.2%가 증가하는 반면, 온라인 서비스업체의 투자규모는 전년 대비 150%가 증가하여 위성TV 대비 1.9배 수준인 230억 위안(4조원)을 기록할 것으로 예상된다.

중국의 온라인 동영상 매출 전망   자료: iResearch

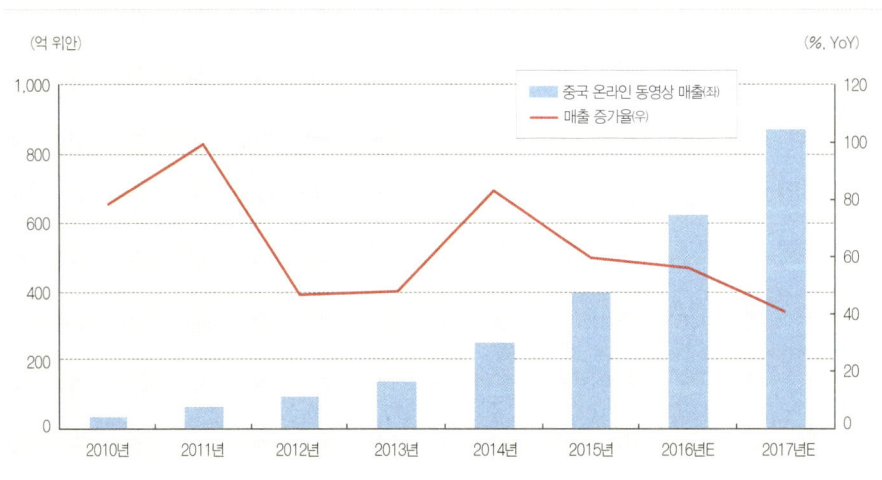

중국의 위성TV와 스트리밍 콘텐츠 투자금액   자료: Ent Group

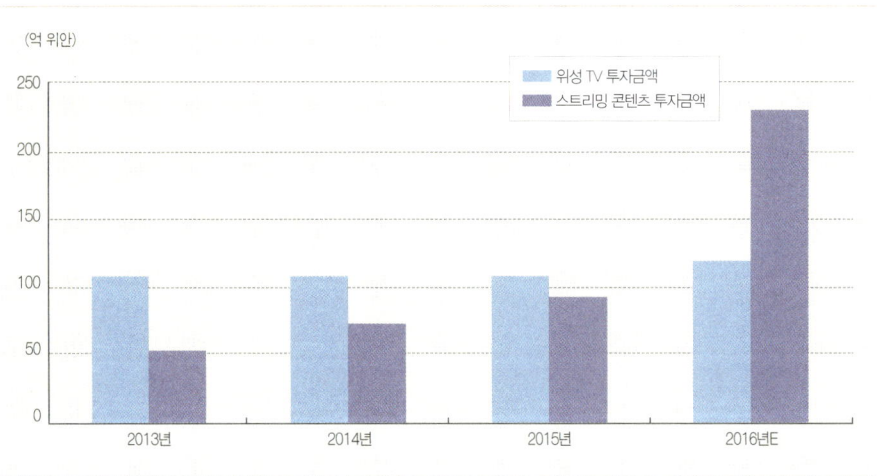

03 미디어 산업의 규제 이슈

>>> 중국은 다양한 방법으로 미디어 산업을 규제하고 있다. 해외기업의 중국 진출을 통제함으로써 기존 중국 사업자들에게 진입장벽을 만들어 주고 있다.

중국 정부는 사회적, 문화적, 상업적인 성격을 모두 갖추고 있는 미디어 산업에 다양한 형태의 규제를 가하고 있다. 가장 대표적인 규제기관인 광전총국은 방송·드라마·영화 등 콘텐츠 사업자에게 사업 허가증을 발급하며, 프로그램 심의·심사, 콘텐츠 수입 등 다양한 분야에서 감독기관으로서 역할을 한다. 정부는 규제를 통해 문화산업 시장 규모 확대 및 질적 향상, 지역 간 문화산업의 차별화 확대 및 내생적 발전 방안을 제시하고 있으며, 문화산업의 부가가치 증진에 기여하고 있다. 아울러 문화산업의 선도기업 육성 및 모델 전환, 입지 최적화, 과학기술적 혁신 추진, 인재육성, 해외진출, 그리고 문화상품의 창작 지원, 문화소비 확대, 프로젝트 전략 실시, 건전한 투융자 시스템 구축 등을 지원하고 있다.

해외기업의 시장 진출 가능성 약화

중국은 영화 스크린 쿼터제, 드라마 편성 제한, 외국인 지분율 제한 등을 통해 해외 사업자들의 시장 진출을 제한하며 국내 콘텐츠 산업을 보호하고 있다.

해외 글로벌 미디어 기업들은 성장 잠재력이 큰 중국 시장에 본격적인 진출을 계획하고 있지만, 해외 사업자들에 대한 규제로 쉽지 않을 전망이다. 중국의 미디어 사업자들은 해외 사업자들이 진출하기 전에 가입자 및 이용자를 확보해 규모의 경제를 갖춤으로써 경쟁력을 키워갈 것으로 보인다.

04 중국의 디즈니를 꿈꾸는 완다 시네마 라인

002739.SZ

> 중국 최대 영화관 사업자인 완다 시네마 라인은 완다그룹과 함께 사업적 시너지를 창출하고 있다. 중국 시장에서 공격적으로 사업을 확대하고, 해외 인수·합병을 통해 국내외에서 시장 지배력을 넓히고 있다.

중국 3대 부동산 개발업자인 완다그룹과의 시너지

완다 시네마 라인은 중국 최대 영화관 사업자로서 2005년 설립된 이후 2008년부터 시장점유율 1위를 기록(2015년 기준 13%)하고 있다. 핵심 경쟁력은 핵심 상권에 위치한 부지를 확보할 수 있는 능력이다. 완다그룹은 중국 3대 부동산 개발사업자로서 자사 개발 부지에 자회사인 완다 시네마 라인의 영화관을 입점시켜 시너지를 창출하고 있다.

완다 시네마 라인은 중국 영화시장의 성장 초기 단계부터 공격적으로 사업을 확대하여 2015년 기준 242사이트를 확보했고, 2018년까지 647사이트를 확보한다는 목표를 가지고 있다. 지난 4년 동안 매출이 연평균 39% 성장했고, 2016년의 매출은 전년 대비 56%가 증가한 119.1억 위안, 영업이익은 42.1%가 증가한 21.4억 위안을 기록할 것으로 예상된다. 2015년의 영업이익률은 19.6%로, 전 세계 영화 사업자 중에서 가장 수익성이 높다.

해외 인수·합병을 통해 세계 시장으로

2012년에는 미국 영화관 2위 사업자인 AMC 엔터테인먼트를 26억 달러에 인수해 북미시장 진출에 성공했다. 이후에도 인수·합병을 통해 스마오, 아오나, 호주 호이츠(HOYTS) 등 해외 사업자를 인수했고, 최근에는 할리우드 제작사 레전더리 픽처스 IP를 활용하여 세계 시장에 대한 지배력을 넓히고 있다. 완다그룹과 함께 극장을 넘어 중국의 디즈니를 꿈꾸는 회사이다.

완다 시네마 라인(Wanda Cinema Line Co.,Ltd., 万达院线)

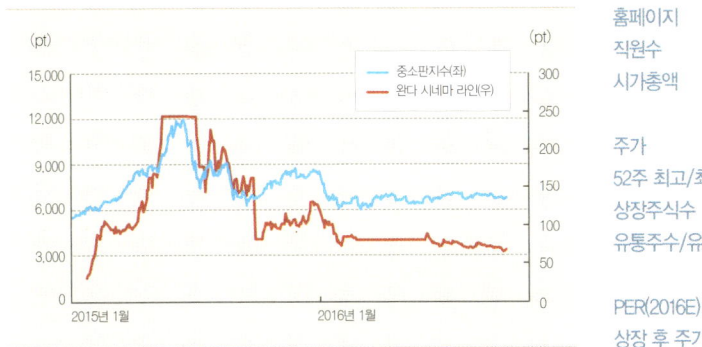

홈페이지	www.wandafilm.com
직원수	11,025명
시가총액	790억 위안
	13조 399억원
주가	67.28위안
52주 최고/최저	139.4/64.2위안
상장주식수	4,060억 주
유통주수/유동주	11억 7,400만 주 /3억 8,300만 주
PER(2016E)	46.56배
상장 후 주가상승률	118.9%

밸류에이션	FY2011	FY2012	FY2013	FY2014	FY2015
EPS(위안)	0.61	0.78	1.21	1.60	1.07
BPS(위안)	2.41	3.19	4.39	6.00	7.76
DPS(위안)	0.00	0.00	0.00	0.80	0.20
ROE(%)	25.3	27.7	31.8	30.8	19.6
PER(배)					126.4
PBR(배)					28.4
배당수익률(%)					0.2

재무제표(백만 위안)	FY2011	FY2012	FY2013	FY2014	FY2015
손익계산서					
매출액	2,209	3,031	4,023	5,339	8,001
영업이익	387	464	683	937	1,447
순이익	307	390	605	803	1,188
지배지분 순이익	305	388	603	801	1,186
매출액 증가율		37.2	32.7	32.7	49.9
순이익 증가율		27.2	55.2	32.9	48.1
영업이익률	17.5	15.3	17.0	17.6	18.1
대차대조표					
자산총계	1,912	2,598	3,452	4,574	15,459
부채합계	700	998	1,249	1,570	6,343
자기자본	1,212	1,600	2,203	3,003	9,115
현금흐름표					
영업현금흐름	434	910	1,019	1,261	2,089
투자활동 현금흐름	-571	-551	-537	-688	-3,486
재무활동 현금흐름	-3	-2	-2	-2	3,943

05 중국 최대 드라마 제작사 화책미디어

300133.SZ

> 화책미디어는 중국 최대 드라마 제작사로서 인수·합병 및 사업적 제휴를 통해 드라마 시장의 성장을 이끌고 있다. 앞으로는 그동안 확보한 IP를 활용해 영화 및 기타 콘텐츠 제작시장으로 사업영역을 확대할 것이다.

중국 드라마 시장에서 시장점유율 1위 업체인 화책미디어는 2013년 크로톤 미디어(Croton Media)의 지분 100%를 2억 7,000만 달러에 인수함으로써 연간 1,000회 이상의 드라마 제작 역량을 갖추었다. 바이두는 2014년 화책미디어에 1억 6천만 달러의 지분을 투자함으로써 자회사 아이치이에서 콘텐츠를 독점적으로 공급받을 수 있는 계약을 체결한 바 있다. 화책미디어의 드라마 제작 매출은 2013년 8.3억 위안에서 2014년 20억 위안으로 증가했으며, 매출 총이익률은 46%에 달했다.

판매 채널 다양화로 성장성 높다

중국의 드라마 제작사는 완성도 높은 드라마에 대해 선투자를 받아 제작을 진행하고, 다양한 판매 채널과 협상해 판권 가격(ASP)을 높이는 방식으로 높은 수익성을 유지하고 있다. 기존에는 위성방송 사업자 2~4개 업체에 방영권을 판매했던 반면, 지금은 추가로 온라인 서비스업체 2~5개 이상에도 판매하는 등 판매 채널이 늘어나고 있다.

화책미디어는 완성도 높은 드라마의 제작 비중을 늘리고 있다. 2016년에는 회당 제작비가 200만 위안이 넘는 드라마의 비중을 70% 이상으로 늘리고, 회당 제작비가 500만 위안 이상인 드라마의 제작 비중도 늘릴 계획이다. 중국 드라마 시장은 온라인 동영상 서비스업체들의 콘텐츠 구매력이 높아지고 경쟁이 치열해짐에 따라 고속 성장기를 맞고 있다. 화책미디어는 자사가 보유한 콘텐츠 IP를 통해 영화, 캐릭터, MD 등으로 사업영역을 확대하며 지속적인 성장을 할 것으로 보인다.

화책미디어(Zhejiang Huace Film & Tv Co., Ltd., 华策影视)

홈페이지	www.huacemedia.com
직원수	753명
시가총액	238억 위안
	3조 9,321억원
주가	13.64위안
52주 최고/최저	21,313/11,025위안
상장주식수	1조 1,529억 주
유통주수/유동주	17억 4,700만 주 /9억 6,200만 주
PER(2016E)	36.08배
5년 주가상승률	270.5%

밸류에이션	FY2010	FY2011	FY2012	FY2013	FY2014	FY2015
EPS(위안)	2.15	0.80	0.56	0.45	0.62	0.48
BPS(위안)	21.03	6.64	3.86	3.03	5.18	5.42
DPS(위안)	0.60	0.20	0.08	0.04	0.06	0.04
ROE(%)	14.0	12.5	15.6	15.9	15.3	10.3
PER(배)	60.2	47.9	33.8	70.2	47.5	102.2
PBR(배)	5.6	5.2	4.5	10.8	4.8	5.8
배당수익률(%)	0.0	0.1	0.3	0.1	0.2	0.1

재무제표(백만 위안)	FY2010	FY2011	FY2012	FY2013	FY2014	FY2015
손익계산서						
매출액	282	403	721	920	1,916	2,657
영업이익	117	195	262	300	423	476
순이익	96	156	223	274	407	500
지배지분 순이익	96	154	215	258	390	475
매출액 증가율	69.8	43.0	78.9	27.7	108.2	38.7
순이익 증가율	73.2	60.1	39.6	20.1	51.0	21.9
영업이익률	41.6	48.3	36.3	32.6	22.1	17.9
대차대조표						
자산총계	1,211	1,473	1,767	2,105	5,024	8,153
부채합계	23	165	242	285	1,643	2,192
자기자본	1,188	1,308	1,525	1,820	3,380	5,960
현금흐름표						
영업현금흐름	28	-49	-34	-60	204	-619
투자활동 현금흐름	-22	-77	-79	-143	-954	-81
재무활동 현금흐름	895	-69	-45	5	932	2,326

중국 제약 업종의 과도기와 미래

IMS 헬스(IMS Health)에 따르면, 중국의 의약품 시장은 2015년 1조 1,000억 위안(약 190조원)에 달했으며, 2011~2014년 연평균 15~16%의 높은 성장률을 보였다. 전 세계적으로 고령화로 인해 만성질환의 발병률이 높아졌으며, 전문의약품의 수요가 증가하고 있다. 중국도 노인 인구가 늘어나고 개인소득이 증가하면서 전문의약품의 수요와 1인당 의료비 지출 비중이 계속 늘어나고 있다.

그런데 최근 중국 의약품 시장은 성장률이 점차 둔화되어 2015년에는 전년 대비 5% 성장하는 데 그쳤다. 주된 원인은 중국 정부의 유통 통제와 의약품 가격 인하이다. 중국 정부가 건강보험 재정을 안정시키기 위해 의료보험 비용의 공제, 위생부 임상합리용약 추진, 약품비례공제, 집중입찰구매 등의 핵심 정책을 추진함으로써 의약품 시장의 성장이 위축되고 있다.

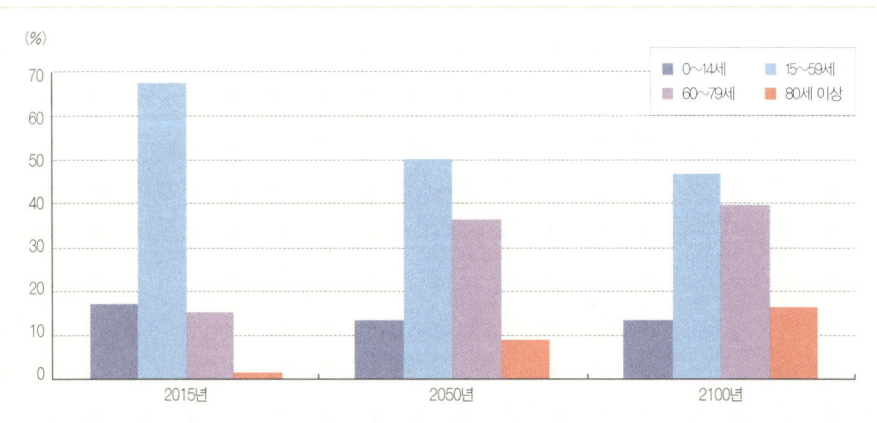

중국의 연령대별 인구 비중 자료: UN 세계인구전망(2015), 키움증권

하지만 이러한 정책은 의약품 유통을 투명화하고, 의약품의 질적 성장을 촉진시키며, 제약/바이오 업체들로 하여금 기존 제네릭(복제약) 비즈니스가 아니라 혁신 신약을 개발하기 위한 연구개발 강화를 유도할 수 있다. 한편 중국 정부는 제약업체들의 임상에 대해 강력한 규제를 시작했다. 현재 중국 위생부는 임상을 검토할 수 있는 인력이 충분하지 않다. 그래서 개발사가 자체적으로 데이터를 검증하도록 요구하고, 임상결과 조작 및 증거 불충분이 적발될 경우 패널티를 주고 있다. 그 결과 2015년 허가를 신청한 의약품 약 1,500여 개 중 80%가 자진 철회했다. 현재 중국 제약산업은 양적, 질적 성장을 하기 위한 과도기를 겪고 있다. 정책이 안정될 경우 중국 제약업체에 대한 신뢰도는 크게 높아질 것이며 연구개발 및 의약품 품질도 강화될 것이다.

국가별 제약시장의 순위

자료: WHO, 키움증권

순위	2010년	2015년	2020년
1	미국	미국	미국
2	일본	중국	중국
3	중국	일본	일본
4	독일	독일	독일
5	프랑스	프랑스	브라질
6	이탈리아	영국	영국
7	영국	브라질	이탈리아
8	스페인	이탈리아	프랑스
9	캐나다	캐나다	인도
10	브라질	스페인	캐나다
11	한국	베네수엘라	스페인
12	호주	인도	러시아
13	인도	러시아	한국
14	멕시코	한국	멕시코
15	베네수엘라	호주	터키
16	러시아	멕시코	호주
17	폴란드	아르헨티나	사우디아라비아
18	터키	터키	폴란드
19	스위스	폴란드	아르헨티나
20	네덜란드	사우디아라비아	이집트

01 중국 정부의 의료개혁과 제약산업

> > > 중국의 의약품 시장은 병원 처방약 중심으로 형성되어 있으며, 병원 처방약이 전체 의약품 매출액의 77%를 차지하고 있다. 정부 규제로 의약품 매출액 증가율이 감소하고 있으나, 중장기 전망은 긍정적이다.

의약품 입찰제 강화

중국에서는 행정 단위인 각 성(省)마다 의약품을 입찰한다. 최근 국공립병원, 대형병원을 중심으로 의약품 입찰 주기를 기존 2~3년에서 6개월 정도로 단축하고 있다. 이로 인해 의약품의 입찰 단가가 계속 하락하고 있다. 전국 최저 입찰가가 채택되기 때문에, 한 개의 성에서 입찰가가 하락할 경우 전국적으로 낮아지게 된다. 그러므로 각 성 단위별 입찰 주기 단축은 제약사들의 영업활동에 부담이 된다.

병원의 약가 인하 요구

의료개혁이 추진됨에 따라 2016년까지 100개 이상의 국공립병원이 의료개혁 시범병원으로 지정되었다. 의료개혁의 목표는 의료보험 비용을 통제하고, 병원의 총매출에서 의약품 매출의 비중을 현행 40%에서 30%까지 줄임으로써 병원의 마진율 및 수익성을 낮추는 것이다. 이에 병원들은 제약사와 가격협상을 통해 의약품의 공급가를 낮추고 있다. 이로 인해 제약사들은 약가 인하 압력을 받고 있다. 기존 법정 약품의 마진이 약 15% 수준이었으므로, 제약사들의 마진은 이보다 줄어들 것이 분명하다.

질량 일치성 평가 및 엄격한 생산기준

중국 정부는 제네릭 의약품에 대해 오리지널 의약품과의 질량 일치성 평가를 시행하고, 생산업체에게 cGMP(강화된 의약품 제조 및 품질관리 기준)급의 엄격한 생산시설을 요구한다. 이로 인해 오리지널 의약품의 특허만료 시 약가 인하 압력이 더욱 커지고,

중국 정부의 1인당 헬스케어 지출   자료: 세계은행, 키움증권

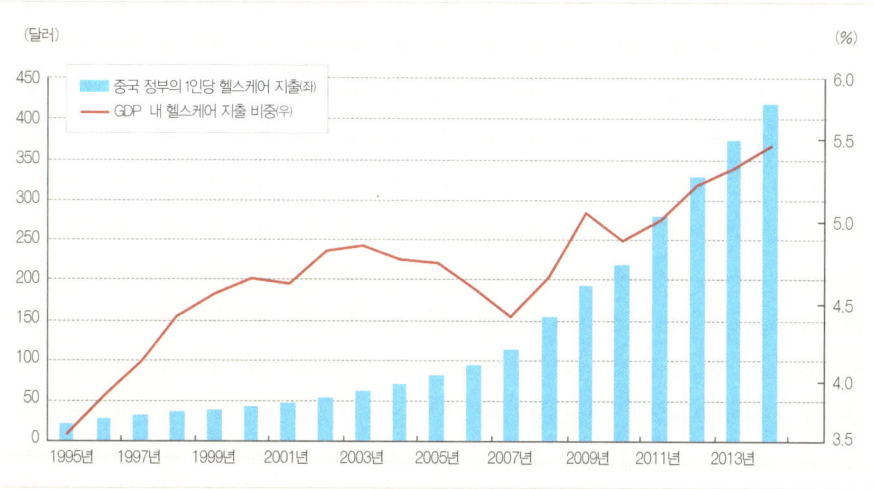

결국 오리지널과 제네릭 의약품 간의 가격 차이가 점진적으로 줄어들 것으로 보인다.

분급 치료 시스템 추진

한국의 경우 일반의원보다 종합병원, 대학병원으로 환자들이 몰리는 경향이 생기자, 1차 병원에서 우선 진료를 유도하고, 의사의 소견서를 바탕으로 상급병원의 진료를 받는 제도를 시행하고 있다. 중국 역시 대형병원으로 환자들이 집중되는 현상이 심화되면서 분급 치료 시스템을 도입해 가벼운 질환(호흡기·소화기 등), 만성질환(고혈압·고지혈·당뇨)의 경우 1차 병원을 이용하도록 유도하고 있다. 2017년까지 분급 치료 시스템을 구축하고, 시범병원의 진료율을 90%까지 높이려는 목표를 가지고 있다.

국가별 1인당 헬스케어 지출   자료: WHO, 키움증권

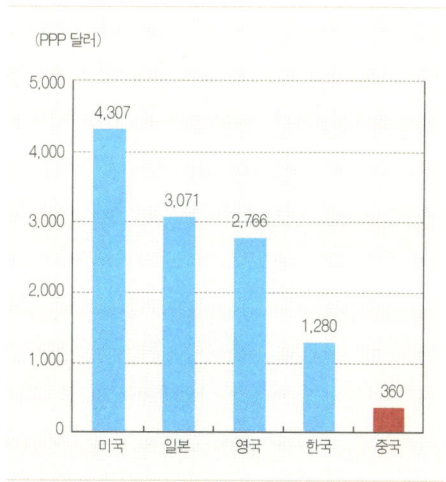

* PPP는 구매력 평가 기준이다.

중국 정부의 주요 약가 규제 현황   자료: 언론 자료, 키움증권

발표일	분류	내용
2014년 4월	약가 인하	저가 약품 지급 비용 기준 정비 · 양약: 일 평균 3위안 이하, 중약: 5위안 이하인 저가 의약품 목록 발표 · 총 533종(서양의약품 283종, 중약 250종), 1,154개 규격 의약품에 대해 판매가격 상한과 정부의 가격결정 제도 폐지
6월	의약품 입찰	공립병원 개혁 시범도시의 의약품 거래가격이 해당 성의 거래 낙찰가보다 낮으면, 낮은 의약품 거래가격으로 의약품 입찰
11월	약가 인하	정부가 소매 판매가격 상한과 출고가격을 결정하는 제도 폐지 · 의료보험에서 비용을 지급하는 의약품은 유관기관과 협력하여 의료보험 지급 기준을 제정하여 합리적인 가격 형성 유도 · 저가 의약품은 지속적으로 일 평균 지급 비용 상한제 실시
2015년 2월	의약품 입찰	의약품 입찰 시, 기본의약품과 비기본의약품 2가지로 분류해 구매하고 양방향 입찰제 실시
5월	가격상한제 폐지	· 마취약품과 제1종 정신의약품을 제외한 의약품에 대해서는 소매 판매가격 상한제 폐지 · 의약품 실제 거래가격은 시장 경쟁을 통해 형성
6월	의약품 입찰	의약품 입찰 시, 공립병원 주도의 의약품 가격 협상을 금지, 성 단위 입찰 강화 · 전년도 병원의 실제 의약품 사용량의 80% 이상 구매 금지 · 병원은 성급 의약품 조달기관에 보고

이표제 시행으로 유통구조 단순화

중국은 전국 성(省)에 대하여 이표제(兩票制)를 시행해 유통단계를 축소하는 정책을 도입했다. 제약업체는 한 개의 의약품 도매업체만을 통해 병원, 약국 등으로 의약품을 공급할 수 있다. 의약품 구매에 대한 세금계산서는 유통사와 병원을 대상으로 각각 1회씩 발생하기 때문에 '이표(兩票)'라고 한다. 이때 병원은 의약품 생산기업과 직접 약품비용을 결산하고, 생산기업은 배송기업과 배송비용을 결산하는 방식이다. 중국 정부는 이표제를 전국의 성 단위로 확대할 계획이며, 약품 구매 및 유통을 투명화하고 유통단계를 간소화함으로써 약가 인하를 유도할 계획이다.

제약업계 성장에 미치는 영향

중국의 의약품 제조·판매·유통업체들은 의료개혁으로 인해 성장에 지속적인 영향을 받을 것이다. 실제로 2011년 중국 현지 제약사들의 매출은 평균 29.0%(빅 5 업체 42.5%)의

성장세를 보였지만, 2016년 현재 8.4%(빅 5 업체 12.5%) 수준으로 급격하게 떨어졌다.

외국계 업체 역시 마찬가지다. 2016년 기준 GSK, 머크, 아스트라제네카와 같은 다국적 제약사들의 매출액 증가율은 마이너스를 기록하고 있다. 이는 중국 의약품 시장이 두 자릿수의 높은 성장시대를 마감하고, 한 자릿수 성장의 시대로 진입했다는 것을 보여준다.

중국 현지 제약사의 매출액 증가율   자료: 블룸버그, 키움증권

중국 외자계 제약사의 매출액 증가율   자료: 각 업체, 키움증권

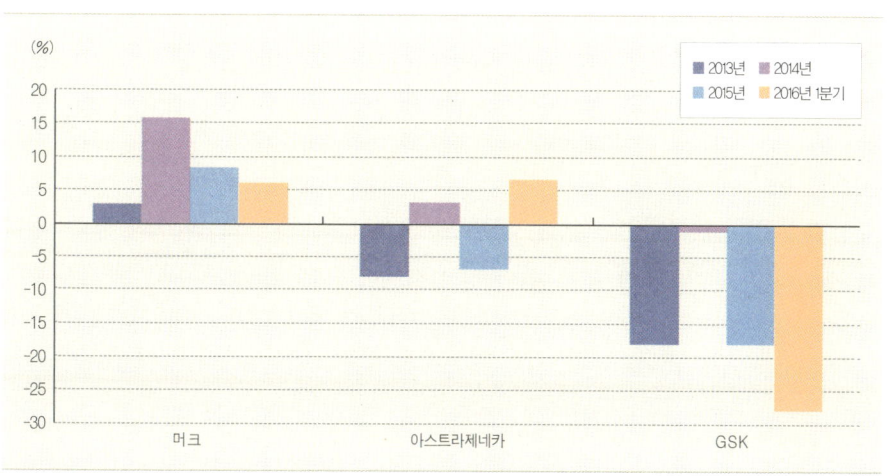

02 중국 제약산업의 시장 전망

> > > 중국 정부가 약가 인하 및 임상 기준 강화 등을 요구함에 따라 경쟁력 없는 업체들은 시장에서 철수하고, 엄격한 생산기준과 연구개발 능력을 보유한 업체를 중심으로 성장세를 이어나갈 것이다.

중국 제약산업은 정부의 지속적인 약가 인하 정책으로 과거의 두 자릿수 성장률을 달성하기는 어려워 보인다. 그러나 중장기적으로 의약품의 품질 개선, 연구개발 강화 등의 요인은 의약품 시장에 긍정적인 영향을 미칠 것이다. 중국 현지 제약사는 예전에 6천여 개였는데, 구조조정 및 의약품 양수도 계약을 통해 현재 4천여 개 수준으로 감소했다. 앞으로도 약가 인하 및 임상 기준 강화 등의 정책이 지속될 경우, 경쟁력 없는 업체들은 시장에서 철수할 수밖에 없을 것이다. 반면 엄격한 생산기준과 연구개발 능력을 보유한 업체는 상대적으로 유리할 것이다. 이는 중국 제약산업에 대한 신뢰도를 높일 것으로 보인다.

중국 의약품 시장의 긍정적 요인과 부정적 요인

중국 의약품 시장은 2016년부터 2020년까지 연평균 6.9%의 성장률을 보일 것으로 전망된다. 주된 성장 요인으로는 1) 의료보험 범위 확대, 2) 신제품 출시, 3) 의료 인프라 구축 및 서비스 증가, 4) 인구 고령화에 따른 만성질환 유병률 증가, 5) 개인 의료비 지출 확대 등이 있다.

반면 중국 의약품 시장의 성장을 제한하는 요인으로는 1) 의료보험 기준 강화, 2) 약가 인하 및 유통 투명화 정책, 3) 의료개혁 심화 등을 들 수 있다.

중국 의약품 시장의 성장 전망　　　　　　　　　　　자료: 키움증권

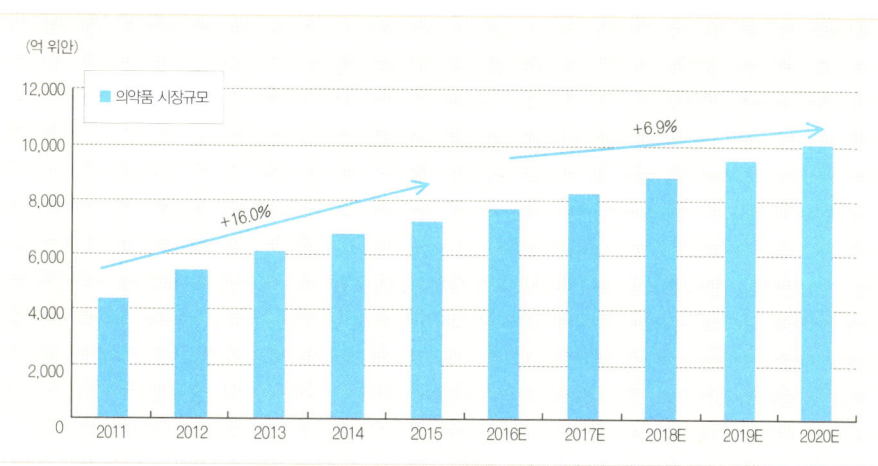

중국의 1인당 총의료비　　　　　　　　　　　자료: WHO, 키움증권

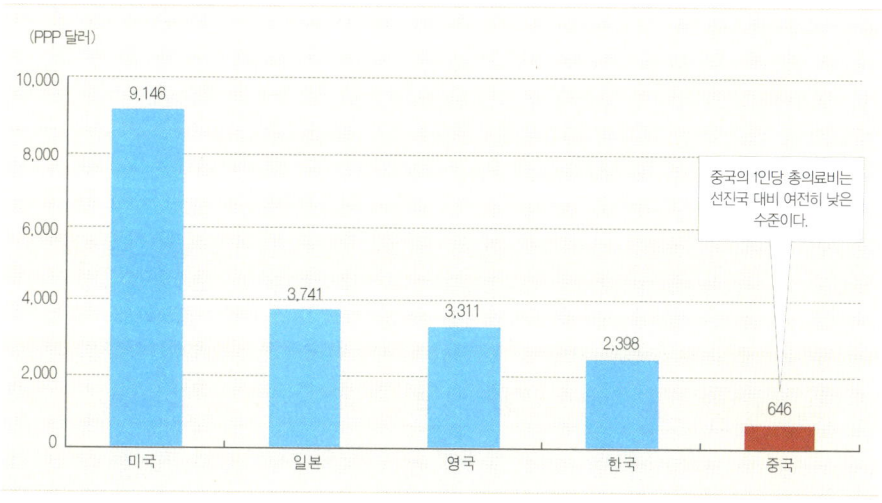

중국의 1인당 총의료비는 선진국 대비 여전히 낮은 수준이다.

03 중국 1위 혈액제제 업체 상해 래시

002252.SZ

>>> 상해 래시는 중국 최초로 혈액제제를 생산 및 판매하는 업체이다. 1988년에 설립되었으며 2008년 심천거래소에 상장되었다.

상해 래시는 중국 최초로 혈액제제를 생산한 기업으로 2014년 9월 혈장 채취 시설을 갖춘 '동로생물'의 지분을 인수하면서 중국 1위의 혈액제제 생산·판매기업으로 도약했다. 이 업체의 혈장 분획 능력은 현재 약 800톤에서 2020년까지 1,500톤으로 증가할 전망이다. 혈액 채취 시설은 33개이며, 혈액제제도 7종에서 11종으로 다양화되면서 매출이 계속 성장할 것으로 예상된다.

주요 제품을 살펴보면 알부민, 면역글로블린, 혈액응고인자, 기타 중약 및 식품 등이 있으며, 매출 비중은 각각 40.9%, 39.9%, 16.3%, 2.8%이다.

성장이 기대되는 이유

최근 중국에서 혈액제제의 가격(P)과 수요(D)가 동반 상승하고 있다. 혈액제제의 경우 매혈(혈액 매매)이 되지 않는 지역은 기증을 통해서 원재료를 공급받아야 하는 상황이다. 이처럼 원재료 공급이 원활하지 않으면 혈액제제의 가격이 오른다. 따라서 상해 래시는 제품가격 상승 및 판매량 증가에 따라 외형 및 이익의 성장을 동시에 달성할 수 있을 것이다.

상해 래시는 2015년 광저우제약과 독점판매 계약을 맺고 코마케팅(co-marketing, 공동 마케팅)을 진행하고 있어 유통 채널이 확대될 것으로 보인다. 또한 중국 혈액제제 기업으로는 최초로 해외시장에 진출하면서 내수뿐만 아니라 해외시장에서 선전이 기대된다.

상해 래시 혈액제품(Shanghai RAAS Blood Products Co., Ltd., 上海莱士)

홈페이지	www.raas-corp.com
직원수	2,471명
시가총액	1,105억 위안
	18조 2,359억원
주가	22.25위안
52주 최고/최저	26,667/19,872위안
상장주식수	3조 6,733억 주
유통주수/유동주	49억 6,600만 주 /8억 6,000만 주
PER(2016E)	62.76배
5년 주가상승률	1097.5%

밸류에이션	FY2010	FY2011	FY2012	FY2013	FY2014	FY2015
EPS(위안)	0.68	0.74	0.46	0.29	0.45	0.52
BPS(위안)	3.03	3.36	2.05	2.22	6.31	3.86
DPS(위안)	0.40	0.50	0.05	0.10	0.10	0.05
ROE(%)	23.4	23.0	23.5	13.8	10.5	15.0
PER(배)	53.4	32.4	32.8	100.5	195.8	80.6
PBR(배)	12.4	7.6	7.2	20.7	7.3	10.6
배당수익률(%)	0.1	0.2	0.4	0.1	0.1	0.1

재무제표(백만 위안)	FY2010	FY2011	FY2012	FY2013	FY2014	FY2015
손익계산서						
매출액	483	567	663	496	1,320	2,013
영업이익	217	235	260	167	599	1,729
순이익	185	199	224	143	511	1,480
지배지분 순이익	185	200	225	144	511	1,442
매출액 증가율	24.7	17.4	16.8	-25.1	165.9	52.6
순이익 증가율	36.7	8.0	12.3	-36.1	255.3	182.4
영업이익률	45.0	41.4	39.3	33.7	45.4	85.9
대차대조표						
자산총계	930	1,010	1,208	1,575	9,379	11,556
부채합계	99	82	189	473	755	844
자기자본	831	927	1,019	1,102	8,624	10,712
현금흐름표						
영업현금흐름	200	178	263	-90	466	762
투자활동 현금흐름	-94	-171	-135	-273	290	-819
재무활동 현금흐름	-118	-96	-129	332	365	524

04 모바일 의료 서비스 진출, 어약의료

002223.SZ

> 대표적인 가정용 의료기기 업체로 2008년 심천거래소에 상장되었다. 종합건강관리 플랫폼을 구축해 모바일 의료시장에도 진출했다.

어약의료는 가정용 및 의료·수술용 의료기기를 생산·판매하는데, 중국 의료기기 업체 중에서 가장 다양한 제품 라인을 가지고 있다.

2015년 6월 수술용 의료기기 업체인 상해의료기기를 인수하면서 시장점유율이 커지고 있으며, 대부분의 중국 공립병원에 제품을 공급하게 되면서 외형이 크게 성장하고 있다. 주요 제품별 매출 비중은 재활치료기기 45.2%, 산소공급기 35.8%, 임상용 기기 19.0% 등이다. 각 제품 라인에서 총 50여 개 이상의 제품을 생산한다.

만성질환 관리 앱 출시

가장 주목할 만한 점은 어약의료가 모바일 의료 서비스 시장에 진출하기 위해 2015년부터 의료용 애플리케이션을 출시해서 만성질환을 관리할 수 있도록 했다는 점이다. 이를 위해 병원, 환자, 제약 및 의료기기 회사들 간의 네트워크를 구축하고, 환자의 데이터 및 질환 등을 관리할 수 있도록 했다. 현재는 당뇨, 심혈관계 질환 등 만성질환을 중심으로 파트너 의사들과 관계를 구축하고 있으며, 화이자(Pfizer)와 협력관계를 만드는 등 미래 4차산업을 강화하는 중이다.

한편 전자상거래 업체인 텐센트, 바이두 등과 협력관계를 가지고 있으며, 스마트 의료기기를 활용한 온라인 건강관리 플랫폼을 통해 모바일 의료 서비스 시장을 선점하려는 목표를 가지고 있다.

어약의료(Jiangsu Yuyue Medical Equipment & Supply Co., Ltd., 鱼跃医疗)

홈페이지	www.yuyue.com.cn
직원수	3,947명
시가총액	230억 위안
	3조 7,956억원
주가	34.41위안
52주 최고/최저	47.51/25.38위안
상장주식수	4.944억 주
유통주수/유동주	6억 6,800만 주 /3억 2,100만 주
PER(2016E)	45.34배
5년 주가상승률	98.4%

밸류에이션	FY2010	FY2011	FY2012	FY2013	FY2014	FY2015
EPS(위안)	0.64	0.55	0.46	0.49	0.56	0.62
BPS(위안)	3.41	2.69	2.45	2.83	3.29	3.62
DPS(위안)	0.00	0.10	0.10	0.10	0.00	0.40
ROE(%)	23.9	23.0	20.3	18.4	18.2	18.9
PER(배)	89.1	39.1	34.2	45.8	44.2	59.7
PBR(배)	15.6	8.2	6.6	8.3	7.8	10.8
배당수익률(%)	0.8	1.9	2.6	1.8	1.6	1.0

재무제표(백만 위안)	FY2010	FY2011	FY2012	FY2013	FY2014	FY2015
손익계산서						
매출액	884	1,171	1,312	1,424	1,682	2,104
영업이익	171	219	261	253	285	375
순이익	161	228	245	259	298	367
지배지분 순이익	161	226	244	258	297	364
매출액 증가율	64.3	32.4	12.1	8.5	18.1	25.1
순이익 증가율	60.0	40.7	7.8	5.7	15.1	22.7
영업이익률	19.4	18.7	19.9	17.7	16.9	17.8
대차대조표						
자산총계	1,064	1,297	1,540	1,813	2,138	2,926
부채합계	184	190	228	296	377	794
자기자본	879	1,107	1,312	1,517	1,762	2,132
현금흐름표						
영업현금흐름	66	97	171	124	206	543
투자활동 현금흐름	-92	-65	-141	-88	-157	-588
재무활동 현금흐름	218	-34	-38	-33	-9	137

05 임상시험 대행업체, 타이거 의약 컨설팅

300347.SZ

>>> 최근 중국의 임상 기준이 강화되고 있다. 타이거 의약 컨설팅은 국제표준에 맞추려는 노력을 계속하고 있어서 서비스 수요가 증가할 전망이다.

타이거 의약 컨설팅은 2004년에 설립된 중국 최대의 임상시험 대행업체(CRO, Contract Research Organization)로서 2012년 심천거래소에 상장되었다. 의약품 임상 서비스, 의약품 등록 신청, 임상시험 관리 서비스 등이 주요 사업이며, 최근에는 임상시험 대행을 의료기기 분야까지 넓히고 있다.

2014년 미국의 프런터지 라보라토릭(Frontage Laboratoric)이라는 CRO 업체를 인수해 미국 시장에 진출했고, 2015년에는 한국의 드림 CIS(Dream CIS)를 인수해 아시아·태평양 지역으로 사업영역을 확장하면서 글로벌 업체로 거듭나고 있다. 임상연구 및 컨설팅 서비스가 매출의 59.9%를 차지하고 있으며, 임상시험 기술 서비스가 35.4%, 기타가 4.7%이다.

국제표준에 맞는 임상시험 서비스

일반적으로 임상시험 대행업체(CRO)는 국제표준에 부합하는 수준의 서비스를 제공할 수 있는 능력을 보유해야만 고객사(제약, 바이오, 의료기기 업체)로부터 인정받을 수 있다. 타이거 의약 컨설팅은 국내외에서 인지도가 높은 CRO 업체를 인수하면서 국제표준에 부합할 수 있는 업체로 거듭나게 되었다. 위에서 말한 미국과 한국의 CRO 업체 외에도 중국 선두 ARO(Academic Research Organization, 임상시험 지원기관)인 배의인지(北医仁智)와 중국 의료기기 CRO 선두업체인 첩통태서(捷通泰瑞)를 인수해 사업영역을 크게 확장했다.

타이거 의약 컨설팅(Hangzhou Tigermed Consulting Co., Ltd., 泰格医药)

홈페이지	www.tigermed.net
직원수	1,845명
시가총액	151억 위안
	2조 4,970억원
주가	32.10위안
52주 최고/최저	40.77/21.9위안
상장주식수	2,953억 주
유통주수/유동주	4억 7,100만 주 /2억 2,500만 주
PER(2016E)	75.1배
상장 후 주가상승률	-35.8%

밸류에이션	FY2010	FY2011	FY2012	FY2013	FY2014	FY2015
EPS(위안)	0.80	1.19	1.52	0.88	0.59	0.36
BPS(위안)	2.33	3.53	12.92	6.97	4.02	2.31
DPS(위안)	0.00	0.00	0.80	0.40	0.20	0.10
ROE(%)	46.7	40.8	16.3	13.1	15.6	16.8
PER(배)			49.5	76.6	58.3	88.1
PBR(배)			4.6	9.5	7.8	13.8
배당수익률(%)			0.2	0.2	0.3	0.3

재무제표(백만 위안)	FY2010	FY2011	FY2012	FY2013	FY2014	FY2015
손익계산서						
매출액	123	193	254	337	625	957
영업이익	35	55	72	102	169	214
순이익	32	48	68	95	136	174
지배지분 순이익	32	48	68	94	126	156
매출액 증가율	95.6	57.3	31.6	32.3	85.6	53.2
순이익 증가율	306.5	50.7	41.8	38.8	33.4	24.5
영업이익률	28.1	28.5	28.3	30.3	27.1	22.3
대차대조표						
자산총계	120	187	733	808	1,358	1,610
부채합계	24	41	39	53	441	544
자기자본	96	146	694	755	917	1,066
현금흐름표						
영업현금흐름	27	39	15	77	44	186
투자활동 현금흐름	-21	5	-23	-140	-219	-413
재무활동 현금흐름	19	0	483	-41	123	14

5 CHAPTER

실전 선강퉁 투자

중국 주식에 투자하는 구체적인 방법을 단계별로 알아본다. 중국 투자전략부터 HTS 사용법까지. 실전 중국 주식 투자법을 마스터해 보자.

01 투자를 위한 중국 상식

먼저 실전투자에 들어가기 전에, 중국에 대한 기초상식을 잠시 훑어보자. 중국의 정확한 명칭은 중화인민공화국(中華人民共和國)이며, 국토의 면적은 약 960만 제곱킬로미터로서 세계 4위의 광활한 면적을 자랑한다. 또한 총인구는 약 13억 6,072만 명(2014년 말 기준)으로 세계 1위이다. 면적은 유럽과 미국의 약 3배이며, 인구도 약 3배 수준이다. 사실 이 광활한 국토와 엄청난 인구가 중국의 가장 큰 무기라고 할 수 있을 것이다.

한편 중국은 1979년 덩샤오핑 이후 2020년까지 소강사회(小康社会)를 건설하려는 목표를 가지고 있다. 소강사회란 인간답게 살 수 있는 삶의 질이 보장되는 사회, 즉 전 국민이 중산층이 되는 사회라고 할 수 있다.(중국은 1979년 덩샤오핑이 현대화의 목표로 소강사회를 말한 이후 장쩌민, 후진타오, 현재의 시진핑에 이르기까지 2020년까지 소강사회를 건설하는 것을 목표로 하고 있다.)

만약 중국이 목표대로 2020년까지 소강사회를 건설한다면, 미국과 유럽의 3배에 달하는 경제강국이 될 수 있을 것이다. 중국을 여전히 성장성이 높은 나라, 그래서 그 성장에 따라 투자할 만한 나라라고 보는 근거가 바로 여기서 시작된다고 볼 수 있다.

수도 베이징은 면적이 서울의 약 27배이며, 인구는 약 2,152만 명(2014년 말 상주인구 기준)이다. 수도에만 한국 인구의 절반 정도가 사는 셈이다.

중국 투자를 고려한다면 한번 정도는 기차여행을 해보는 것도 좋을 듯하다. 베이징에서 시안으로, 시안에서 충칭으로, 충칭에서 상하이로, 홍콩으로 여행을 하다 보면, 중국이 얼마나 거대한지, 그리고 앞으로의 무궁무진한 발전 가능성에 대해 생각해 볼 수 있을 것이다.

중국 시장에 왜 투자를 해야 하는지, 그리고 어떤 종목에 투자해야 하는지를 알아도, 막상 투자를 시작하려면 엄두가 잘 나지 않는다. 청화동방(淸華同方), 하문건발(廈門建發) 같은 종목명도 입에 착착 붙지 않고 어색하다. 더구나 중국어를 못하면 정보에 뒤쳐지거나 잘 모르는 곳에 투자하는 듯한 느낌이 들기도 한다.

하지만 한국에 투자하는 외국인들이 한국어를 잘하는 것은 아니지 않는가. 자신에게 필요한 투자도구를 100% 활용할 수 있다면, IMF 외환위기 시절에 템플턴자산운용이 한국에서 큰 수익을 냈던 것처럼, 그리고 지금 한국 시장에 투자하고 있는 외국인들이 좋은 수익을 내고 있는 것처럼, 우리도 중국에서 좋은 수익을 낼 수 있을 것이다.

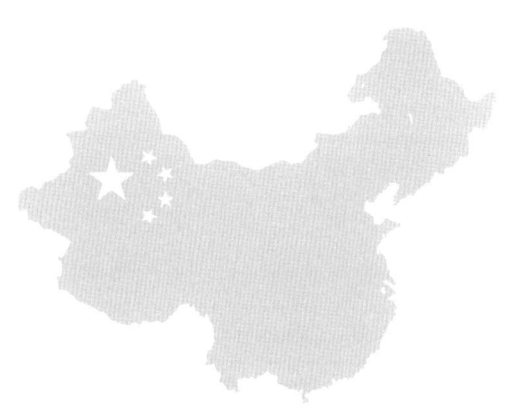

02 계좌 개설하기

중국 주식투자를 위한 준비단계 ①

우리나라에서도 해외주식 투자가 가능한 증권사를 통해서라면, 누구든 한국 주식에 투자하듯이 중국 본토 주식에 투자할 수 있다. 만약 키움증권의 국내 증권계좌가 있다면 홈페이지에서 '종합계좌→종합계좌 전환 신청'에서 '거래 가능' 상품으로 '해외주식'을 등록하면 된다. 국내 증권계좌가 없는 경우, 지점에 갈 필요 없이 스마트폰으로 개설할 수도 있다.

온라인으로 종합계좌 개설하기

증권 종합계좌를 만드는 방법을 키움증권의 예를 들어 살펴보자.

❶ 스마트폰의 플레이스토어, 또는 앱스토어에서 '키움 계좌 개설' 앱을 다운받아서 설치한다.

❷ 키움 계좌 개설 화면에 접속한 다음 휴대폰 인증을 한다.

❸ 약관 승인을 하고 계좌 종류를 선택한다. 앱으로 개설할 수 있는 계좌는 종합(주식+펀드+해외주식), 선물옵션·해외선물옵션·FX마진, 그리고 금 현물이다.

비대면 계좌 개설이 가능한 계좌(키움증권)
- 종합(주식+펀드+해외주식)
- 선물옵션, 해외선물옵션, FX마진
- 금 현물

❹ 화면의 지시대로 신분증을 촬영해서 보낸다. 주민등록증이나 운전면허증을 준비하면 되며 여권은 사용할 수 없다.

❺ 소액을 이체하거나 영상통화를 한다. 이로써 키움증권의 종합계좌 개설이 완료되

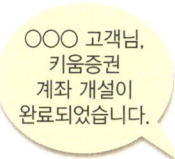

었다.

키움증권의 종합계좌가 없는 사람 중에서 온라인 비대면 계좌 개설이 어렵게 느껴진다면, KB국민은행, 우리은행, IBK기업은행, KEB하나은행에서 개설하면 된다.

또한 위 은행에서 개설한 종합계좌를 가지고 있다면, 앞에서 살펴본 것처럼 홈페이지에 접속한 다음 '온라인지점→종합계좌→종합계좌 전환 신청'에서 '거래 가능' 상품으로 '해외주식'을 등록하면 된다.

증권 종합계좌를 개설할 수 있는 은행(키움증권)

03 〉〉〉 중국 주식투자를 위한 준비단계 ②
위안화로 환전하기

해외증권 계좌를 개설했다면, 이제 환전을 해야 한다. 중국에 여행을 가면 원화를 위안화로 환전해야 물건을 살 수 있는 것처럼, 외국인인 우리가 중국 주식을 매매하기 위해서는 당연히 원화가 아닌 위안화를 준비해야 한다. '위안화가 아니라 원화로 매매할 수 있으면 좋을 텐데'라고 생각하는 사람도 있을 것이다. 하지만 우리가 중국 주식을 매매할 때는 위안화로 바꾸어야 한다는 사실에, 앞으로 중국 주식이 크게 상승할 가능성이 숨겨져 있다는 것을 알아야 한다.

쉽게 이렇게 생각해 보자.
   중국이 후강퉁, 선강퉁 제도를 통해 자국의 자본시장을 개방하는 이유는 무엇일

까? 단순히 저평가된 중국 주식시장을 개방해서 외국인들이 돈을 많이 벌어가게 해주려는 것일까?

아니다. 기본적으로는 중국의 통화인 위안화를 달러 수준의 국제적 통화로 만들기 위해서이다. 중국이 일대일로(신 실크로드 전략) 전략을 추진하고, 아시아인프라투자은행(AIIB)을 주도적으로 설립하고, 각국에 위안화 직거래 시장을 만들고, 그리고 RQFII(위안화 적격외국인투자자)의 투자규모를 확대하는 것도 같은 이유 때문이다.

중국은 이처럼 위안화를 명실상부한 국제통화로 만들기 위해서, 예전에는 외국인들이 접근할 수 없었던, 그래서 큰 수익의 기회가 있는 중국 본토의 주식시장(A시장)을 개방한 것이다. 그러므로 당연히 상해 A시장, 심천 A시장 같은 중국 본토 주식시장에 투자하기 위해서는 위안화 환전이 필수적이라고 할 수 있다.

세미나를 하다 보면 많은 개인 투자자들이 홍콩 증시에 대해 물어보곤 한다. 개인적인 생각이지만, 이제는 홍콩 시장보다는 중국 본토 시장에 집중하는 것이 좋다. 홍콩 시장에 투자를 하기 위해서는 홍콩달러가 필요하고, 중국의 본토 시장에 투자하기 위해서는 위안화가 필요하다. 중국이 자본시장을 개방하는 가장 주된 이유 중 하나가 위안화를 국제화하기 위해서라면, 홍콩 시장은 어떤 식으로든 변화가 생길 수 있다는 것이 분명하기 때문이다.

위안화로 환전하는 방법

위안화로 환전을 해야 된다고 해서 처음부터 겁먹지는 말자. 원화를 증권 종합계좌에 입금한 후, HTS를 통해, 또는 증권사의 지점에서 원하는 금액만큼 쉽게 환전할 수 있다. 이때 적용되는 환율은 키움증권의 경우, 환전하는 시점의 직전 신한은행 전신환 매수, 매도 환율로 설정되어 있다. 키움증권에서 화면 코드번호 [3130]을 선택하면 다음과 같은 화면이 나온다.

외화환전 신청 창 키움증권 HTS [3130] 화면

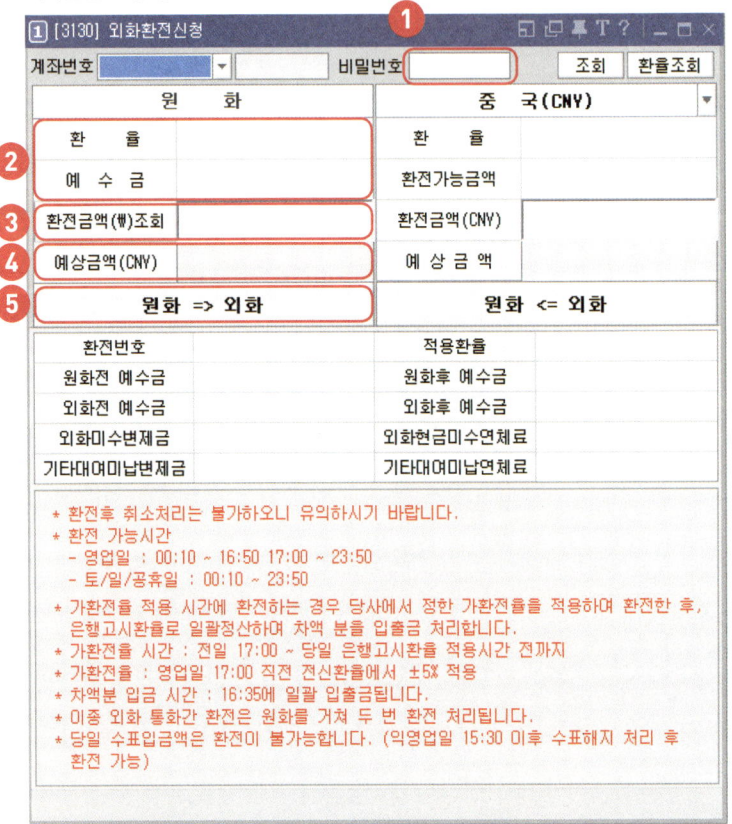

❶ 비밀번호를 입력한다.

❷ 화면에 나온 환율과 본인의 예수금을 확인한다.

❸ '환전금액(₩)조회' 옆의 빈칸에 환전할 '원화 금액'을 예수금 범위 안에서 입력한 다음 〈환전금액(₩)조회〉 단추를 클릭한다.

❹ 자동으로 생성된 '예상금액(CNY)'을 확인한다.

❺ 〈원화 → 외화〉 단추를 클릭하면 환전이 완료된다.

원화와 위안화의 방향은 비슷하게 움직인다

중국 주식에 투자하려면 위안화와 원화 간의 환율 변수를 고려해야 한다. 원화는 기축통화가 아니므로 교역량이 큰 나라의 화폐와 연동해서 움직이는 경향이 있다.

2000년의 경우 한국의 전체 수출액 중 미국의 비중이 22%로 가장 높았으므로, 원화는 다른 통화 대비 달러와 연동해서 움직였다. 하지만 2001~2013년 미국의 비중은 크게 낮아졌고, 중국의 비중이 11%에서 26%로 2배 이상 늘었다. 대홍콩 수출 5%까지 포함하면, 대중국 수출은 우리 교역량에서 상당 부분을 차지한다.

원화와 위안화는 2008년 리먼 사태 이후 동조화가 더욱 강해지고 있다. 따라서 앞으로 중국과의 교역량이 현 수준을 유지할 경우, 위안화와 원화는 비슷한 방향으로 움직일 가능성이 높다. 어려운 이야기는 버려두고, 위안화의 환율 흐름에 대해서는 크게 우려하지 않아도 된다는 정도로 이해해 두면 된다.

위안/달러와 원/달러 환율의 동조화 자료: 한국은행

04 중국 주식투자를 위한 준비단계 ③
후강퉁, 선강퉁 완벽히 이해하기

중국 주식투자를 하기 위해 위안화로 환전한 후 막상 주식을 사려고 하면, 어떤 종목은 종목 코드가 600으로 시작하고, 어떤 종목은 000으로 시작하고, 또 어떤 종목은 002, 300으로 시작되어 도대체 무언지 첫걸음부터 헷갈릴 수 있다. 3장에서도 살펴보았지만, 여기서는 본격적인 투자를 앞두고, 반드시 알고 넘어가야 할 중국 주식시장에 대해 다시 한번 꼼꼼히 정리해 보자.

중국의 주식시장은 크게 상해거래소, 심천거래소, 홍콩거래소로 나뉜다. 이 중 중국 본토 시장은 상해거래소와 심천거래소이다. 각 거래소는 A주와 B주로 구분되어 있으며, A주는 내국인과 외국인이 모두 거래할 수 있고, B주는 외국인 전용 시장이다.

상해거래소(SSE, A주: 종목 코드가 600으로 시작, B주: 종목 코드가 90으로 시작)는 1990년 12월 8개 상장사와 함께 출범했다. 금융, 에너지, 산업재 등 전통산업 위주의 대형주가 주류를 이루고 있으며, 시가총액 기준으로 세계 4위의 시장이다. 상해 A주는 현재 1,082개 종목이 상장되어 있으며, 외국인 전용 시장인 B주는 52개 종목이 상장되어 있다.

심천거래소(SZSE)는 상해거래소가 설립된 지 1년 후인 1991년 7월 6개 상장사로 출범했으며, 지역적으로 홍콩, 대만과 인접해 기술주, 중소형 민간기업 중심으로 성장해 왔다.

심천거래소는 설립 초기에는 상해거래소와 마찬가지로 메인보드(종목 코드가 000

중국의 거래소 분류

기준: 2016년 8월

거래소	구분	비고
상해거래소	A	내외국인 거래 가능, 1,082개 종목 상장 후강통(상해-홍콩 교차거래) 대상은 568개 종목
	B	내외국인 전용 시장 52개 종목 상장
심천거래소	A	내·외국인 거래 가능, 1,799개 종목 상장 선강통(심천-홍콩 교차거래), 대상은 880개 종목
	B	외국인 전용 시장, 49개 종목 상장

상해거래소와 심천거래소의 거래제도

기준: 2016년 8월

구분	상해거래소		심천거래소	
	A주	B주	A주	B주
시가총액	26.7조 위안	0.1조 위안	21조 위안	0.1조 위안
거래통화	위안(CNY)	달러(USD)	위안(CNY)	홍콩달러(HKD)
일일 가격 제한폭	일반종목: +/-10%, ST(특별관리 종목): +/-5%			
최소 매매 단위	100주 단위로 매수 및 매도 주문 가능			
매매 가능 일자	주 5일(월~금), 단 국가 공휴일 등 제외 후강통, 선강통 거래는 중국 및 홍콩 시장의 휴일 등의 거래 규정에 영향을 받음			

전 세계 증권거래소의 시가총액 순위

기준: 2016년 6월 말 | 자료: 한국거래소

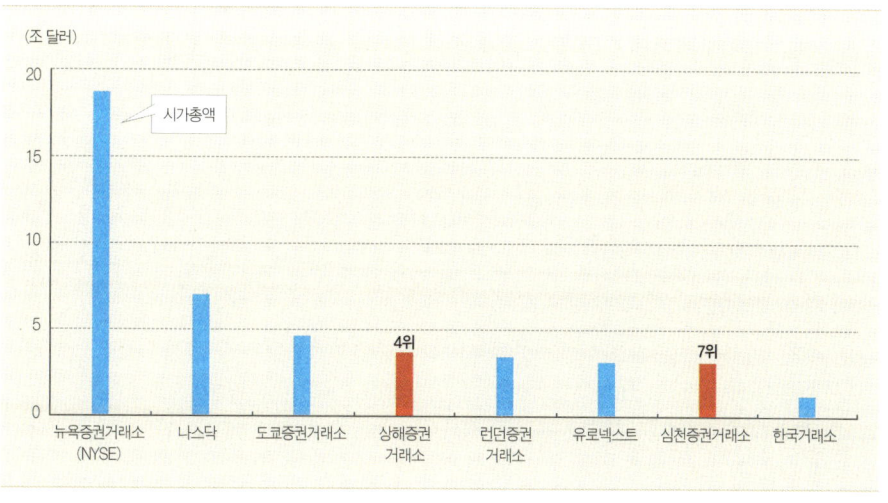

으로 시작)만이 존재했으나, 2005년 5월 중소기업 시장을 육성하기 위한 중소판(종목 코드가 002로 시작), 그리고 2009년 10월 벤처 및 신규기업 시장을 위한 창업판(종목 코드가 300으로 시작)을 설립하며 중국판 나스닥 시장으로 부상했다. 심천거래소는 시가총액 기준으로 세계 7위 시장이다. 심천 A주는 1,799개 종목이 상장되어 있으며, B주에는 49개 종목이 상장되어 있다.

상해 A주를 거래할 수 있는 후강퉁

후강퉁(沪港通)이란 상해-홍콩 거래소 간의 거래 및 결제 연동 서비스를 말하며, 개인투자자 누구나 중국 본토의 상해 A주에 투자할 수 있는 제도이다. 이 제도는 2014년 11월 시행되었으며, 총 568개 종목으로 구성되어 있다. 후강퉁은 SSE 180과 SSE 380지수 편입 종목, 그리고 A/H 동시 상장 종목으로 이루어져 있다.

SSE 180지수는 상해거래소 전반에 걸쳐 업종 대표성, 규모, 유동성 등을 반영하여 구성된 180개 종목 지수를 말하며, SSE 380지수는 상해거래소에 상장된 종목 중에서 높은 성장성과 수익을 기록하는 중형주 위주로 구성되어 있다. 즉 SSE 180지수는 우량 대기업 180개, SSE 380지수는 고성장 중형주 380개로 이루어져 있다. 한편 SSE 180지수에 포함된 종목은 SSE 380지수에서 제외된다. 한편 A/H 동시 상장 종목이란 상해거래소와 홍콩거래소에 동시에 상장된 종목을 말한다.

상해거래소의 세부 지수

지수	개요
상해종합지수	상해거래소에 상장된 모든 A, B주
SSE 50지수	상해거래소 대표 50개 종목
SSE 180지수	상해 A주 대표 우량 대기업 180개 종목
SSE 380지수	SSE 180지수를 제외한, 상해 A주 대표 고성장 중형주 380개 종목

후강퉁 종목의 시가총액은 약 24조 위안(약 4천조원)으로 상해 A주 전체의 약 90%를 차지하고 있다. 기존에는 총 투자한도가 후구퉁(沪股通, 홍콩거래소에서 상해 A주 매매)은 3천억 위안, 강구퉁(港股通, 상해거래소에서 홍콩 H주 매매)은 2,500억 위안으로 제한되어 있었으나, 2016년 8월 16일 선강퉁 시행 발표와 함께 폐지되었다. 다만 일일 투자한도의 경우 후구퉁은 130억 위안, 강구퉁은 105억 위안으로 제한되어 있다.

심천 A주를 거래할 수 있는 선강퉁

2016년 8월 16일 중국 국무원은 정식으로 선강퉁 제도를 승인했다. 이에 중국 증권감독관리위원회가 선강퉁 시행을 준비하는 데 4개월이 걸릴 것이라고 밝힌 만큼 2016년 11~12월 개통 예정이다.

선강퉁(深港通)이란 심천-홍콩 거래소 간의 거래 및 결제 연동 서비스를 말한다. 이 제도의 기본 골격은 후강퉁과 유사하다. 위안화로 거래되며, 종목별 최소 매매단위는 100주로 동일하다.

종목 구성은 시가총액 60억 위안(약 1조원) 이상의 심천성분지수, 중소판(SME Board), 창업판(ChiNext), 그리고 심천거래소에 상장된 A/H 동시 상장 종목으로 이루어져 있다. 심천성분지수는 심천거래소 전반에 걸쳐 업종 대표성, 규모, 유동성 등을 반영하여 선정된 대표적인 500개 종목이며, 중소판은 민간 중소기업과 중소형주 중심, 창업판은 벤처 및 신규 창업기업을 중심으로 구성되어 있다.

선강퉁에 투자하는 외국인 투자자에게 특별한 자격요건은 없으나, 창업판지수(ChiNext) 투자는 선강퉁 초기 홍콩 세칙에 따른 전문 기관투자자로 제한되며, 관련 규정 정리 후 개인투자자의 투자를 허용한다는 방침이다.

한편 중국 금융당국은 후강퉁과 선강퉁 투자 가능 상품을 확대할 예정이다. 앞으로 후강퉁과 선강퉁 관련 ETF 등의 상품을 도입하기 위한 제도를 구체화할 예정이며, 투자 가능 시점은 선강퉁 시행 이후일 것으로 예상되고 있다.

심천거래소의 세부 주요 지수

지수	개요
심천종합지수	심천거래소에 상장된 모든 A, B주
심천성분지수	심천거래소의 대표 500개 종목
중소창신지수	심천성분(SZSE)1000지수 중 심천성분지수를 제외한 500개 종목
중소판(SME)지수	민간 중소기업, 중소형주 중심으로 구성
창업판(ChiNext)지수	벤처, 신규 창업기업을 중심으로 구성

중국 증시 휴장일을 챙길 때 주의할 점

앞에서 말했듯이, 중국 본토의 주식시장(홍콩 제외)은 상해거래소와 심천거래소로 나눌 수 있다. 각 거래소는 A주와 B주로 구분되어 있으며, A주는 내국인과 외국인이 모두 거래할 수 있고, B주는 외국인 전용 시장이다. 그리고 상해 A주에 투자하는 것을 '후강퉁', 심천 A주에 투자하는 것을 '선강퉁'이라고 한다.

사실 중국 본토 시장에 대한 직접투자는 여전히 불가능하다. 홍콩 시장을 통해서만 중국 본토 주식을 매매할 수 있다. 그래서 홍콩은 휴일이지만 상해가 휴일이 아닌 경우, 상해시장은 열리지만, 후강퉁, 선강퉁 제도로 주식을 매매하는 외국인들은 중간 다리 역할을 하는 홍콩 시장이 쉬므로 중국 본토 주식을 매매할 수 없다. 즉 중국 본토 주식을 매매하기 위해서는 단순히 중국의 휴장일만이 아니라 홍콩의 휴장일도 같이 챙겨야 한다. 따라서 매달 시작 전에 중국 시장의 휴장 스케줄을 챙기는 것이 좋다. 사소한 이런 것들을 챙기는 것이 성공적인 중국 투자의 기초가 될 것이다.

해외 증시일정 휴장일   키움증권 HTS [0906] 화면

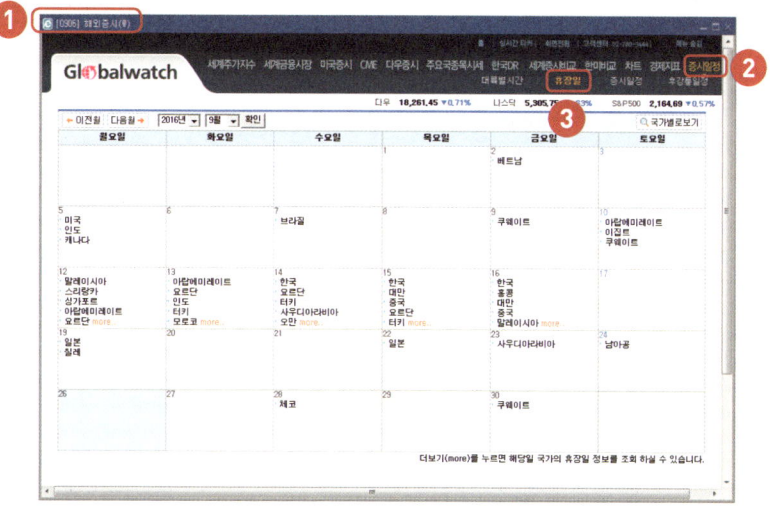

후강퉁 휴장일만 챙겨볼 경우

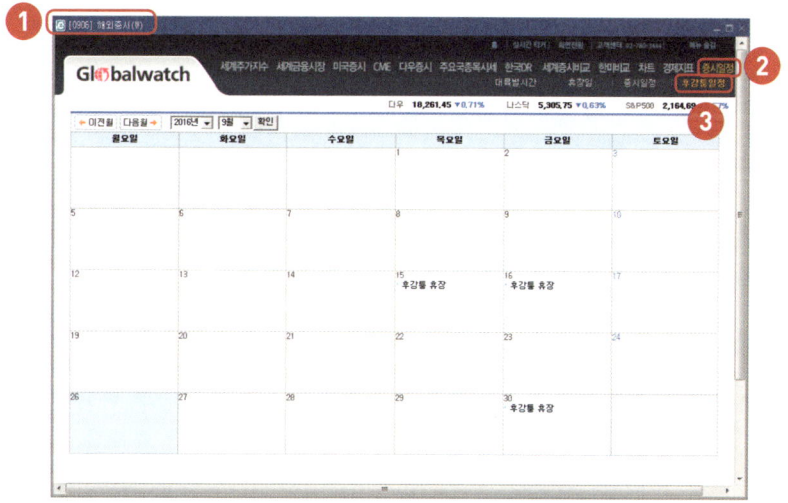

중국 주식 투자전략 ①

05 우량주 장기 보유 전략
– 국유기업, A/H주 동시 상장 종목

처음 중국 시장이 열렸을 때, 중국에서 한국의 삼성전자, 삼성화재, 또는 아모레퍼시픽과 같은 종목을 찾아서 장기적으로 투자하자는 열풍이 불었다. 틀린 이야기는 아닌 것 같다. 특히 주식투자의 꽃은 단기투자가 아니라 장기투자라는 점을 생각한다면, 안정적으로 성장할 수 있는 기업에 대한 관심은 필수적이라고 할 수 있다.

중국 주식, 어떤 종목이 안정적인가?

중국의 주식시장에서 어떤 종목이 안정적일까? 업계 1위 기업, 외국인이 앞으로 강하게 매수할 가능성이 높은 기업, 또는 정부정책에 가장 큰 수혜를 볼 수 있는 기업, 아니면 전기차, 신재생에너지, 3D프린터와 같은 신규 기술 관련주.

모든 시각이 정답일 수도 있고, 아닐 수도 있다.

다음은 미국의 대표적인 기업 30개로 구성되어 있는 다우존스산업평균지수의 그래프이다. 다우지수는 1980년대 초에 1,000포인트를 넘어 현재는 18,000포인트에 육박하고 있다. 만약 1980년대 초에 1억원을 다우지수에 투자해 두었다면, 가만히 앉아서 18억원의 투자자산을 보유하게 되는 것이다. 이런 그래프를 보면, 이제 본격적으로 세계로 발을 내딛고 있는 중국 시장에 대한 장기적인 안목이 얼마나 중요한지 알 수 있다.

그런데 다우지수가 이처럼 크게 상승했으니, 개별 종목도 말할 것도 없이 크게

미국 다우존스산업평균지수의 추이   자료: CEIC, 키움증권 리서치센터

1972년 처음으로 1,000포인트를 넘은 다우지수는 현재 18,000포인트에 육박하고 있다.

올랐을 것이라고 생각하는 투자자들이 많다. 하지만 1980년에 다우지수에 편입되어 있던 종목과 현재의 편입 종목이 같지 않다는 점을 알아야 한다. 그 기간 동안에 어떤 종목은 신규로 편입되는가 하면, 편입되어 있던 종목이 지수에서 제외되기도 했다. GE만이 유일하게 여전히 건재하다. 하지만 GE도 중간에 30개 구성 종목에서 탈락한 적도 있어, 결국 지속적으로 유지된 종목은 하나도 없다.

  대표적으로 '코닥'은, 지금은 잊혀진, 두루마리 형태의 현대식 필름을 처음 개발했던 회사였다. 필자가 어릴 때만 해도 집집마다 사진기가 있고, 동네에 사진관이 몇 개씩 있었다. 그때는 필름을 만드는 회사가 어려움에 처할 것이라는 생각을 해본 적이 없다. 하지만 2000년대에 들어서면서 디지털카메라와 프린터가 대중화되면서 코닥의 설자리는 갈수록 줄어들었다. 코닥은 디지털카메라를 최초로 개발했지만, 디지털카메라가 대세가 되면 필름 매출이 감소할 것을 우려해서 시대가 나아가는 방향을 외면했다. 이로 인해 2004년 4월 사양업종이라는 이유로 제지업체인 인터내셔널 페이퍼와 통신업체인 AT&T와 함께 다우지수에서 탈락되는 수모를 겪었다. 이처럼 우량기업으로 보이던 회사도 혁신이 부진할 경우 언제든지 사양기업으로 바뀔 수 있다는 점은 장기투자자에게 리스크로 작용한다.

어떤 대안이 있는가?

가장 쉬운 대안은 지수를 사는 것이다. 그런데 개인적인 생각으로는 지수는 사실 반은 사기가 아닌가 싶다. 왜냐하면 대부분의 지수들은 그 나라의 대표 기업들로 구성되는데, 앞에서 본 것처럼 대표 기업이 매년 바뀔 수 있기 때문이다. 다시 말해 지수는 구성 종목 중에서 실적이나 산업전망이 부진하면 빼고 우량 종목으로 변경하여 산정된다.

쉽게 말하면, 한 고등학교가 상위 10%의 성적으로 전체 성적을 가늠하는 평균을 낸다고 치자. 이전에 공부를 잘했던 학생이 최근 여러 사정으로 성적이 크게 떨어질 가능성이 높은 경우, 그 학생을 빼고 성적이 좋은 다른 학생으로 바꾼다고 하자. 그러면 전체 성적은 떨어지더라도 그 학교 상위 10%의 성적은 나아지는 모습을 보일 수 있을 것이다.

개인투자자들은 어떤 종목이 앞으로 크게 상승할지, 하락할지 알기 어렵다. 그래서 쉬운 대안으로 지수에 투자하는 펀드로 간접투자를 하거나, 혹은 ETF로 장기투자를 하려고 한다. 특히 ETF 투자의 경우 환전을 할 필요 없이 KODEX 중국본토 A50(169950), TIGER 차이나 A300(192090)으로 바로 투자할 수 있다는 장점이 있다. 하지만 ETF 투자는 필요에 따라 A주 선물이나 본토가 아닌 홍콩에서 거래되는 A주 ETF에 투자해야 하고, 각종 규제와 제도 때문에 가격의 괴리가 생길 수 있다. 또한 지수는 안정성이 있으나, 개별 종목보다 수익률이 작을 수 있다는 점도 고려해야 한다.

어떻게 안정적인 종목을 찾을 것인가 – 국유기업에 주목하자

필자는 개인적으로 중국 공산당 관련 지분이 많은 종목들이 안정적인 종목 중 하나가 될 것이라고 생각한다. 다시 말해 국유기업 중 시장 지배력이 있는 기업이야말로 중국의 블루칩이라고 할 수 있다.

KODEX 중국본토 A50에 편입되어 있는 종목

번호	종목명	종목 코드	주식수(주)	보유 비중(%)
1	FTSE[1] 중국 A50 지수 F1609		19	16.53
2	평안보험-A	601318CH Equity	16,565	7.84
3	중국민생은행-A	600016CH Equity	44,658	5.68
4	흥업은행-A	601166CH Equity	24,678	5.35
5	중국초상은행-A	600036CH Equity	21,293	5.19
6	상해푸동발전은행-A	600000CH Equity	19,059	4.26
7	귀주모태[2]-A	600519CH Equity	814	3.29
8	중신증권-A	600030CH Equity	13,983	3.06
9	교통은행-A	601328CH Equity	36,011	2.72
10	중국농업은행-A	601288CH Equity	63,483	2.71

1) FTSE는 FTSE 인터내셔널에서 발표하는 글로벌 주가지수이다. MSCI와 함께 전 세계에서 가장 영향력 있는 벤치마크 지수로 평가받고 있다.
2) 귀주모태는 중국의 대표적인 술인 마오타이 제조회사이다.

우리나라에서 국유기업이라고 하면 한국전력, 한국가스공사처럼 유틸리티 종목들을 떠올리게 된다. 성장성이 둔하고, 낙하산 인사니 뭐니 해서 수익성도 저조하고, 움직이기 힘든 종목들……. 하지만 중국의 국유기업은 우리나라의 국유기업과는 많이 다르다.

중국 국유기업은 무엇이 다른가?

중국이 사회주의 체제의 국가라는 것을 잊지 말아야 한다. 사회주의 체제인 중국의 경우 1등 기업은 대부분이 국유기업이다. 철강업종, 자동차업종, 화학업종, 조선업종 등 여러 업종에서 1위 기업은 대부분 국유기업인 경우가 많다.

민간기업의 경우 중국 공산당과 마찰이 생기면 예기치 못한 악재에 빠질 수 있다. 그 예로 2015년 1월 알리바바와 중국 정부와의 짝퉁 논란을 들 수 있다.

국가공상행정관리총국(공상총국)은 2015년 1월 28일에 『2014년 하반기 인터넷 상거래 추세와 감독결과』라는 백서를 내면서, "알리바바의 온라인 쇼핑몰 타오바오에서 거래되는 상품 중 정품 비율이 37.5%에 불과하다"고 발표했다. 또한 알리바바 직원들이 업자들로부터 뇌물을 받고 검색 순위를 올려주는 등 부도덕한 행위를 했다고 밝혔다. 이 짝퉁 논란으로 알리바바의 시가총액이 불과 2일 동안 26조 위안이 공중 분해되는 등 여파가 컸다. 결국 마윈 회장은 1월 30일 공상총국을 방문해 재발 방지를 약속하고 정부정책에 적극 협조하겠다고 밝혔다.

이 사태가 정말 단순히 알리바바의 짝퉁 판매 논란 때문에 일어난 것이겠는가? 아니면 중국 정부와 알리바바의 갈등 때문이겠는가?

사실 마윈이 차이나옐로우페이지(중국 최초의 인터넷 기업)를 운영하던 시절, 베이징에 지사를 내려고 했던 적이 있다. 그때도 공산당과의 충돌 때문에 차이나옐로우페이지가 큰 위기를 당한 적이 있다. 그래서인지 중국경제망(중국 국가 경제 포털)에서는 중국 기업을 소개할 때, 우리나라와는 달리 회사 소개, 회사 이익 추이를 설명하고 난 다음에 반드시 CEO에 대한 소개를 하는 것이 아닌가 싶다. 특히 CEO가 중국 공산당과 관련이 있는 경우, 그 경우를 자세하게 설명하는 것도 위와 같은 이유 때문인 것으로 보인다. 중국 주식투자에서는 CEO가 어떤 사람인지가 매우 중요한 체크 포인트가 된다. 따라서 리스크를 회피하는 측면에서도 국유기업에 대한 관심이 필요하다고 할 수 있다.

중국 국유기업, A/H주 동시 상장 종목에 주목하자

중국의 대표적인 국유기업인 페트로차이나에 대해 살펴보자. 페트로차이나는 석유, 가스, 천연가스를 탐사·개발·생산·판매하는 중국 내 최대 석유·가스 생산 및 판매업체이다. 주주 구성을 보면 중국석유그룹이 전체 주식의 86.36%를 보유하고 있다. 그런데 이 중국석유그룹이 국유기업이다 보니 페트로차이나도 국유기업이라고 할 수 있다. 하지만 중국 기업의 주주 구성을 이처럼 하나하나 분석하고, 국유기업을 따로 추려내는 것이 번거로울 수 있다. 이런 경우 A/H주 동시 상장 종목들을 보면 된다.

앞에서 중국 주식시장은 본토의 상해 시장, 심천 시장, 그리고 홍콩 시장으로 구성되어 있다고 했다. 홍콩 시장은 항생지수와 H지수로 구분되어 있는데, 항생지수에 포함되는 종목들은 대부분 기업 소재지가 홍콩에 있고, 홍콩 시장에 상장되어 있다. 그리고 H지수에는 기업의 소재지가 중국 본토에 있고, 홍콩에 상장되어 있는 종목들이 들어 있다.

H지수가 만들어진 것은 외국 자본이 후강통, 선강통이 개통되기 이전에는 B주식, 혹은 QFII(적격외국기관투자자), RQFII(위안화 적격외국인투자자)를 이용해서 제한적으로 본토의 주식을 살 수밖에 없었던 제도적인 문제 때문이다. 다시 말해 중국 본토의 기업들이 자본을 확충하기 위해 상해나 심천 시장에 상장하는 경우 외국

페트로차이나의 주주 구성
자료: CEIC, 키움증권 리서치센터

	주주명	주식수	비중(%)	업종	국유 여부
1	중국석유그룹	158,034,000,000	86.35	비금융	정부/국유기업
2	블랙록	1,459,974,793	0.80	자산운용	민간기업
3	JP모건체이스앤컴퍼니	1,394,209,656	0.76	은행	민간기업
4	애버딘	1,258,155,805	0.69	비금융	정부/국유기업
5	중국증권금융	1,009,750,000	0.55	금융-기타	정부/국유기업
6	뱅가드그룹	628,795,554	0.34	비금융	민간기업
7	항셍은행	530,743,832	0.29	은행	정부/국유기업
8	스테이트 스트리트	268,538,640	0.15	비금융	민간기업
9	중앙회금자산관리	206,109,000	0.11	자산운용	정부/국유기업
10	플랭클린 템플턴 인베스트먼트	187,753,975	0.10	비금융	민간기업
	상위 합계	165,354,534,299	90.36		
	정부 및 국유기업	161,050,322,637	88.00		

키움증권 HTS [3819] 화면에서 기업의 주주 구성을 확인할 수 있다.

인의 자본을 유치하는 데 어려움이 있었던 반면, 홍콩 증시에 상장하는 경우 외국 자본을 끌어들이기가 수월했기 때문이다. 그런데 이제는 외국인들이 중국 본토에 투자하는 것이 이전보다는 자유로워졌고, 앞으로 더 자유로워질 것으로 보여 홍콩 시장의 의미가 점차 퇴색될 가능성이 높다.

어쨌든 중국에서는 이 H지수를 '국기지수(国企指数)'라고도 한다. '홍콩에 상장되어 있는 중국기업지수'의 준말이다. 이들은 중국 국유기업, 또는 정부 지분이 30% 이상인 국영기업들이다. 다시 말해 국유기업, 혹은 중국 정부의 지분이 높은 기업들을 따로 찾을 필요 없이, H지수에 편입된 종목들을 관심종목으로 잡고 매매에 활용하면 된다.

A/H 주가 괴리율을 이용한 매매는 가능한가?

후강퉁이 처음 시작되는 시기, 중국 주식의 매매방법과 관련된 여러 투자기법에 대한 논의가 나왔다. 그중 가장 대표적인 것이 본토 A주와 홍콩 H주의 가격 차이인 A/H 주가 괴리율을 이용하는 방법이었다.

실제로 홍콩 증시에 상장되어 있는 중국철도건설을 위안화로 환산해 보면 8.296위안인데 반해 A주의 가격은 9.86위안이라면, 중국 A주를 팔고 홍콩에 상장되어 있는 주식을 사면 이익이 발생한다는 것이다. 아니면 강소녕호고속도로처럼 A주의 가격이 8.32위안인데 반해 홍콩에 상장되어 있는 주가는 환산가로 9.249위안이라면, A주 가격이 상승할 가능성이 높기 때문에 이 경우 A주를 사면 된다는 단순한 논리이다.

이것은 코스피 선물과 현물의 차이를 이용한 차익거래와 비슷해 보여 가능성이 있어 보였지만, 후강퉁 시장이 열린 이후 이런 차익거래를 이용한 경우가 생각보다는 많지 않았다. 그 이유는 무엇일까?

필자의 생각으로는 홍콩 증시에 상장되어 있는 중국 본토 주식과, 본토에 상장

중국 A주의 A/H 주가 괴리율 순위

키움증권 HTS [3814] 화면

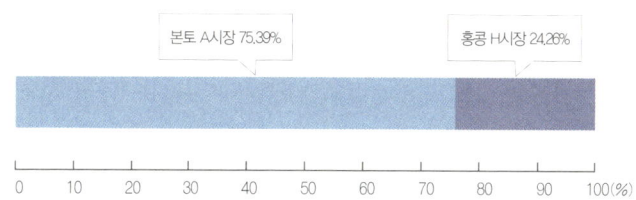

강소녕호고속도로의 유통 주식 비중

본토 A시장 75.39% 홍콩 H시장 24.26%

되어 있는 주식에 대한 투자자들의 선호도가 다르다. 둘을 같은 주식으로 보기는 어렵다고 생각한다.

또한 강소녕호고속도로의 경우 A시장에 상장되어 있는 주식의 비중이 75.39% 이고, 홍콩 시장에 상장되어 있는 주식의 비중은 24.26%이다. 이처럼 두 시장의 상장 주식수가 다르다는 점도 주가를 단순 비교하는 데에는 무리가 있는 원인 중 하나인 것 같다.

중국 주식 투자전략②

06 역사적 PER을 이용한 중기 투자전략

중국 주식시장이 아직은 외국인 지분이 많지 않다는 점에 착안해서 투자전략을 잡아본다면, 앞으로 외국인의 지분이 지속적으로 증가할 가능성이 높은 종목에 대한 관심이 필요하다. 한국 주식시장에서 저PER(주가수익비율) 주식, 저PBR(주가순자산비율) 주식이 유행하게 된 이유가 바로 외국인 매매 때문이었다.

이제 한국 주식시장은 외국인의 비중이 30% 정도가 되면서 비교적 안정적인 주

중국 A주의 고PER/저PER 창

키움증권 HTS [3833] 화면

순위	코드	종목명	PER	EPS	현재가	전일대비	등락률	거래량
1	600267	절강해정제약	2,060.000	0.007	14.540			
2	601199	강남수무	957.000	0.010	9.650 ▼	0.170	1.73	11,577,703
3	601989	중국조선중공업	573.520	0.113	6.140 ▼	0.160	2.54	58,320,390
4	600546	산서석탄국제에너지	425.880	1.420	3.580 ▼	0.140	3.76	25,992,086
5	601969	해남광업	233.750	0.048	11.360 ▼	0.060	0.53	4,150,761
6	600259	광성비철금속	154.670	1.300	46.220 ▼	1.460	3.06	3,703,586
7	600882	엄택식품	73.630	0.740	10.600 ▼	0.140	1.30	3,815,840
8	601898	중국석탄에너지	46.410	0.152	5.570 ▼	0.050	0.89	14,382,153
9	600010	내몽고포두철강연합	45.420	0.119	2.750 ▼	0.050	1.79	51,269,212
10	600058	오광발전	45.050	3.309	16.110 ▼	0.550	3.30	6,571,030
11	600765	중항중장비	41.260	0.320	14.200 ▼	0.440	3.01	6,367,928
12	600884	녕파삼삼	34.070	0.477	14.990 ▼	0.620	3.97	14,345,246
13	603399	신화룡	33.080	0.770	9.320 ▼	0.320	3.32	14,306,269
14	600806	곤명선반	27.810	0.539	7.950 ▼	0.200	2.45	11,642,454
15	600121	정주석탄전력	27.010	0.556	5.770 ▲	0.190	3.41	38,108,415

중국의 저PER 종목과 고PER 종목을 쉽게 찾을 수 있다.

가 흐름을 보이고 있다. 그런데 한국 주식시장의 경우 1992년 개방 때부터 외국인의 자금이 바로 저PER 종목들로 유입되면서 관련주들이 거의 폭등 수준으로 상승한 바 있다.

    물론 예전에 그러했기 때문에 이번에도 반드시 그럴 것이라고 확언할 수는 없다. 하지만 이러한 종목을 찾아 흐름을 추적하다 보면, 중국 시장에서도 상승 여력이 큰 종목을 먼저 쉽게 잡아낼 가능성이 높다. 표면적으로 보이는 저PER 종목을 찾는 것은 비교적 쉽다. 예를 들어 키움증권 HTS의 [3833] 화면을 이용하면 저PER 기업을 쉽게 찾을 수 있다.

고PER 종목은 성장형 기업이어야 한다

일반적으로 고PER 종목은 성장성만으로도 주가가 충분히 상승할 수 있는 종목을 찾을 때 많이 사용한다. 예를 들어 1990년 중반 이후 한국 증시를 열광하게 했던 '닷컴' 열풍처럼, 성장성이 있는 새로운 기업은 당장의 수익보다는 매출의 증가를 더욱 중시한다.

    기초적이지만, 하나 짚고 넘어간다면 PER(주가수익비율)은 P/E Ratio의 약자로 P(Price: 주가), E(EPS: 주당순이익) Ratio(비율)이다.

$$\text{주가수익비율(PER, 배)} = \frac{\text{주가(P)}}{\text{주당순이익(E)}}$$

주가는 향후 성장성에 대한 기대감으로 올라 있는데, 아직 이익이 가시화되지 않아 분모인 주당순이익이 작다면, 당연히 PER이 높아서 고PER 주가 된다. 따라서 중국 시장에서 고PER 주에 대한 투자를 고려한다면, 그 기업은 안정형 기업이 아니라 성장형 기업이어야 한다는 점을 기억해야 한다.

저PER 종목 찾는법

주가수익비율(PER)에서 분자인 주가(P)는 낮은데 분모인 주당순이익(E)이 유지되는 종목이라면, 당연히 PER은 낮아질 수밖에 없다. 이른바 저평가 우량주들이 여기에 속한다. 혹은 분자인 주가는 일정 수준을 유지하는데 분모인 주당순이익이 크게 증가해도 당연히 PER이 낮아지게 된다.

가장 좋은 것은 기업의 펀더멘털과 관련 없는 시장의 악재로 인해, 주가는 하락했는데 주당순이익은 증가하는 경우이다. 다시 말해 분자인 주가는 하락하고 분모인 주당순이익은 증가하면 당연히 저PER 주가 될 수밖에 없다.

하지만 분모가 주당순이익이라는 것에 주목해 본다면, 순이익은 그대로인데 무상증자나 주식 배당, BW(신주인수권부사채) 행사 등으로 주식수가 증가하여 분모인 주당순이익이 낮아졌다면, 기업의 이익이나 주가 수준에 변화가 없음에도 불구하고 저PER 주로 보일 수 있다는 점에 주의해야 한다.

마찬가지로 기업의 실적이 부진함에도 불구하고, 주당순이익의 하락폭보다 주가의 하락폭이 더욱 클 경우에는 상대적으로 저PER 주로 보일 수도 있다. 따라서 단순 산출된 종목 정보만으로 저PER 주로 판단하고 투자하는 것은 위험하다.

기업의 이익 흐름으로 알짜 저PER 종목 찾는 법

그럼, 증권사의 HTS 기능을 이용해 찾은 저PER 종목이 정말 투자 가능한 종목인지는 무엇으로 판단할 수 있을까? 기업의 연간 실적 흐름을 살펴볼 수 있다면 쉬운 답을 얻을 수 있을 것이다.

앞에서 저PER 종목을 찾을 때, 가장 문제가 되는 것 중 하나가 주당순이익이 감소함에도 불구하고, 주가의 하락 속도가 더욱 강해서 저PER 종목으로 보이는 것이라고 했다. 하지만 재무제표에서 2009년부터 최근까지의 이익 흐름을 비교해 보면, 분모인 주당순이익이 작아져서 저PER 주식으로 보이는지 여부를 쉽게 판단할 수 있다. 이런 방법을 통해 저PER처럼 보이는 종목이 아니라 진짜 저PER 종목을

중국 A주의 종목분석 창 　　　　키움증권 HTS [3819] 화면

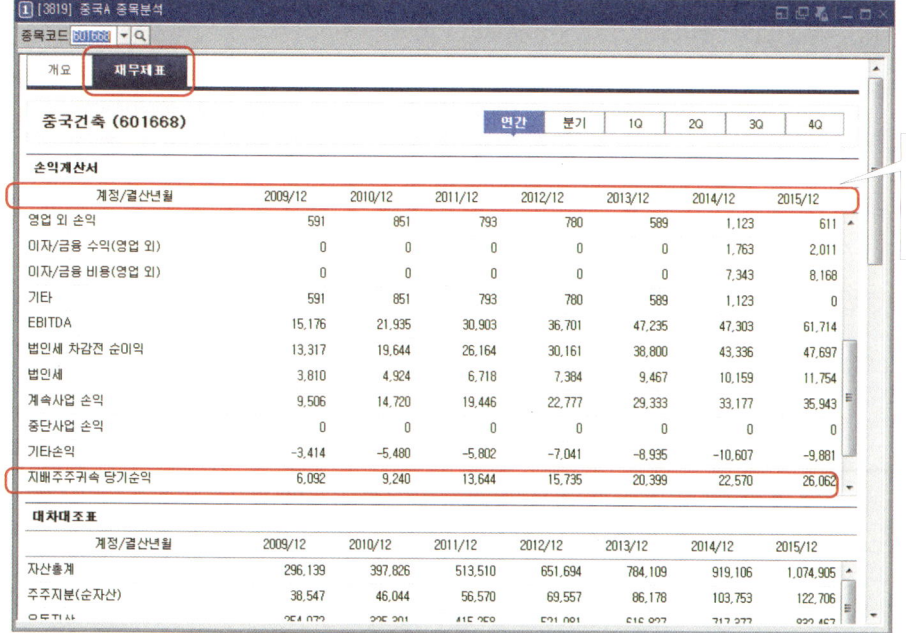

찾을 수 있을 것이다.

역사적 PER 밴드로 알짜 저PER 종목 선택하는 법

일반적으로 시장에서는 PER이 10배 미만이면 저평가되었다고 한다. 하지만 필자의 생각은 다르다. 강남에서 월세로 100만원의 수익(연간 1200만원)을 올리는 오피스텔의 가격이 2억 7천만원이라면, 수익비율은 2억 7천만원÷1,200만원으로 22.5배가 된다.

마찬가지 오피스텔이지만, 인천 중구에 있는 월세 60만원(연간 720만원)인 오피스텔의 가격이 1억원일 때, 단순히 오피스텔의 수익비율이 22.5배이기 때문에, 이 오피스텔의 적정가격은 1억 6,200만원(720만원×22.5배)이고, 지금 매수하면 62%의 수익이 예상된다고 말한다면 수긍이 가는가?

강남의 오피스텔 수익비율을 가지고, 교통도 지역도 다른 곳의 오피스텔이 저평

가인지 고평가인지, 더 오를 수 있는지를 말한다면, '이상한 사람이네'라고 할 것이다. 주식에서 수익비율인 PER을 쓸 때도 마찬가지이다.

상장사마다 경영진, 그 기업이 속해 있는 산업의 성장성, 이익·매출 구조가 다른데, 그것을 같은 것으로 보고 단순히 PER이 10배 미만인 종목을 찾는 것은 큰

중국건축의 주식 차트   키움증권 HTS [3834] 화면

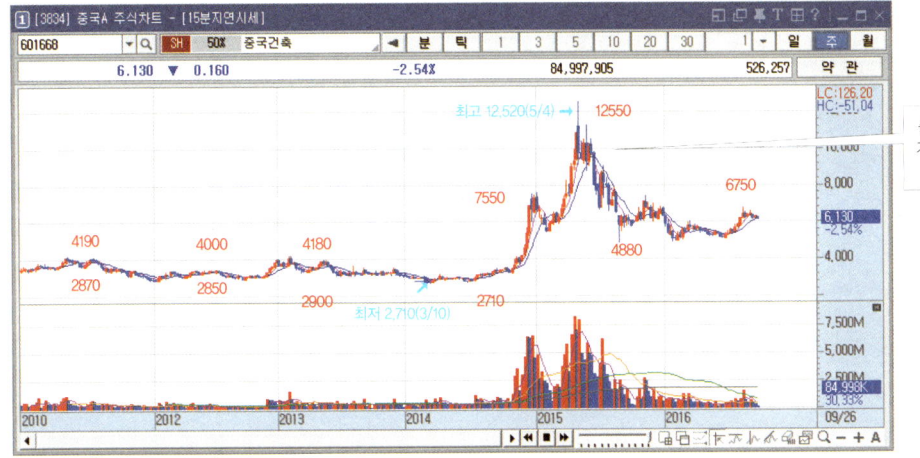

중국 기업의 주가 차트를 볼 수 있다.

중국건축의 연 최고 PER와 최저 PER   자료: 자체 계산

의미가 없다.

개인적으로는 저PER 종목을 찾을 때는 우선 그 기업의 역사적 PER 밴드에서 현재 주가가 어디쯤 위치해 있는가를 보아야 한다고 생각한다. 역사적 PER 밴드를 확인하려면, 앞에서 살펴보았던 키움증권 HTS의 [3819] 화면, 그리고 [3834]의 차트를 보면 된다.

276쪽의 위 화면은 중국건축의 주식 차트이다. 2011년 중국건축의 주당순이익(EPS)은 0.45위안, 2012년은 0.52위안, 2013년은 0.68위안, 2014년은 0.75위안, 그리고 2015년은 0.84위안이었다. 중국 증권사들이 추정하는 컨센서스(2016년 7월 10일 기준)로 2016년 주당순이익(EPS) 추정치는 0.9524위안이다. 차트에서 최고/최저 PER과 당해년도 EPS를 가지고, 중국건축의 PER 밴드를 276쪽의 아래 그래프처럼 만들어 볼 수 있다.

중국건축의 경우에는 PER 밴드의 하단이 보통 3.61~6.38배 정도였고, 상단은 6.15배 수준에서 후강퉁 제도의 시행으로 인해 주가가 강하게 상승할 때는 거의 15배 수준까지 올랐다. 또한 2011년부터 현재까지 주당순이익이 줄어들지 않고 있음에도 불구하고, 최근 주가는 PER의 5.81배 수준에서 움직이고 있다. 이는 역사적 PER 밴드의 하단에 위치해 있는 것이다.

조금 번거로울 수는 있지만, 위와 같이 역사적 PER 밴드를 활용하면, 주당순이익이 지속적으로 증가하지만 주가 수준은 높지 않은 장기투자 종목을 쉽게 찾을 수 있을 것이다.

07 중국 주식 투자전략 ③
단기매매를 하고 싶다면 반드시 알고 가자

한국의 코스피, 코스닥 시장에서 상/하한가 폭이 30%로 확대되었다. 이로 인해 시장에서 하루 최대 60%의 변동성도 일어날 수 있게 되었다. 이는 시장이 그만큼 안정화되었다는 의미이기도 하지만, 때에 따라서는 일중 매매를 통한 차익을 누릴 수 있는 확률이 더 높아졌다는 의미로 해석할 수도 있다. 다시 말해 데이트레이딩(day trading)도 가능한 시장이 되었다는 말이다.

하지만 중국의 경우 다음의 두 가지 이유에서 스윙 이상의 매매만 가능하다.

첫째, 중국 주식시장의 상/하한가 폭은 10%이다. 물론 중국 증시 자체가 변동성이 크기 때문에 데이트레이딩도 가능할 것으로 보이지만, 종목이 하루에 움직일 수 있는 진폭이 작다는 점은 초단기 매매의 걸림돌이 될 것이다.

둘째, 중국 시장의 결제제도 때문이다. 한국은 T+2일 결제제도로서, 주식을 매수하면 2거래일 후에 내 계좌로 주식이 들어온다. 즉 월요일에 매수하면 수요일에, 금요일에 매수하면 다음주 화요일에 주식이 입고된다. 그런데 한국의 경우 주식을 매수하고 계좌로 들어오기 전에 그 주식을 팔 수 있지만, 중국은 그렇지 않다.

중국은 T+1일 결제제도를 가지고 있다. 오늘 사면 내일 결제가 되면서 주식이 계좌로 들어온다. 한국보다 결제가 조금 더 빨리 이루어지는 것처럼 보이지만, 중국의 경우 실제로 계좌에 주식이 들어오기 전까지는 팔 수 없다.

다시 말해 오늘 주식을 매수했다면 내일 그 주식이 계좌에 들어와야 비로소 팔 수 있고, 오늘 주식을 매도하면 매도액이 내일 계좌로 들어오기에 그 돈으로 다른 주식을 매수하려면 하루가 지나야 한다. 따라서 중국에서는 데이트레이딩이 불가능하다.

중국에서도 결제제도를 한국처럼 바꾸려고 노력하고 있지만, 아직은 T+1일 결제제도를 고수하고 있다. 그래서 중국 주식을 살 경우 당연히 하루의 등락을 보면서 최저점에 매수하려고 노력해야겠지만, 개인투자자는 일중 등락이라는 리스크를 피하기 위해 장중에 매수하기보다는 장 마감, 종가 매수를 노리는 것이 효과적이라고 생각한다.

중국 증시의 개장과 폐장 시간

인천공항에서 베이징까지 1시간 30분 정도가 걸린다. 중국이 한국보다 1시간 정도 느리다 보니, 베이징에 갈 때는 30분 만에 가는 느낌이 들고, 한국으로 돌아올 때는 2시간 반이 걸리는 것 같은 착각에 빠지곤 한다.

중국 주식시장은 베이징 시간으로 오전 9시 30분에 개장해서 11시 30분까지가 오전장이며, 잠시 점심시간을 가진 다음에 오후 1시부터 시작해서 3시에 장이 마감한다. 두 나라의 시차가 1시간이므로, 한국 시간으로 계산해 보면 10시 30분에 개장해서 오후 12시 30분까지가 오전장이고, 2시부터 오후장이 시작되어 4시에 장이 마감하는 것이다.

사실 해외투자에서 가장 큰 걸림돌 중 하나가 시차이다. 유럽이나 미국에 투자하려면 저녁이나 밤에 투자해야 한다. 하지만 중국은 시차가 1시간밖에 나지 않아 시간상으로도 가장 쉽게 투자할 수 있는 해외 투자처라고 할 수 있다.

중국 주식시장의 매매제도

구분	상해 A주(후강퉁)
거래시간 (한국 시간 기준)	동시호가 10:10~10:30 · 10:10~10:15, 10:25~10:30(신규/취소 접수) · 10:20~10:25(취소 불가) ＊동시호가에 미체결된 주문은 정규장에 자동 접수 오전장 10:30~12:30 오후장 13:55~16:00 · 13:55~14:00(신규/취소 접수) · 상해 A주(후강퉁) 거래의 경우 휴일 거래제도상 중국 현지는 정상거래이나 후강퉁 매매는 할 수 없는 경우가 있다.
주문방법	온라인: 영웅문3/4(HTS), 영웅문SW(MTS) 오프라인: 키움금융센터(1544-9400)
증거금률	매수, 매도시 100%(키움증권에서는 일부 우량종목을 50% 증거금으로 매매할 수 있다.)
종목 코드	6자리(6*****)
주문 수량	100주 단위로 매수 및 매도 주문 가능
재매매 가능 여부	매수결제 전 매도 불가, 매도결제 전 매도대금으로 매수할 수 있다.
주문 종류	지정가만 가능(정정 불가, 취소만 가능)
가격 제한폭	기준가 대비 상하 10%
결제일	T+1일(국내, 홍콩, 중국 휴일에 따라 결제일 지연 가능)
거래통화	위안화(CNY)
제세금	인지세: 매도 시에만 0.1% · 상해 A주의 경우 현금 및 주식 배당에 대해서는 현지에서 기본세율 10%를 원천 징수하며, 해당 부분을 제외하고는 국내에서 과세된다. · 과세 정책은 현지 당국의 결정에 의해 항상 변경될 수 있으므로 거래에서 유의해야 한다. · 기타 세금 등은 양도소득세 및 권리행사 세금 안내 참조

08 지수에 편승한 단기매매 전략

중국 주식 투자전략 ④

국내에서 주식투자를 할 때는 시장 상황이 좋지 못하더라도 틈새가 있다. 시장이 조정을 받아 대규모 종목들이 같이 하락하더라도 저가주를 공략할 수 있다.

하지만 후강퉁이나 선강퉁을 통한 투자가 상해 시장과 심천 시장에 상장되어 있는 모든 종목을 살 수 있는 것이 아니라는 점을 기억해야 한다. 상해 시장에서 매수할 수 있는 종목은 A50 종목과 상해 180지수, 상해 380지수에 포함된 종목, 그리고 홍콩과 동시 상장되어 있는 A/H 동시 상장 종목으로 제한되어 있다.

중국 A주의 시가총액 상위 종목
키움증권 HTS [3816] 화면

종목명	종목코드	현재가	대비	등락률	거래량	시가총액
공상은행	601398	4.470 ▲	0.030	+0.68	53,452,780	1,205,166,534
페트로차이나	601857	7.220 ▼	0.010	-0.14	17,463,787	1,169,077,562
농업은행	601288	3.220 ▲	0.020	+0.62	80,896,224	946,858,066
중국은행	601988	3.220 ▲	0.010	+0.31	67,821,852	678,664,910
중국석유화학	600028	4.700 ▼	0.020	-0.42	35,270,065	449,121,519
중국인수보험	601628	20.830 ▲	0.010	+0.05	4,896,652	433,754,130
초상은행	600036	17.630 ▲	0.130	+0.74	10,987,843	363,688,212
귀주모태주	600519	286.170 ▲	0.420	+0.15	2,601,495	359,486,182
중국평안보험	601318	32.180 ▲	0.140	+0.44	18,235,058	348,594,999
상해포동발전은행	600000	15.920 ▲	0.350	+2.25	25,106,479	312,875,442
흥업은행	601166	15.350 ▲	0.110	+0.72	32,306,059	292,453,419
중국민생은행	600016	8.930		0	38,634,089	263,897,306
중국신화에너지	601088	14.200 ▲	0.130	+0.92	14,125,136	234,172,768
상해자동차	600104	20.380 ▲	0.090	+0.44	13,277,424	224,701,117
교통은행	601328	5.660 ▲	0.030	+0.53	37,004,036	222,159,868

중국 A주의 시가총액 상위 종목들을 한눈에 볼 수 있다.

다시 말해 후강퉁이든 선강퉁이든, 현재 중국에 접근할 수 있는 종목들은 지수 관련 대형주라는 말이다. 따라서 중국 주식투자의 경우, 지수가 하락하면 우리가 매수할 수 있는 대다수의 종목들이 하락하게 된다. 즉 한국 시장처럼 틈새를 노리기가 쉽지 않다. 그러므로 중국 증시의 지수가 하락 움직임을 보일 때는 단기관점에서의 매매는 자제하는 것이 바람직하다.

중국 시장에서 스윙 정도의 투자를 할 때는 투자 호흡을 투자-휴식-투자-휴식의 사이클로 가는 것이 중요하다.

중국 주식에 단기/중기 투자를 할 때의 투자 호흡

장기투자가 아닌 경우, 투자와 휴식의 호흡을 가지는 것이 중요하다.

중국 A주 지수의 차트는 키움증권 HTS의 [3826] 화면에서 볼 수 있다.

중국 A업종 차트 창   키움증권 HTS [3826] 화면

❶ 상해 A주(후강퉁), 또는 심천 A주(선강퉁)를 선택할 수 있다.

❷ 상해종합지수, CSI 300지수 등 주요 지수를 선택하여 확인할 수 있다.

❸ 일/주/월 단위로 데이터와 차트를 확인할 수 있다.

중국 주식은 한 번 주문에 1주씩 매수할 수 있을까? 예전에 한국 시장에서는 주문을 한 번 할 때 단위가 10주이던 시기가 있었다. 그때는 고가주의 경우 자금이 적으면 매수할 수 없었다. 현재 중국 시장에서 매매 단위는 100주이다. 따라서 중국 주식을 매수하려면 1주씩이 아니라 100주 단위로 사고팔아야 한다는 것을 기억해야 한다.

기술적 분석을 해야 한다면

기술적 분석을 해야 한다면 차트를 제대로 사용할 수 있어야 할 것이다. 주식투자 경험이 조금이라도 있어서 차트 분석을 해 본 투자자라면, 중국 주식의 차트 분석도 두려워할 필요가 없다. 중국 주식 역시 증권사의 HTS를 통해서 코스피와 코스닥 주식을 분석하듯, 똑같이 차트의 기능을 사용할 수 있다. 키움증권 HTS에서는 중국 A 종목 차트를 사용할 수 있으며, 주요 기능의 설정 방법은 다음과 같다.

중국 A주 종합차트 창   키움증권 HTS [3818] 화면

❶ 화면 왼쪽의 〈메뉴항목 검색〉의 콤보 단추를 누른 후에 일목균형표, 거래량 등의 각종 지표를 추가할 수 있다.

❷ 돋보기 단추를 클릭하면 원하는 종목 지표를 찾을 수 있다.

❸ 보기를 '일/주/월/년/분/틱' 단위로 설정할 수 있다.

❹ 〈매수〉, 또는 〈매도〉 단추를 누르면 매수 창, 또는 매도 창이 열린다.

중국 주식의 차트 분석에서 가장 문제가 되는 것이 바로 급등락이라고 할 수 있다. 하지만 개인적으로 중국 증시의 변동성은 앞으로 크게 줄어들 것이라고 생각한다. 이처럼 변동성이 줄어들면 차트를 이용한 기술적 분석을 통해 매매를 좀더 수월하게 할 수 있을 것이다.

중국 주식시장이 변동성이 큰 이유는 장기투자자의 비중이 그다지 높지 않기 때문이다. 다시 말해 한국의 경우 증시가 크게 하락하는 날에는 여지없이 외국인 투자자의 저가 매수가 유입되는 경우가 많다. 외국인 투자자가 저가 매수를 하지 않는다면, 기관투자자, 혹은 연기금이 매수하면서 증시 하방을 지켜내는 경우가 많다. 한국의 코스피, 코스닥 시장은 이미 외국인 비중이 30%가 되어 이처럼 안정적인 모습을 보이는 것이다.

다시 말해 시장에 장기투자자의 비중이 높은 경우, 경제 외적인 충격에 의해 지수가 급락하면 저평가된 종목에 매수가 들어오고, 이는 증시 안정책인 사이드카나 서킷브레이크보다 더 강력하게 증시에 안정성을 부여해 준다.

이에 비해 중국 시장은 아직 외국인 비중이 10%에도 미치지 못해서 악재에 꽤 민감한 모습을 보이곤 한다. 다시 말해 증시가 펀더멘털이나 경제지표에 의해 움직인다기보다는 개인의 심리에 좌우되는 경우가 많다.

이에 중국 정책당국도 장기투자자들을 늘리기 위해 상장기업들에게 안정적이고 높은 수준의 배당을 주도록 유도하고, QFII(적격외국기관투자자), RQFII(위안화 적격외국인투자자) 등, 자금을 유입할 수 있는 외국인 투자자의 수를 늘리기 위한 정책을 지속적으로 실시하고 있다.

이로 인해 앞으로 2015년에 보였던 중국 증시의 변동성은 계속 감소할 가능성이 높다. 그리고 시간이 흐름에 따라 중국 증시도 한국과 마찬가지로 안정적인 차트 분석을 할 수 있게 될 것이다.

중국의 QFII와 RQFII 제도

외국인이 후강퉁과 선강퉁 이외에 중국 본토 증시에 투자할 수 있는 방법으로는 QFII와 RQFII가 있다.

QFII는 'Qualified Foreign Institutional Investor'의 약자로 '적격외국기관투자자'라는 말이다. 일정 자격을 갖춘 외국인에게 중국의 주식, 채권 등의 투자를 허용하는 제도이다. QFII 자격을 취득한 외국 기관투자자는 상해 및 심천 증시에서 기존 중국인 전용 주식인 A주에 직접투자를 할 수 있으나, 중국 외환시장에서 달러를 위안화로 바꾸어야 하고, 투자자산의 50% 이상을 주식에 투자해야 하는 등의 제한이 있다.

RQFII는 'RMB Qualified Foreign Institutional Investor'의 약자로 '위안화 적격외국인투자자'라는 말이다. 외국인 투자자가 위안화 자금으로 중국 정부로부터 허가받은 규모 안에서 중국 내 주식 및 채권에 자유롭게 투자할 수 있는 자격을 말한다. 다만 RQFII의 경우 중국 정부가 국가별, 기관별 한도를 정해놓고 있으며, 한국의 경우 2016년 8월 기준 1,200억 위안(약 20조원)의 한도를 가지고 있다.

QFII와 RQFII 제도 비교

구분	QFII(적격외국기관투자자)		RQFII(위안화 적격외국인투자자)	
	공모	사모	공모	사모
취지	자본시장 개방		위안화 국제화	
자격 부여 기관	CSRC(증권감독관리위원회) SAFE(외환관리국)		CSRC(증권감독관리위원회) SAFE(외환관리국)	
투자 통화	외국 통화		위안화	
투자 가능 상품	거래소 상장 주식, 채권, 펀드, 주가지수선물		거래소 상장 주식, 채권, 펀드, 주가지수선물, 은행 간 채권시장 거래 채권	
자산 배분	주식 50% 이상, 현금(MMF 포함) 20% 이하		규제 없음 (100% 채권, 주식 모두 가능)	

09 중국 주식투자를 위한 HTS 활용 ①
중국어를 몰라도 중국인만큼 중국 기업 분석하기

장기 종목이든 단기 종목이든, 투자를 하기 위해서는 그 기업에 대한 기본적인 내용을 알아야 한다. 투자의 귀재라고 불리던 멧세토라는 투자 명인은 "피자를 선택하듯이 주식을 선택한다면 성공투자의 길이 어렵지 않을 것"이라고 했다. 사실 사람들은 피자를 고를 때 많은 고민을 한다. 불고기 피자를 먹을 것인지, 아니면 콤비네이션 피자를 먹을 것인지. 하지만 주식을 선택할 때는 누가 좋다고 하면 쉽게 매수하는 경향이 있는 것 같다.

종목을 매수하기 위해서는 당연히 기업에 대한 기본적인 분석이 필요하다. 딸의 결혼을 앞두고, 남편 될 사람의 가치관과 성격은 어떤지, 내 딸과 잘 맞겠는지, 직업은 무엇이고 안정적인지, 가족관계는 어떤지, 요즘 근황은 어떤지를 잘 살펴보아야 하는 것과 마찬가지다. 사실 주식은 여윳돈으로 하라고들 하지만, 여윳돈이라고 해서 없어져도 되는 돈은 아니지 않는가?

중국 주식에 투자하기 위해 기업분석을 해야겠다고 생각하다가도, 중국어를 못하고 중국 기업이 생소하게 느껴져 시도조차 하지 않는 경우가 있다. 하지만 한국에 투자하는 외국인 투자자들이 한국어를 잘하는 것은 아니지 않는가. 이제 한국인 투자자도 후강퉁이 열리고 난 다음에는 국내 증권사의 HTS를 통해 한국어로 중국 종목에 대한 구체적인 정보를 볼 수 있다. 기업의 개요, 주요 공시, 뉴스, 그리고 중국 증권사의 관련 종목에 대한 분석 내용까지 파악할 수 있다.

중국 증권사 HTS의 기업분석 자료

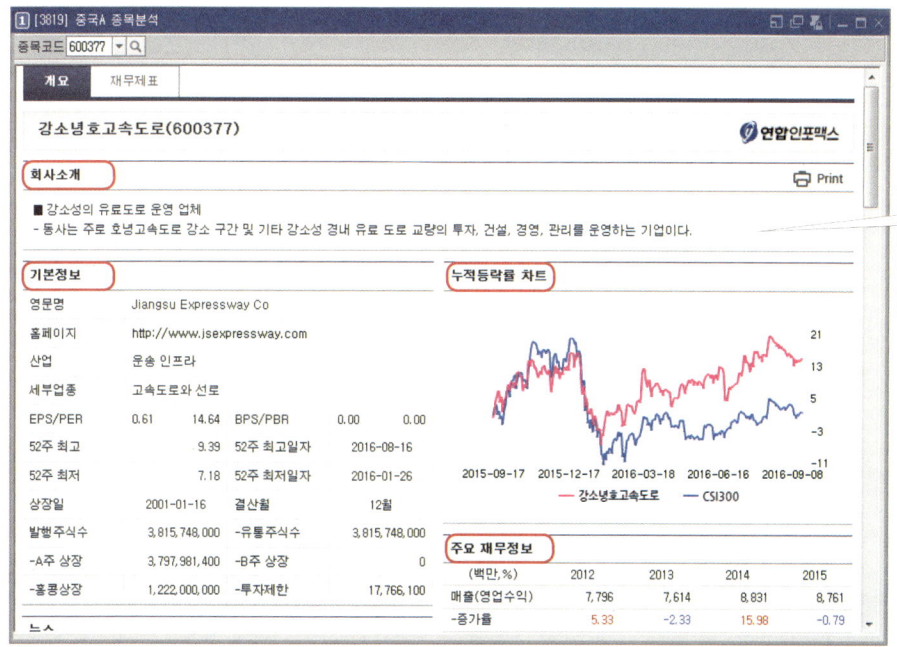

중국 증권사의 HTS는 한자로 되어 있어 접근하기가 녹록치 않다.

중국 A주 종목 분석 창

키움증권 HTS [3819] 화면

중국 종목에 대한 구체적인 정보와 분석 내용을 한국어로 볼 수 있다.

중국 증권사 HTS의 공시

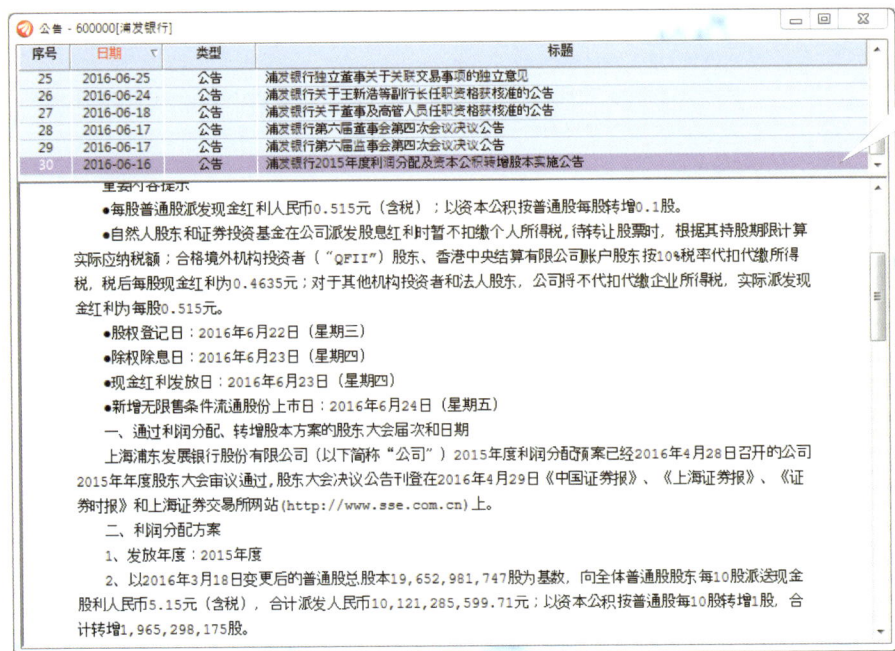

중국 증권사의 HTS는 한자로 되어 있어 보기 어렵다

국내 증권사의 중국 기업 공시

키움증권 HTS [3819] 화면 중 일부

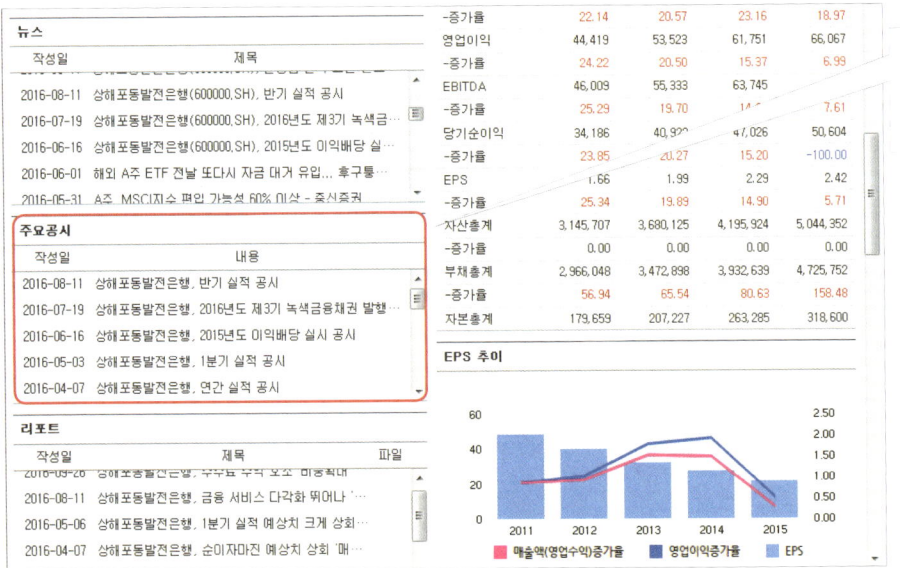

국내 증권사 HTS로 중국 기업의 공시 내용을 쉽게 볼 수 있다.

예를 들어 2016년 6월 16일 상해포동발전은행의 배당 공시가 나왔다. 현금배당이 주당 0.515위안이며, 주당 0.1주를 지급하는 무상증자를 실시한다는 내용이었다. 배당 지급일은 같은 달 23일, 신주 상장일은 24일이었다. 6월 16일 종가가 15.71위안이었으므로, 무상증자를 제외하고도 배당 수익률이 약 6.36%에 달하는 셈이다. 한국의 예금금리가 1.5%~2%이므로 배당 수익률이 예금금리에 비해 3~4배인 점을 생각해 본다면, 이런 배당의 기회는 장기투자자의 관점에서는 놓치지 말아야 할 내용이다.

배당 이야기가 나왔으니, 중국의 배당제도에 대해 체크하고 가자.

중국 기업은 배당을 주는 방법이 한국과 다르다. 대체로 한국의 경우 12월 납폐일(일년의 증시를 마감하는 날)의 2거래일 전에 주식을 보유하고 있으면 그해의 배당을 받을 수 있는 권리가 생긴다. 배당금은 다음해 2월에 배당공시를 통해 알 수 있고, 3월 주주총회에서 확정 승인을 하여 4월에 받게 된다.

하지만 중국의 배당제도는 공시를 통해 "우리 회사 주식을 언제까지 보유하고 있으면, 배당을 얼만큼 주겠습니다"라고 미리 알린 다음, 해당 날짜에 정해진 배당금을 준다. 당연히 중국 기업들이 이런 내용을 공시할 때는 중국어로 할 것이다. 하지만 증권사 HTS(키움증권의 경우 [3819] 화면)에서도 배당뿐만 아니라 기업의 실적 발표나 채권 발행 등 각종 공시에 대해 쉽게 우리말로 확인할 수 있다. 중국 투자에서 더 이상 언어가 장벽이 되지 않는 것이다.

10 중국 주식투자를 위한 HTS 활용 ②
관심종목 세팅하기

중국에 스윙으로 투자할 것인지, 장기투자를 할 것인지 정했는가? 그렇다면 정말 매수하고 싶은 종목을 어떻게 찾아서 선택할까? 뉴스나 강연회 등을 통해 유망종목 정보를 얻었다고 해서, 무작정 매수하는 것은 위.험.하.다.

워런 버핏은 성공적인 투자는 삼진아웃이 없는 야구에서 타석에 들어선 타자처럼 행동하라고 한다. 내가 약간 높게 들어오는 스트라이크 존의 공을 잘 친다면, 아웃코스, 인코스, 그리고 낮은 스트라이크는 버리라는 이야기이다. 다시 말해 자기가 원하는 타이밍이 올 때까지는 절대 배트를 휘두르지 말라는 말이다.

중국 주식투자도 마찬가지이다. 하지만 내가 유망하다고 생각했던 종목을 미처 매수하지 않았는데, 시간이 지남에 따라 주가가 이미 높게 상승한 후라면 당혹스러울 수 있다. 따라서 이런 종목들은 관심종목에 편입해 두는 것이 무척 중요하다.

중국 A주 관심종목 추가하는 법
중국 A주(후강퉁/선강퉁)에 대한 관심종목 화면을 좀더 자세히 살펴보자. 키움증권 HTS에서 [3803] 화면을 검색하면 관심종목 화면을 볼 수 있다.

중국 A주 관심종목 창   키움증권 HTS [3803] 화면

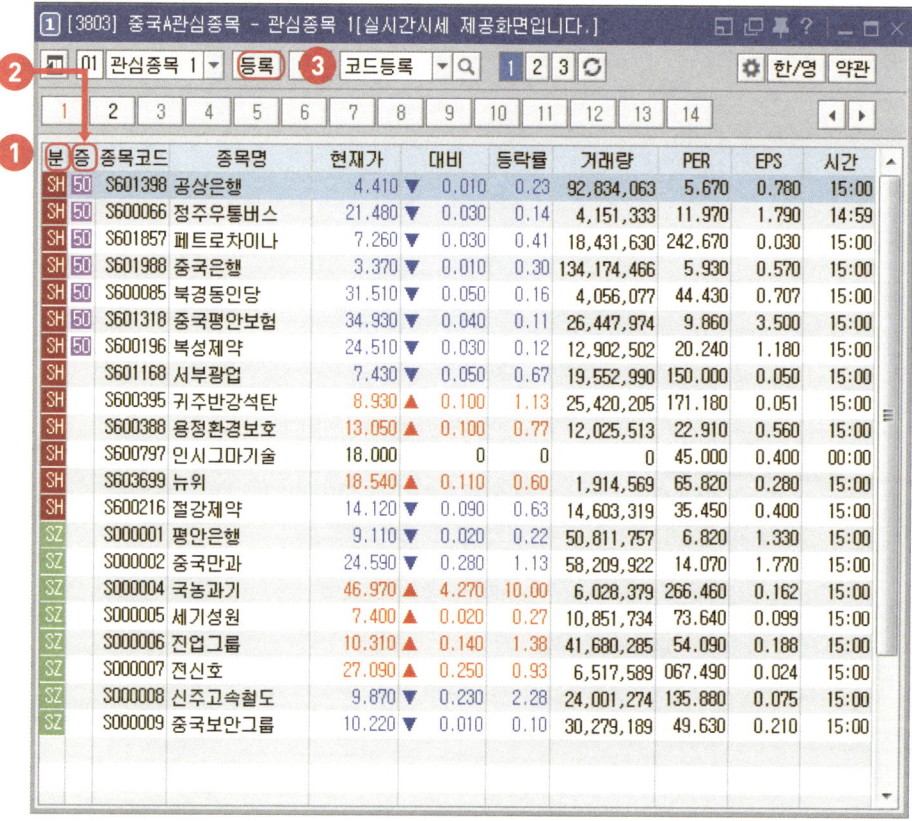

❶ '분' 항목은 거래소 분류를 나타낸다. 여기서 SH는 상해거래소(SHanghai Stock Exchange), SZ는 심천거래소(ShenZhen Stock Exchange)라는 의미이다.

❷ '증' 항목은 해당 종목의 증거금률을 보여준다. 50은 증거금률이 50%가 적용되는 종목이란 의미이고, 이 항목이 빈 칸인 종목은 증거금률이 100%라는 의미이다.

❸ 관심종목을 리스트에 추가하려면 〈등록〉 단추를 클릭한다. 그러면 '관심종목 설정' 창이 열리는데, 여기서 관심종목을 등록하면 된다.

관심종목 설정 창

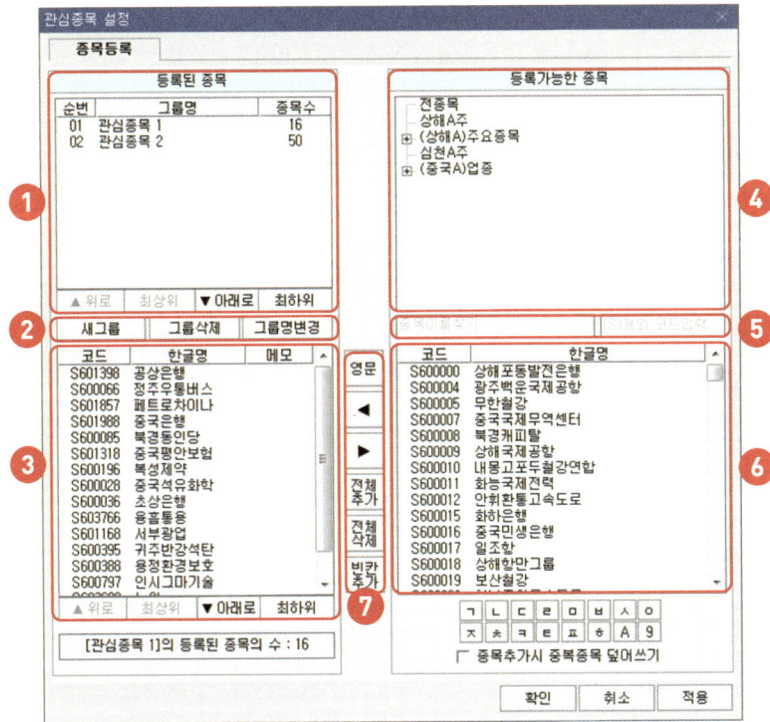

❶ '관심종목 설정' 창에서 '등록된 종목'은 내가 등록한 관심종목의 그룹을 보여주는 공간이다.

❷ '등록된 종목' 아래의 〈새그룹〉, 〈그룹 삭제〉, 〈그룹명 변경〉 단추를 눌러 내가 설정한 관심종목 그룹을 추가/삭제/변경할 수 있다.

❸ 그룹별로 등록된 관심종목을 보여준다. 〈위로〉, 〈최상위〉, 〈아래로〉, 〈최하위〉 단추를 눌러 내가 등록한 관심종목의 순서를 바꿀 수 있다.

❹ '등록가능한 종목'은 관심종목으로 등록할 수 있는 종목들을 보여주는 곳이다.

❺ 〈종목이름 찾기〉, 〈(S)제외 코드 입력〉 단추를 눌러 원하는 종목을 기업명이나 종목 코드로 검색할 수 있다.

❻ 검색을 통해 찾은 종목들을 보여준다.

❼ 원하는 종목을 찾은 다음에 왼쪽 창에서 그룹을 선택하고 ◀ 단추를 누르면 이제 관심종목으로 등록된다. 관심종목을 삭제할 수도 있다.

위의 방법을 통해 내가 생각하는 유망주를 관심종목에 편입해 두자. 관심종목에 편입해서 내가 원하는 타이밍이 올 때까지 기다리는 인내, 그 인내가 반드시 투자에서 큰 수익을 가져다줄 것이다.

11 중국 주식투자를 위한 HTS 활용 ③
최적의 HTS 구성하기

2000년 초반에 투자 강의를 할 때는 항상 마지막에 HTS 구성법에 대해 설명하곤 했다. 그때는 HTS의 인터페이스가 지금처럼 편리하지 않았고, HTS 사용법을 어려워 하는 사람들이 많았다. 하지만 요즘은 HTS의 인터페이스가 매우 편리하게 바뀌었다.

실제로 종목 분석을 할 때 필요한 HTS 화면은 대부분 장이 마치고 난 다음에 사용하는 경향이 있다. 장중에는 관심종목 중에서 어떤 종목을 매수할지, 또는 보유 종목 중에서는 어떤 종목을 매도할지에 대해 의사결정을 신속하게 내려야 하기 때문이다.

일반적으로 개인투자자들은 관심종목 화면, 뉴스 화면, 현재가 창, 차트 등으로 HTS 화면을 구성한다. 차트는 보통 종합주가 화면과 개별 종목, 혹은 개별 종목 일봉과 개별 종목 분봉으로 구성한다. 하지만 요즘에는 증권사들도 이런 필요를 반영해 HTS의 종합화면 창을 잘 구성해 두었기 때문에, 개인투자자가 HTS 화면을 따로 구성할 필요가 줄어들었다.

중국 A주 주식종합 화면 안내
'중국 A주 주식종합' 화면에는 중국 A주(후강퉁/선강퉁) 거래에 필요한 대부분의 기능을 모아두었다. 주요 기능에 대한 설명은 다음과 같다.

중국 A주 주식종합 창   키움증권 HTS [3813] 화면

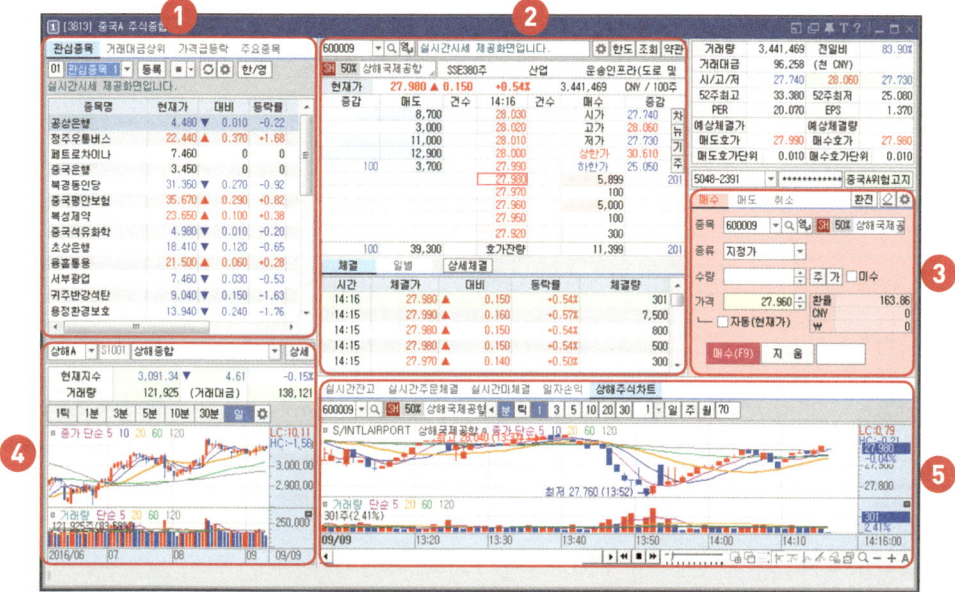

❶ 본인이 등록한 관심종목, 거래대금 상위, 가격 급등락, 주요 종목(주요지수 포함 종목)을 모니터링하면서 거래할 수 있다.

❷ 실시간 시세를 볼 수 있는 곳이다. 현재가와 매도 및 매수 건수와 가격, 체결가와 체결량 등을 한눈에 확인할 수 있다.

❸ 매수 및 매도를 진행하는 곳이다. 종목을 선택한 다음 수량, 가격 등을 입력해 주식을 사거나 팔 수 있다.

❹ 중국 A주의 주요 지수를 확인할 수 있다. 현재 지수와 거래량, 거래대금을 볼 수 있으며, 거래 움직임을 일/30분/10분/5분/3분/1분/1틱 단위로 확인할 수 있다.

❺ 선택한 종목의 실시간 잔고, 실시간 주문 체결, 실시간 미체결, 일자 손익, 차트 등을 볼 수 있다.

닫는 글

여러분의 성공 투자를 기원하며

강연회마다 "주식투자에서 성공하기 위해서는 어떻게 해야 합니까?"라는 질문을 받곤 한다. 만약 성공투자의 길이 지식에 있다면, 외국인 펀드매니저, 기관투자자, 또는 어릴 때부터 증권투자의 길을 걸어왔던 사람들을 이기지 못할 것이다. 당연히 성공적인 투자의 길로 나아가기도 어려울 것이다.

하지만 경제학을 전공하고 박사를 거쳐 교수직에 오른 경제학 교수들이라고 해서 주식투자에 성공하는 것은 아니라는 것을, 우리는 너무나 잘 알고 있다. 차라리 철학과를 졸업한 조지 소로스, 또는 수학과나 심리학과를 졸업하고 투자의 길로 나서서 성공한 투자자들이 많다. 심지어 리처드 데니스의 '터틀' 그룹은 경제학 지식이 없는 사람들도 성공적인 투자자가 될 수 있음을 보여주었다.

이처럼 단순히 지식이 많다고 투자에 성공하는 것이 아니라면, 무엇이 우리를 성공투자의 길로 이끌어 줄 수 있을 것인가.

나는 성공투자를 가능하게 해주는 원칙에 대한 지식과 그 원칙에 대한 올바른 습관이 성공투자의 왕도라고 생각한다. 예를 들어 운전면허를 따기 위해 학원에 등록하고 도로교통법이나 운전방법을 배워 면허증을 땄다고 해 보자. 이 면허를 딴 상태가 여러 지식을 통해 내 자산을 운전할 수 있는 원칙을 만들어 낸 상태라고 할 수 있다.

하지만 면허를 획득했다고 그때부터 누구나 운전을 잘하는 것은 아니지 않는가. 초보 운전자 시절에 누구나 좌회전을 하고 싶어도 끼어들기를 하지 못해 직진한 경험이라든지, 운전 중에 전화가 와서 당황한 기억들이 있을 것이다. 그런데 숙달이 되면 옆의 사람과 이야기하면서도 여유 있게 운전을 할 수 있게 되고, 심지어는 DMB를 켜놓고 통화를 하면서 운전을 하는 경우도 있다. 그러면서도 초보 운전자 때의 심리적인 불안감을 느끼지는 않는다.

성공투자라는 길로 내 자산을 운전(운영)해 가는 것도 별반 차이가 없다. 원칙을 정해 놓고 그 원칙에 따라 매매를 해보려고 해도, 처음에는 원칙과 다른 매도, 원칙과 다른 매수로 손실을 경험하게 되기도 한다. 하지만 그 원칙이 숙달될 때까지 포기하지 않는 것이 중요하다.

중국 주식투자도 그러하다. 처음 중국 주식에 투자를 하려고 하면 은근한 용기가 필요할지도 모른다. 하지만 두려워하기보다는 한 발, 두 발 나아가다 보면 자신도 모르는 사이에 익숙해질 것이다.

여러분들은 혹시 투자 명인의 국적에 대해 생각해 본 적이 있는가? 보통 우리가 잘 아는 투자 명인이라고 하면, 워런 버핏, 피터 린치, 존 네프, 윌리엄 오닐, 앙드레 코스톨라니 정도가 될 것이다. 그런데 이들 중에서 앙드레 코스톨라니를 제외하고는 모두 미국에서 주식투자를 한 사람들이다.

영국은 금융강국이라고 하고, 증권투자의 시작은 네덜란드라고 하는데, 어떻게 우리가 아는 투자 명인들 중 대부분은 미국 사람일까? 이는 유럽의 증시보다 미국의 증시가 더 가파르게 상승했기 때문이다. 오르는 시장에서 손실이 나기도 쉽지 않고, 내리는 시장에서 수익을 내기도 쉽지 않다. 이것은 실력의 차이가 아니라 바로 시장의 차이인 것이다.

한국의 성장과 중국의 성장을 생각해 본다면, 어느 시장에 투자하는 것이 앞으로 주식시장에서 성공적인 투자자로 거듭날 수 있는 길인지 한번은 고민해야 될 시점이 아닌가 한다. 이제 중국 A주는 시가총액의 70% 정도가 개방되었다. 필자가 생각할 때는 진수성찬이 이미 차려진 것이다. 이 책을 읽는 모든 분들에게 투자의 혜안이 갖추어지길 바란다.

이 책의 저자들을 대표하여 강준혁

찾아보기

가
가격상한제 238
가계부채 80
가상현실 180
가족계획 29
가족농 37
가처분 소득 60, 92
가축 소유권 30
강구퉁 131, 261
강미약업 157
강소국태 154
강흥약업 140
개발도상국 33
거민 호구 63
건강보험 234
건투에너지 150
게임 퍼블리셔 190, 192, 194
격력전기 150
견랑오금 148
결제제도 278
경공업 39
경기선행지표 102, 109
경작권 51
경제 전체의 후생 39
경제성장률 24, 86, 89, 93, 188, 196, 200
계림삼금 152, 162
계좌 개설 252
고부가가치 138
고정공주 160
고정자산 89, 109
고정환율제도 56
곤륜만유 144
공개시장조작 114, 134
공공재 50
공공재화 26
공공주택 45~46
과잉산업 134
관광산업 212
광대역 네트워크 176
광선미디어 144
광의통화 108
광저우도요타 197

광저우혼다 197
광전충국 222, 229
광통신 176
구량지 59
구양주식 152
구조조정 불황 44
구지당 142
국가 건전성 74
국가기구의 비대화 41
국가부채 89
국가정보화발전전략 168
국가지수 270
국민소득 26
국영기업 23, 41, 44
국유기업 266, 268
국제선 208
국제수지 124
군체성 사건 52
귀주모태 157
그림자 금융 91
글로벌 금융위기 22
금릉약업 162
금융가 154
금융시장 자율화 76
금융완화 60
금융위기 22
금풍과기 154
기관투자자 285
기본자기자본비율 85
기본적 분석 288
기술적 분석 284
기술혁신 62
기업부채 80
기저효과 138
기정장약 162
기준금리 58, 71, 108, 138
기축통화 86, 257
길림오동 142

나
남대광전 148
남사과기 154
남순강화 42~44

남파A 150
납폐일 291
내수경기 53
내연기관 차량 196
내위과기 158
낸드플래시 166
넷이즈 178
넷플릭스 226
녕파은행 152
노동력 33
노동연령인구 78
노동쟁의 54
노동집약 34, 76
노령화 75, 89
노주노교 150, 160
노태A 150
녹색산업 135
농민공 37, 44, 46, 50, 54, 63
농산물 의무수매제 49
농업 생산성 35
농업혁명 35~39, 50
농촌 호구 44, 48~49
농촌의 소비율 36
뉴노멀 시대 113
뉴픽쳐스 220

다
다보스 포럼 79
다우존스산업평균지수 264
단위노동비용 54, 57
담보보완대출 134
닷컴 열품 273
대농장 32
대량생산 시스템 30
대손충당금 85
대야특강 148
대약진 30
대외교역 36
덩샤오핑 31~32, 42, 250
데이트레이딩 278
도시 호구 46, 49, 63
도시화 30, 39, 44, 66
동릉유색 150

300

동방항공 211
동부용 152
동시 상장 종목 131
동시호가 280
동아아교 140, 162
동인당 157
동풍PSA 197
동풍닛산 197
동풍위에다기아 197
동풍혼다 197
드라마 시장 222
등방국제 212~213
디스플레이 170
디자인권 184
디지털 산업혁명 224

라~마

람색광표 146
렌즈 테크놀로지 174~175
로컬 자동차 업체 196, 200, 204
로코조이 186
롱투게임즈 179, 186
리처드 데니스 298
리펑 42
마오쩌둥 28~30
마오타이 157
마윈 268
만달원선 144
만리방화벽 168
매매 회전율 130
메모리 반도체 170
메인보드 126, 258
멧세토 288
명목GDP 93
모건스탠리 71
모바일 게임 178, 180, 184~185, 190, 192
모바일 동영상 광고 226
모바일 의료 서비스 244
무상증자 274, 291
무역수지 36
무역흑자 168
문화대혁명 28
문화산업 229
문화적 장벽 27
물권법 59

물류산업 117
미디어 산업 216
미디어 전기 166
미적그룹 150
민간부채 80
민관협력사업 115

바

바랑허우 75
바이두 179, 227, 244
바이오 135
반식민지 26
방적 34
방직 34
배기가스 196, 198
배당 지급일 291
배당수익률 83, 93, 100, 103, 150, 291
밸류에이션 83, 102~103, 125, 129, 138
베이비붐 세대 54
벤처기업 126
보나필름 220
보신에너지 150
보잉 210
복서주식 162
복제약 235
부동산 버블 59, 91
부실비율 87
부실채권 83~86, 98
부일주식 154
북경문화 146
북경현대 197
북두성통 158
북신건재 150
분급 치료 시스템 237
분장제 220
분중미디어 144
브랜드 인지도 201
브렉시트 95
블루칩 266
블룸버그 80
블리자드 178
비야디 197, 202~203
비즈니스 모델 181, 225
빈곤의 악순환 26
빈곤의 종말 26

사

사단리 152
사모펀드 125, 138
사물인터넷 176
사유재산권 51
사이드카 285
사회간접자본 27
사회보험료 63
사회적 서비스 27
사회주의 43
산돈 179
산업기금 135
산업화 30, 35~36, 39
산유국 26
삼마패션 152
삼칠호오 144
상표권 184
상해 180지수 131
상해 래시 242~243
상해GM 197
상해GM울링 197
상해VW 197
상해거래소 128~130, 156, 258~259
상해래사 140
상해종합지수 71~73, 94, 100
생물 종자 135
생사협약 31
생산대 31
생산활동인구 53
샤오미 121, 170
서비스 거래 39
서비스 투자 26
서킷브레이커 134, 285
선강퉁 126, 261~262
선구퉁 131
성광주식 146
성장주 97, 119
성중촌 51
성향결합부 51
세계은행 24
세수 26
셧다운제 178
소강사회 250
소농 32
소도시 62
소비 주도 경제성장 53

소비성향 42
소비재 27
소작료 34
소재 39
수입영화 쿼터제 220
수직계열화 212
수출 주도의 경제성장 62
수출산업 38
순이자 마진율 85
슈퍼셀 179, 186
스마트 의료기기 244
스마트 웨어러블 기기 174
스마트폰 보급률 188
스크린 쿼터제 229
시각중국 146
시범병원 237
시장개방 및 개혁 42
시진핑 78, 250
식량 소비량 34
식량자본의 고갈 27
식민지 26
신 실크로드 전략 117, 255
신련전자 152
신명지업 150, 154
신소재 135
신양풍 154
신에너지 135
신용 시스템 91
신입태 140
신주 상장일 291
신주인수권부사채 274
신희망 152
실업률 188
실업수당 36
실질임금 53
심천거래소 128~130, 156, 258~259
심천성분지수 127, 131, 261, 262
심천종합지수 97, 127, 262
싱쯔싱서 논쟁 42~43
쌍휘발전 152
씨트립 212

아
아시아 외환위기 22
아시아의 힘 30, 32, 36

아시아인프라투자은행 255
아워팜 178, 192~193
안드로이드 184
알리바바 186, 227, 267
앙드레 코스톨라니 299
애강과기 154
약품비례공제 234
양쯔강 삼각주 34
양하주식 160
어약의료 244~245
에어버스 210
에어차이나 211
여주그룹 142
역사적 PER 275~277
연건광전 146
연공서열 시스템 42
연기금 285
연방준비제도이사회 138
영가공주 157
영성발전 154
영화 배급권 220
예대마진 86
예대율 85
예형약업 142
오량액 154, 160
오서금 152
오포 166, 168, 170
온건한 통화정책 134~135
온라인 건강관리 플랫폼 244
온라인 미디어 224
완다 시네마 라인 230~231
완미세계 144
외국인 직접투자 43, 66, 138
외국인 투자한도 124
외환보유고 57
외환시장 56, 58, 133
요소 가격 23
우량기업 265
운남백약 140, 162
워런 버핏 202, 292, 299
원선제 220
웹젠 194
위성TV 216
위성신재 152
위안화 국제화 287
위안화 적격외국인투자자 126, 255, 269, 285, 286

위안화 평가절하 56, 58
위안화 환전 254~256
위험 프리미엄 97
위험 노출액 156
윌리엄 오닐 299
유동성 102, 108
유아 사망률 27
유족네트워크 146
유쿠 226
유틸리티 136, 267
의료개혁 236, 238, 240
의료보험 240
의약품 입찰제 236
이강제약 140
이구주식 144
이령약업 162
이민 77
이아통 154, 214~215
이익 모멘텀 102, 105, 138
이중가격제도 41, 44
이치VW 197
이치도요타 197
이표제 238
익스포저 157
인구 보너스 시대 78
인구 포화 상태 34
인구 폭발 29
인구 함정 27
인도 카슈미르 분쟁 29
인라이트 미디어 220
인민공사 32
인센티브 시스템 45
인지세 280
인프라 49, 156
인플레이션 23, 41, 60
인화약업 162
일관 생산체제 202
일대일로 117, 255
임금 등급 42
잉여가치 49
잉여농산물 36
잉여인력 36
잉여자본 33

자
자기자본이익률 83, 103
자동차 보급률 196, 198

자력갱생 노선 39
자본 부족 27
자본시장 58, 96, 126, 287
자본재 36, 41
자오쯔양 42
자유무역지구 117
잔여이익모델 93, 96
장안자동차 204~205
장쩌민 250
재산권 27
재정적 함정 26
저임금 노동력 50
저작권 보호정책 224
적격외국기관투자자 126, 269, 285~286
전기차 135, 196, 198, 202
전방산업 156
정부부채 79
정부의 시장개입 42
정책 모멘텀 156
정책환경 102, 111
제네릭 의약품 236
제상등달 154
제프리 삭스 26
조별 도급제 30
조지 소로스 79~80, 298
존 네프 299
좀비기업 134
종신고용 시스템 44
좌력약업 162
주가 변동성 130
주가수익비율 83, 103, 273
주가순자산비율 83, 87, 103
주귀주 160
주당순이익 93, 274
주식 선호도 102, 110
주주총회 291
주택 공적금 제도 45
주택 보조금 45
주택제도 개혁 44~45, 51
주택채권 45
중공업 49
중국과학원 74
중국남방항공 211
중국몽 25
중국위성 157
중기유동성지원창구 134

중남문화 146
중련중과 150
중생약업 162
중소 국경분쟁 29
중소기업 126
중소창신지수 262
중소판 126~127, 260~262
중의약 162
중진국 함정 23
중천성투 150
중통객차 154
중합과기 148
중항기전 158
중항동공 158
중항동력 157
중항비행기 158
중해달 148
중화학공업 39
증강현실 194
증권감독관리위원회 126, 261
지급준비율 58, 71, 109
지니계수 89, 92
지문인식 보호액정 174
지식집약형 76
지적재산권 184
지정학적 요인 27~28
진심과기 158
집단농장 23, 29~32
집산화 30
집중입찰구매 234

차~파
차트 분석 284
창안포드 197
창업판 126~127, 260~262
책임전 31
천선오락 146
천안문 사건 42, 52
천연향구 26
체계적 위험 75, 90
체리 197
초대도시 62
총부채 22, 82, 86
총수요 135
최저임금 53
출산율 27, 29, 78
치후 360 179

칭화유니그룹 166
카메라 보호액정 174
카일 배스 58, 80
카피캣 182
캐시카우 194
코닥 265
코스닥 96, 127, 278, 285
코스피 278, 285
콘텐츠 시장 216
쿤룬완웨이 178, 190~191
쿼터제 196, 198
킹넷 네트워크 194~195
타이거 의약 컨설팅 246~247
탑패그룹 152
탕신배건 152
태안당 162
태양전지 202
터틀 그룹 298
테슬라 202
텐센트 121, 178, 185, 227, 244
토지 사용권 59
토지개혁 32~33
토지승포제도 59
통우통신 148
통치구조의 실패 27
통화정책 86
퇴행적 문화 26
특허권 176, 184
파운드리 167
팍스 시니카 74
팍스 아메리카나 74
판권 계약 222
판호 정책 178, 182
팹리스 167
퍼팩트월드 179
평가절하 134
평면유리 174
플러그인 하이브리드 199
플레이티카 186
플렉시블 디스플레이 기술 170
피터 린치 299
핀테크 190
필강주식 140

하

하이얼 166
한우약업 142
합계 출산율 29, 34
합비백화 148
핫머니 56~57, 60
항강의료 142
항생지수 131, 269
항신과기 158
해강위시 154
해리득 154
해양무역 26
해외주식 252
해인주식 154
해특고신 158
향설제약 162
헤지펀드 56
헤징 72
헬스케어 136, 138
혁신의 결여 27, 29
현금배당 291
혜박보 154
호구 37
호구제도 49~50, 62
홍달홍업 154
홍박주식 148
홍우신재 148
홍일약업 142
홍콩 H지수 98
홍콩거래소 258
홍태양 154
화란생물 140
화록백납 146
화방건강 152
화샤필름 220
화웨이 121, 166, 168, 170
화윤삼구 140
화의형제 144
화이브라더스 220
화책미디어 144, 232~233
화책영시 144
화폐유통 속도 135
환율 56, 257
환차손 132
회사채 108
후강퉁 71~73, 258~261
후구퉁 131, 261

후진타오 250
휘천기술 152
휴장일 262
흑묘백묘 25
흡흡식품 152

숫자 및 영문

1가구 1자녀 정책 75
1선 도시 53, 196, 198, 221
1자녀 세대 54
2.5D 유리 174
2~4선 도시 64, 200, 221
3D 유리 174
3G 176
3차 산업 66
6센스 모델 102
7대 전략산업 135
A/H 동시 상장 종목 260~261, 268
A/H 주가 괴리율 270
AIIB 255
AMOLED 172
AR 194
A주 258, 262, 292
B2B 212, 214
B2B2C 212
B2C 212
BOE 170, 172~173
BW 274
BYD 197, 202~203
B주 258, 262
CDMA 176
CEC-판다 170
ChiNext 126, 261
CSI 300지수 97, 100
DeNA 179
ELS 87
EPS 93
ETF 261, 266
FDI 125, 138
Fed 138
G2 73, 95
G-bits 179
GDP 216, 218
GSM 176
HTS 구성법 296~297
H지수 269~270

IMF 특별인출권 86, 124, 132
iOS 186
IP 184, 192
KODEX 중국본토 A50 266
LCD 패널 170, 172
M2 108
MLF 114, 134
MSCI 신흥국 지수 124, 133
NGN 176
O2O 214
OLED 170, 172, 174
P/I율 75
PBR 83, 87, 103
PE 125
PER 83, 103, 273
PPL 226
PPP 115
PSL 114, 134
QFII 126, 132, 269, 285, 286
QQ메신저 185
ROE 83, 103
RQFII 126, 132, 255, 269, 285~286
SDR 86, 124, 132
SME Board 126, 261
SSE 180지수 260
SSE 380지수 260
SSE 50지수 260
system risk 75
TIGER 차이나 A300 266
VR 180, 192~194
WiMAX 176
xDSL 176
ZTE 176